COREANO

VOCABULARIO

ESPAÑOL-
COREANO

Las palabras más útiles
Para expandir su vocabulario y refinar
sus habilidades lingüísticas

9000 palabras

Vocabulario Español-Coreano - 9000 palabras más usadas
por Andrey Taranov

Los vocabularios de T&P Books buscan ayudar en el aprendizaje, la memorización y la revisión de palabras de idiomas extranjeros. El diccionario se divide por temas, cubriendo toda la esfera de las actividades cotidianas, de negocios, ciencias, cultura, etc.

El proceso de aprendizaje de palabras utilizando los diccionarios temáticos de T&P Books le proporcionará a usted las siguientes ventajas:

- La información del idioma secundario está organizada claramente y predetermina el éxito para las etapas subsiguientes en la memorización de palabras.
- Las palabras derivadas de la misma raíz se agrupan, lo cual permite la memorización de grupos de palabras en vez de palabras aisladas.
- Las unidades pequeñas de palabras facilitan el proceso de reconocimiento de enlaces de asociación que se necesitan para la cohesión del vocabulario.
- De este modo, se puede estimar el número de palabras aprendidas y así también el nivel de conocimiento del idioma.

T&P Books Publishing
www.tpbooks.com

ISBN: 978-1-78616-555-8

Este libro está disponible en formato electrónico o de E-Book también.
Visite www.tpbooks.com o las librerías electrónicas más destacadas en la Red.

VOCABULARIO COREANO
palabras más usadas

Los vocabularios de T&P Books buscan ayudar al aprendiz a aprender, memorizar y repasar palabras de idiomas extranjeros. Los vocabularios contienen más de 9000 palabras comúnmente usadas y organizadas de manera temática.

- El vocabulario contiene las palabras corrientes más usadas.
- Se recomienda como ayuda adicional a cualquier curso de idiomas.
- Capta las necesidades de aprendices de nivel principiante y avanzado.
- Es conveniente para uso cotidiano, prácticas de revisión y actividades de auto-evaluación.
- Facilita la evaluación del vocabulario.

Aspectos claves del vocabulario

- Las palabras se organizan según el significado, no según el orden alfabético.
- Las palabras se presentan en tres columnas para facilitar los procesos de repaso y auto-evaluación.
- Los grupos de palabras se dividen en pequeñas secciones para facilitar el proceso de aprendizaje.
- El vocabulario ofrece una transcripción sencilla y conveniente de cada palabra extranjera.

El vocabulario contiene 256 temas que incluyen lo siguiente:

Conceptos básicos, números, colores, meses, estaciones, unidades de medidas, ropa y accesorios, comida y nutrición, restaurantes, familia nuclear, familia extendida, características de personalidad, sentimientos, emociones, enfermedades, la ciudad y el pueblo, exploración del paisaje, compras, finanzas, la casa, el hogar, la oficina, el trabajo en oficina, importación y exportación, promociones, búsqueda de trabajo, deportes, educación, computación, la red, herramientas, la naturaleza, los países, las nacionalidades y más ...

TABLA DE CONTENIDO

GUÍA DE PRONUNCIACIÓN

La letra	Ejemplo coreano	T&P alfabeto fonético	Ejemplo español

Las consonantes

La letra	Ejemplo coreano	T&P alfabeto fonético	Ejemplo español
ㄱ [1]	개	[k]	charco
ㄱ [2]	아기	[g]	jugada
ㄲ	껌	[k]	[k] tensa
ㄴ	눈	[n]	número
ㄷ [3]	달	[t]	torre
ㄷ [4]	사다리	[d]	desierto
ㄸ	딸	[t]	[t] tensa
ㄹ [5]	라디오	[r]	era, alfombra
ㄹ [6]	십팔	[l]	lira
ㅁ	문	[m]	nombre
ㅂ [7]	봄	[p]	precio
ㅂ [8]	아버지	[b]	en barco
ㅃ	빵	[p]	[p] tensa
ㅅ [9]	실	[s]	salva
ㅅ [10]	옷	[t]	torre
ㅆ	쌀	[ja:]	cambiar
ㅇ [11]	강	[ŋg]	gong
ㅈ [12]	집	[tɕ]	archivo
ㅈ [13]	아주	[dʑ]	tadzhik
ㅉ	짬	[tɕ]	[tch] tenso
ㅊ	차	[tɕh]	[tsch] aspirado
ㅌ	택시	[th]	[t] aspirada
ㅋ	칼	[kh]	[k] aspirada
ㅍ	포도	[ph]	[p] aspirada
ㅎ	한국	[h]	registro

Las vocales y las combinaciones con vocales

La letra	Ejemplo coreano	T&P alfabeto fonético	Ejemplo español
ㅏ	사	[a]	radio
ㅑ	향	[ja]	araña
ㅓ	머리	[ʌ]	¡Basta!

La letra	Ejemplo coreano	T&P alfabeto fonético	Ejemplo español
ㅕ	병	[ja]	ensayar
ㅗ	몸	[o]	bordado
ㅛ	표	[jɔ]	yogur
ㅜ	물	[u]	mundo
ㅠ	슈퍼	[ju]	ciudad
ㅡ	음악	[ɪ]	abismo
ㅣ	길	[i], [iː]	tranquilo
ㅐ	뱀	[ɛ], [ɛː]	buceo
ㅒ	애기	[je]	miércoles
ㅔ	펜	[e]	verano
ㅖ	계산	[je]	miércoles
ㅘ	왕	[wa]	aduanero
ㅙ	왜	[ʊə]	huerta
ㅚ	회의	[ø], [we]	alemán Hölle, inglés - web
ㅝ	권	[uɔ]	antiguo
ㅞ	웬	[ʊə]	huerta
ㅟ	쥐	[wi]	kiwi
ㅢ	거의	[ɯi]	combinación [ɪi]

Comentarios

[1] al principio de una palabra
[2] entre sonidos sonoros
[3] al principio de una palabra
[4] entre sonidos sonoros
[5] al principio de una sílaba
[6] al final de una sílaba
[7] al principio de una palabra
[8] entre sonidos sonoros
[9] al principio de una sílaba
[10] al final de una sílaba
[11] al final de una sílaba
[12] al principio de una palabra
[13] entre sonidos sonoros

ABREVIATURAS
usadas en el vocabulario

Abreviatura en español

adj	-	adjetivo
adv	-	adverbio
anim.	-	animado
conj	-	conjunción
etc.	-	etcétera
f	-	sustantivo femenino
f pl	-	femenino plural
fam.	-	uso familiar
fem.	-	femenino
form.	-	uso formal
inanim.	-	inanimado
innum.	-	innumerable
m	-	sustantivo masculino
m pl	-	masculino plural
m, f	-	masculino, femenino
masc.	-	masculino
mat	-	matemáticas
mil.	-	militar
num.	-	numerable
p.ej.	-	por ejemplo
pl	-	plural
pron	-	pronombre
sg	-	singular
v aux	-	verbo auxiliar
vi	-	verbo intransitivo
vi, vt	-	verbo intransitivo, verbo transitivo
vr	-	verbo reflexivo
vt	-	verbo transitivo

CONCEPTOS BÁSICOS

Conceptos básicos. Unidad 1

1. Los pronombres

yo	나, 저	na
tú	너	neo
él	그, 그분	geu, geu-bun
ella	그녀	geu-nyeo
ello	그것	geu-geot
nosotros, -as	우리	u-ri
vosotros, -as	너희	neo-hui
Usted	당신	dang-sin
ellos, ellas	그들	geu-deul

2. Saludos. Salutaciones. Despedidas

¡Hola! (fam.)	안녕!	an-nyeong!
¡Hola! (form.)	안녕하세요!	an-nyeong-ha-se-yo!
¡Buenos días!	안녕하세요!	an-nyeong-ha-se-yo!
¡Buenas tardes!	안녕하세요!	an-nyeong-ha-se-yo!
¡Buenas noches!	안녕하세요!	an-nyeong-ha-se-yo!
decir hola	인사하다	in-sa-ha-da
¡Hola! (a un amigo)	안녕!	an-nyeong!
saludo (m)	인사	in-sa
saludar (vt)	인사하다	in-sa-ha-da
¿Cómo estás?	잘 지내세요?	jal ji-nae-se-yo?
¿Qué hay de nuevo?	어떻게 지내?	eo-tteo-ke ji-nae?
¡Chau! ¡Adiós!	안녕히 가세요!	an-nyeong-hi ga-se-yo!
¡Hasta pronto!	또 만나요!	tto man-na-yo!
¡Adiós! (fam.)	잘 있어!	jal ri-seo!
¡Adiós! (form.)	안녕히 계세요!	an-nyeong-hi gye-se-yo!
despedirse (vr)	작별인사를 하다	jak-byeo-rin-sa-reul ha-da
¡Hasta luego!	안녕!	an-nyeong!
¡Gracias!	감사합니다!	gam-sa-ham-ni-da!
¡Muchas gracias!	대단히 감사합니다!	dae-dan-hi gam-sa-ham-ni-da!
De nada	천만이에요	cheon-man-i-e-yo
No hay de qué	천만의 말씀입니다	cheon-man-ui mal-sseum-im-ni-da
De nada	천만에	cheon-man-e

¡Disculpa!	실례!	sil-lye!
¡Disculpe!	실례합니다!	sil-lye-ham-ni-da!
discuIpar (vt)	용서하다	yong-seo-ha-da

disculparse (vr)	사과하다	sa-gwa-ha-da
Mis disculpas	사과드립니다	sa-gwa-deu-rim-ni-da
¡Perdóneme!	죄송합니다!	joe-song-ham-ni-da!
perdonar (vt)	용서하다	yong-seo-ha-da
por favor	부탁합니다	bu-tak-am-ni-da

¡No se le olvide!	잊지 마십시오!	it-ji ma-sip-si-o!
¡Ciertamente!	물론이에요!	mul-lon-i-e-yo!
¡Claro que no!	물론 아니에요!	mul-lon a-ni-e-yo!
¡De acuerdo!	그래요!	geu-rae-yo!
¡Basta!	그만!	geu-man!

3. Como dirigirse a otras personas

señor	선생	seon-saeng
señora	여사님	yeo-sa-nim
señorita	아가씨	a-ga-ssi
joven	젊은 분	jeol-meun bun
niño	꼬마	kko-ma
niña	꼬마	kko-ma

4. Números cardinales. Unidad 1

cero	영	yeong
uno	일	il
dos	이	i
tres	삼	sam
cuatro	사	sa

cinco	오	o
seis	육	yuk
siete	칠	chil
ocho	팔	pal
nueve	구	gu

diez	십	sip
once	십일	si-bil
doce	십이	si-bi
trece	십삼	sip-sam
catorce	십사	sip-sa

quince	십오	si-bo
dieciséis	십육	si-byuk
diecisiete	십칠	sip-chil
dieciocho	십팔	sip-pal
diecinueve	십구	sip-gu
veinte	이십	i-sip
veintiuno	이십일	i-si-bil

| veintidós | 이십이 | i-si-bi |
| veintitrés | 이십삼 | i-sip-sam |

treinta	삼십	sam-sip
treinta y uno	삼십일	sam-si-bil
treinta y dos	삼십이	sam-si-bi
treinta y tres	삼십삼	sam-sip-sam

cuarenta	사십	sa-sip
cuarenta y uno	사십일	sa-si-bil
cuarenta y dos	사십이	sa-si-bi
cuarenta y tres	사십삼	sa-sip-sam

cincuenta	오십	o-sip
cincuenta y uno	오십일	o-si-bil
cincuenta y dos	오십이	o-si-bi
cincuenta y tres	오십삼	o-sip-sam

sesenta	육십	yuk-sip
sesenta y uno	육십일	yuk-si-bil
sesenta y dos	육십이	yuk-si-bi
sesenta y tres	육십삼	yuk-sip-sam

setenta	칠십	chil-sip
setenta y uno	칠십일	chil-si-bil
setenta y dos	칠십이	chil-si-bi
setenta y tres	칠십삼	chil-sip-sam

ochenta	팔십	pal-sip
ochenta y uno	팔십일	pal-si-bil
ochenta y dos	팔십이	pal-si-bi
ochenta y tres	팔십삼	pal-sip-sam

noventa	구십	gu-sip
noventa y uno	구십일	gu-si-bil
noventa y dos	구십이	gu-si-bi
noventa y tres	구십삼	gu-sip-sam

5. Números cardinales. Unidad 2

cien	백	baek
doscientos	이백	i-baek
trescientos	삼백	sam-baek
cuatrocientos	사백	sa-baek
quinientos	오백	o-baek

seiscientos	육백	yuk-baek
setecientos	칠백	chil-baek
ochocientos	팔백	pal-baek
novecientos	구백	gu-baek

mil	천	cheon
dos mil	이천	i-cheon
tres mil	삼천	sam-cheon

diez mil	만	man
cien mil	십만	sim-man
millón (m)	백만	baeng-man
mil millones	십억	si-beok

6. Números ordinales

primero (adj)	첫 번째의	cheot beon-jjae-ui
segundo (adj)	두 번째의	du beon-jjae-ui
tercero (adj)	세 번째의	se beon-jjae-ui
cuarto (adj)	네 번째의	ne beon-jjae-ui
quinto (adj)	다섯 번째의	da-seot beon-jjae-ui
sexto (adj)	여섯 번째의	yeo-seot beon-jjae-ui
séptimo (adj)	일곱 번째의	il-gop beon-jjae-ui
octavo (adj)	여덟 번째의	yeo-deol beon-jjae-ui
noveno (adj)	아홉 번째의	a-hop beon-jjae-ui
décimo (adj)	열 번째의	yeol beon-jjae-ui

7. Números. Fracciones

fracción (f)	분수	bun-su
un medio	이분의 일	i-bun-ui il
un tercio	삼분의 일	sam-bun-ui il
un cuarto	사분의 일	sa-bun-ui il
un octavo	팔분의 일	pal-bun-ui il
un décimo	십분의 일	sip-bun-ui il
dos tercios	삼분의 이	sam-bun-ui i
tres cuartos	사분의 삼	sa-bun-ui sam

8. Números. Operaciones básicas

sustracción (f)	빼기	ppae-gi
sustraer (vt)	빼다	ppae-da
división (f)	나누기	na-nu-gi
dividir (vt)	나누다	na-nu-da
adición (f)	더하기	deo-ha-gi
sumar (totalizar)	합하다	ha-pa-da
adicionar (vt)	더하다	deo-ha-da
multiplicación (f)	곱하기	go-pa-gi
multiplicar (vt)	곱하다	go-pa-da

9. Números. Miscelánea

| cifra (f) | 숫자 | sut-ja |
| número (m) (~ cardinal) | 숫자 | sut-ja |

numeral (m)	수사	su-sa
menos (m)	마이너스	ma-i-neo-seu
más (m)	플러스	peul-leo-seu
fórmula (f)	공식	gong-sik

cálculo (m)	계산	gye-san
contar (vt)	세다	se-da
calcular (vt)	헤아리다	he-a-ri-da
comparar (vt)	비교하다	bi-gyo-ha-da

¿Cuánto? (innum.)	얼마?	eol-ma?
¿Cuánto? (num.)	얼마나?	eo-di-ro?
suma (f)	총합	chong-hap
resultado (m)	결과	gyeol-gwa
resto (m)	나머지	na-meo-ji

algunos, algunas ...	몇	myeot
poco (adv)	조금	jo-geum
resto (m)	나머지	na-meo-ji
uno y medio	일과 이분의 일	il-gwa i-bun-ui il
docena (f)	다스	da-seu

en dos	반으로	ba-neu-ro
en partes iguales	균등하게	gyun-deung-ha-ge
mitad (f)	절반	jeol-ban
vez (f)	번	beon

10. Los verbos más importantes. Unidad 1

abrir (vt)	열다	yeol-da
acabar, terminar (vt)	끝내다	kkeun-nae-da
aconsejar (vt)	조언하다	jo-eon-ha-da
adivinar (vt)	추측하다	chu-cheuk-a-da
advertir (vt)	경고하다	gyeong-go-ha-da
alabarse, jactarse (vr)	자랑하다	ja-rang-ha-da

almorzar (vi)	점심을 먹다	jeom-si-meul meok-da
alquilar (~ una casa)	임대하다	im-dae-ha-da
amenazar (vt)	협박하다	hyeop-bak-a-da
arrepentirse (vr)	후회하다	hu-hoe-ha-da
ayudar (vt)	도와주다	do-wa-ju-da
bañarse (vr)	수영하다	su-yeong-ha-da

bromear (vi)	농담하다	nong-dam-ha-da
buscar (vt)	… 를 찾다	… reul chat-da
caer (vi)	떨어지다	tteo-reo-ji-da
callarse (vr)	침묵을 지키다	chim-mu-geul ji-ki-da
cambiar (vt)	바꾸다	ba-kku-da
castigar, punir (vt)	처벌하다	cheo-beol-ha-da

cavar (vt)	파다	pa-da
cazar (vi, vt)	사냥하다	sa-nyang-ha-da
cenar (vi)	저녁을 먹다	jeo-nyeo-geul meok-da
cesar (vt)	그만두다	geu-man-du-da

| coger (vt) | 잡다 | jap-da |
| comenzar (vt) | 시작하다 | si-jak-a-da |

comparar (vt)	비교하다	bi-gyo-ha-da
comprender (vt)	이해하다	i-hae-ha-da
confiar (vt)	신뢰하다	sil-loe-ha-da
confundir (vt)	혼동하다	hon-dong-ha-da
conocer (~ a alguien)	알다	al-da
contar (vt) (enumerar)	세다	se-da

contar con ...	... 에 의지하다	... e ui-ji-ha-da
continuar (vt)	계속하다	gye-sok-a-da
controlar (vt)	제어하다	je-eo-ha-da
correr (vi)	달리다	dal-li-da
costar (vt)	값이 ... 이다	gap-si ... i-da
crear (vt)	창조하다	chang-jo-ha-da

11. Los verbos más importantes. Unidad 2

dar (vt)	주다	ju-da
dar una pista	힌트를 주다	hin-teu-reul ju-da
decir (vt)	말하다	mal-ha-da
decorar (para la fiesta)	장식하다	jang-sik-a-da

defender (vt)	방어하다	bang-eo-ha-da
dejar caer	떨어뜨리다	tteo-reo-tteu-ri-da
desayunar (vi)	아침을 먹다	a-chi-meul meok-da
descender (vi)	내려오다	nae-ryeo-o-da

dirigir (administrar)	운영하다	u-nyeong-ha-da
disculparse (vr)	사과하다	sa-gwa-ha-da
discutir (vt)	의논하다	ui-non-ha-da
dudar (vt)	의심하다	ui-sim-ha-da

encontrar (hallar)	찾다	chat-da
engañar (vi, vt)	속이다	so-gi-da
entrar (vi)	들어가다	deu-reo-ga-da
enviar (vt)	보내다	bo-nae-da

equivocarse (vr)	실수하다	sil-su-ha-da
escoger (vt)	선택하다	seon-taek-a-da
esconder (vt)	숨기다	sum-gi-da
escribir (vt)	쓰다	sseu-da
esperar (aguardar)	기다리다	gi-da-ri-da

esperar (tener esperanza)	희망하다	hui-mang-ha-da
estar de acuerdo	동의하다	dong-ui-ha-da
estudiar (vt)	공부하다	gong-bu-ha-da

exigir (vt)	요구하다	yo-gu-ha-da
existir (vi)	존재하다	jon-jae-ha-da
explicar (vt)	설명하다	seol-myeong-ha-da
faltar (a las clases)	결석하다	gyeol-seok-a-da
firmar (~ el contrato)	서명하다	seo-myeong-ha-da

girar (~ a la izquierda)	돌다	dol-da
gritar (vi)	소리치다	so-ri-chi-da
guardar (conservar)	보관하다	bo-gwan-ha-da
gustar (vi)	좋아하다	jo-a-ha-da
hablar (vi, vt)	말하다	mal-ha-da
hacer (vt)	하다	ha-da
informar (vt)	알리다	al-li-da
insistir (vi)	주장하다	ju-jang-ha-da
insultar (vt)	모욕하다	mo-yok-a-da
interesarse (vr)	… 에 관심을 가지다	… e gwan-si-meul ga-ji-da
invitar (vt)	초대하다	cho-dae-ha-da
ir (a pie)	가다	ga-da
jugar (divertirse)	놀다	nol-da

12. Los verbos más importantes. Unidad 3

leer (vi, vt)	읽다	ik-da
liberar (ciudad, etc.)	해방하다	hae-bang-ha-da
llamar (por ayuda)	부르다, 요청하다	bu-reu-da, yo-cheong-ha-da
llegar (vi)	도착하다	do-chak-a-da
llorar (vi)	울다	ul-da
matar (vt)	죽이다	ju-gi-da
mencionar (vt)	언급하다	eon-geu-pa-da
mostrar (vt)	보여주다	bo-yeo-ju-da
nadar (vi)	수영하다	su-yeong-ha-da
negarse (vr)	거절하다	geo-jeol-ha-da
objetar (vt)	반대하다	ban-dae-ha-da
observar (vt)	지켜보다	ji-kyeo-bo-da
oír (vt)	듣다	deut-da
olvidar (vt)	잊다	it-da
orar (vi)	기도하다	gi-do-ha-da
ordenar (mil.)	명령하다	myeong-nyeong-ha-da
pagar (vi, vt)	지불하다	ji-bul-ha-da
pararse (vr)	정지하다	jeong-ji-ha-da
participar (vi)	참가하다	cham-ga-ha-da
pedir (ayuda, etc.)	부탁하다	bu-tak-a-da
pedir (en restaurante)	주문하다	ju-mun-ha-da
pensar (vi, vt)	생각하다	saeng-gak-a-da
percibir (ver)	알아차리다	a-ra-cha-ri-da
perdonar (vt)	용서하다	yong-seo-ha-da
permitir (vt)	허가하다	heo-ga-ha-da
pertenecer a …	… 에 속하다	… e sok-a-da
planear (vt)	계획하다	gye-hoek-a-da
poder (v aux)	할 수 있다	hal su it-da
poseer (vt)	소유하다	so-yu-ha-da
preferir (vt)	선호하다	seon-ho-ha-da

preguntar (vt)	묻다	mut-da
preparar (la cena)	요리하다	yo-ri-ha-da
prever (vt)	예상하다	ye-sang-ha-da
probar, tentar (vt)	해보다	hae-bo-da
prometer (vt)	약속하다	yak-sok-a-da
pronunciar (vt)	발음하다	ba-reum-ha-da
proponer (vt)	제안하다	je-an-ha-da
quebrar (vt)	깨뜨리다	kkae-tteu-ri-da
quejarse (vr)	불평하다	bul-pyeong-ha-da
querer (amar)	사랑하다	sa-rang-ha-da
querer (desear)	원하다	won-ha-da

13. Los verbos más importantes. Unidad 4

recomendar (vt)	추천하다	chu-cheon-ha-da
regañar, reprender (vt)	꾸짖다	kku-jit-da
reírse (vr)	웃다	ut-da
repetir (vt)	반복하다	ban-bok-a-da
reservar (~ una mesa)	예약하다	ye-yak-a-da
responder (vi, vt)	대답하다	dae-da-pa-da
robar (vt)	훔치다	hum-chi-da
saber (~ algo mas)	알다	al-da
salir (vi)	나가다	na-ga-da
salvar (vt)	구조하다	gu-jo-ha-da
seguir ...	··· 를 따라가다	... reul tta-ra-ga-da
sentarse (vr)	앉다	an-da
ser necesario	필요하다	pi-ryo-ha-da
significar (vt)	의미하다	ui-mi-ha-da
sonreír (vi)	미소를 짓다	mi-so-reul jit-da
sorprenderse (vr)	놀라다	nol-la-da
subestimar (vt)	과소평가하다	gwa-so-pyeong-ga-ha-da
tener (vt)	가지다	ga-ji-da
tener hambre	배가 고프다	bae-ga go-peu-da
tener miedo	무서워하다	mu-seo-wo-ha-da
tener prisa	서두르다	seo-du-reu-da
tener sed	목마르다	mong-ma-reu-da
tirar, disparar (vi)	쏘다	sso-da
tocar (con las manos)	닿다	da-ta
tomar (vt)	잡다	jap-da
tomar nota	적다	jeok-da
trabajar (vi)	일하다	il-ha-da
traducir (vt)	번역하다	beo-nyeok-a-da
unir (vt)	연합하다	yeon-ha-pa-da
vender (vt)	팔다	pal-da
ver (vt)	보다	bo-da
volar (pájaro, avión)	날다	nal-da

14. Los colores

color (m)	색	sae
matiz (m)	색조	saek-jo
tono (m)	색상	saek-sang
arco (m) iris	무지개	mu-ji-gae
blanco (adj)	흰	huin
negro (adj)	검은	geo-meun
gris (adj)	회색의	hoe-sae-gui
verde (adj)	초록색의	cho-rok-sae-gui
amarillo (adj)	노란	no-ran
rojo (adj)	빨간	ppal-gan
azul (adj)	파란	pa-ran
azul claro (adj)	하늘색의	ha-neul-sae-gui
rosa (adj)	분홍색의	bun-hong-sae-gui
naranja (adj)	주황색의	ju-hwang-sae-gui
violeta (adj)	보라색의	bo-ra-sae-gui
marrón (adj)	갈색의	gal-sae-gui
dorado (adj)	금색의	geum-sae-gui
argentado (adj)	은색의	eun-sae-gui
beige (adj)	베이지색의	be-i-ji-sae-gui
crema (adj)	크림색의	keu-rim-sae-gui
turquesa (adj)	청록색의	cheong-nok-sae-gui
rojo cereza (adj)	암적색의	am-jeok-sae-gui
lila (adj)	연보라색의	yeon-bo-ra-sae-gui
carmesí (adj)	진홍색의	jin-hong-sae-gui
claro (adj)	밝은	bal-geun
oscuro (adj)	짙은	ji-teun
vivo (adj)	선명한	seon-myeong-han
de color (lápiz ~)	색의	sae-gui
en colores (película ~)	컬러의	keol-leo-ui
blanco y negro (adj)	흑백의	heuk-bae-gui
unicolor (adj)	단색의	dan-sae-gui
multicolor (adj)	다색의	da-sae-gui

15. Las preguntas

¿Quién?	누구?	nu-gu?
¿Qué?	무엇?	mu-eot?
¿Dónde?	어디?	eo-di?
¿Adónde?	어디로?	eo-di-ro?
¿De dónde?	어디로부터?	eo-di-ro-bu-teo?
¿Cuándo?	언제?	eon-je?
¿Para qué?	왜?	wae?
¿Por qué?	왜?	wae?
¿Por qué razón?	무엇을 위해서?	mu-eos-eul rwi-hae-seo?

¿Cómo?	어떻게?	eo-tteo-ke?
¿Qué ...? (~ color)	어떤?	eo-tteon?
¿Cuál?	어느?	eo-neu?

¿A quién?	누구에게?	nu-gu-e-ge?
¿De quién? (~ hablan ...)	누구에 대하여?	nu-gu-e dae-ha-yeo?
¿De qué?	무엇에 대하여?	mu-eos-e dae-ha-yeo?
¿Con quién?	누구하고?	nu-gu-ha-go?

| ¿Cuánto? | 얼마? | eol-ma? |
| ¿De quién? (~ es este ...) | 누구의? | nu-gu-ui? |

16. Las preposiciones

con ... (~ algn)	··· 하고	... ha-go
sin ... (~ azúcar)	없이	eop-si
a ... (p.ej. voy a México)	··· 에	... e
de ... (hablar ~)	··· 에 대하여	... e dae-ha-yeo
antes de ...	전에	jeon-e
delante de ...	··· 앞에	... a-pe

debajo	밑에	mi-te
sobre ..., encima de ...	위에	wi-e
en, sobre (~ la mesa)	위에	wi-e
de (origen)	··· 에서	... e-seo
de (fabricado de)	··· 로	... ro

| dentro de ... | ··· 안에 | ... a-ne |
| encima de ... | 너머 | dwi-e |

17. Las palabras útiles. Los adverbios. Unidad 1

¿Dónde?	어디?	eo-di?
aquí (adv)	여기	yeo-gi
allí (adv)	거기	geo-gi

| en alguna parte | 어딘가 | eo-din-ga |
| en ninguna parte | 어디도 | eo-di-do |

| junto a ... | 옆에 | yeo-pe |
| junto a la ventana | 창문 옆에 | chang-mun nyeo-pe |

¿A dónde?	어디로?	eo-di-ro?
aquí (venga ~)	여기로	yeo-gi-ro
allí (vendré ~)	거기로	geo-gi-ro
de aquí (adv)	여기서	yeo-gi-seo
de allí (adv)	거기서	geo-gi-seo

cerca (no lejos)	가까이	ga-kka-i
lejos (adv)	멀리	meol-li
cerca de ...	근처에	geun-cheo-e
al lado (de ...)	인근에	in-geu-ne

no lejos (adv)	멀지 않게	meol-ji an-ke
izquierdo (adj)	왼쪽의	oen-jjo-gui
a la izquierda (situado ~)	왼쪽에	oen-jjo-ge
a la izquierda (girar ~)	왼쪽으로	oen-jjo-geu-ro
derecho (adj)	오른쪽의	o-reun-jjo-gui
a la derecha (situado ~)	오른쪽에	o-reun-jjo-ge
a la derecha (girar)	오른쪽으로	o-reun-jjo-geu-ro
delante (yo voy ~)	앞쪽에	ap-jjo-ge
delantero (adj)	앞의	a-pui
adelante (movimiento)	앞으로	a-peu-ro
detrás de ...	뒤에	dwi-e
desde atrás	뒤에서	dwi-e-seo
atrás (da un paso ~)	뒤로	dwi-ro
centro (m), medio (m)	가운데	ga-un-de
en medio (adv)	가운데에	ga-un-de-e
de lado (adv)	옆에	yeo-pe
en todas partes	모든 곳에	mo-deun gos-e
alrededor (adv)	주위에	ju-wi-e
de dentro (adv)	내면에서	nae-myeon-e-seo
a alguna parte	어딘가에	eo-din-ga-e
todo derecho (adv)	똑바로	ttok-ba-ro
atrás (muévelo para ~)	뒤로	dwi-ro
de alguna parte (adv)	어디에서든지	eo-di-e-seo-deun-ji
no se sabe de dónde	어디로부터인지	eo-di-ro-bu-teo-in-ji
primero (adv)	첫째로	cheot-jjae-ro
segundo (adv)	둘째로	dul-jjae-ro
tercero (adv)	셋째로	set-jjae-ro
de súbito (adv)	갑자기	gap-ja-gi
al principio (adv)	처음에	cheo-eum-e
por primera vez	처음으로	cheo-eu-meu-ro
mucho tiempo antes ...	··· 오래 전에	... o-rae jeon-e
de nuevo (adv)	다시	da-si
para siempre (adv)	영원히	yeong-won-hi
jamás, nunca (adv)	절대로	jeol-dae-ro
de nuevo (adv)	다시	da-si
ahora (adv)	이제	i-je
frecuentemente (adv)	자주	ja-ju
entonces (adv)	그때	geu-ttae
urgentemente (adv)	급히	geu-pi
usualmente (adv)	보통으로	bo-tong-eu-ro
a propósito, ...	그건 그렇고, ···	geu-geon geu-reo-ko, ...
es probable	가능한	ga-neung-han
probablemente (adv)	아마	a-ma
tal vez	어쩌면	eo-jjeo-myeon
además ...	게다가 ···	ge-da-ga ...

por eso …	그래서 …	geu-rae-seo …
a pesar de …	… 에도 불구하고	… e-do bul-gu-ha-go
gracias a …	… 덕분에	… deok-bun-e
algo (~ le ha pasado)	무엇인가	mu-eon-nin-ga
algo (~ así)	무엇이든지	mu-eon-ni-deun-ji
nada (f)	아무것도	a-mu-geot-do
alguien (viene ~)	누구	nu-gu
alguien (¿ha llamado ~?)	누군가	nu-gun-ga
nadie	아무도	a-mu-do
a ninguna parte	아무데도	a-mu-de-do
de nadie	누구의 것도 아닌	nu-gu-ui geot-do a-nin
de alguien	누군가의	nu-gun-ga-ui
tan, tanto (adv)	그래서	geu-rae-seo
también (~ habla francés)	역시	yeok-si
también (p.ej. Yo ~)	또한	tto-han

18. Las palabras útiles. Los adverbios. Unidad 2

¿Por qué?	왜?	wae?
no se sabe porqué	어떤 이유로	eo-tteon ni-yu-ro
porque …	왜냐하면 …	wae-nya-ha-myeon …
por cualquier razón (adv)	어떤 목적으로	eo-tteon mok-jeo-geu-ro
y (p.ej. uno y medio)	그리고	geu-ri-go
o (p.ej. té o café)	또는	tto-neun
pero (p.ej. me gusta, ~)	그러나	geu-reo-na
para (p.ej. es para ti)	위해서	wi-hae-seo
demasiado (adv)	너무	neo-mu
sólo, solamente (adv)	… 만	… man
exactamente (adv)	정확하게	jeong-hwak-a-ge
unos …,	약	yak
cerca de … (~ 10 kg)		
aproximadamente	대략	dae-ryak
aproximado (adj)	대략적인	dae-ryak-jeo-gin
casi (adv)	거의	geo-ui
resto (m)	나머지	na-meo-ji
cada (adj)	각각의	gak-ga-gui
cualquier (adj)	아무	a-mu
mucho (adv)	많이	ma-ni
muchos (mucha gente)	많은 사람들	ma-neun sa-ram-deul
todos	모두	mo-du
a cambio de …	… 의 교환으로	… ui gyo-hwa-neu-ro
en cambio (adv)	교환으로	gyo-hwa-neu-ro
a mano (hecho ~)	수공으로	su-gong-eu-ro
poco probable	거의	geo-ui
probablemente	아마	a-ma

a propósito (adv)	일부러	il-bu-reo
por accidente (adv)	우연히	u-yeon-hi
muy (adv)	아주	a-ju
por ejemplo (adv)	예를 들면	ye-reul deul-myeon
entre (~ nosotros)	사이에	sa-i-e
entre (~ otras cosas)	중에	jung-e
tanto (~ gente)	이만큼	i-man-keum
especialmente (adv)	특히	teuk-i

Conceptos básicos. Unidad 2

19. Los opuestos

rico (adj)	부유한	bu-yu-han
pobre (adj)	가난한	ga-nan-han
enfermo (adj)	아픈	a-peun
sano (adj)	건강한	geon-gang-han
grande (adj)	큰	keun
pequeño (adj)	작은	ja-geun
rápidamente (adv)	빨리	ppal-li
lentamente (adv)	천천히	cheon-cheon-hi
rápido (adj)	빠른	ppa-reun
lento (adj)	느린	neu-rin
alegre (adj)	기쁜	gi-ppeun
triste (adj)	슬픈	seul-peun
juntos (adv)	같이	ga-chi
separadamente	따로	tta-ro
en voz alta	큰소리로	keun-so-ri-ro
en silencio	묵독	muk-dok
alto (adj)	높은	no-peun
bajo (adj)	낮은	na-jeun
profundo (adj)	깊은	gi-peun
poco profundo (adj)	얕은	ya-teun
sí	네	ne
no	아니오	a-ni-o
lejano (adj)	먼	meon
cercano (adj)	인근의	in-geu-nui
lejos (adv)	멀리	meol-li
cerco (adv)	인근에	in-geu-ne
largo (adj)	긴	gin
corto (adj)	짧은	jjal-beun
bueno (de buen corazón)	착한	cha-kan
malvado (adj)	사악한	sa-a-kan

| casado (adj) | 결혼한 | gyeol-hon-han |
| soltero (adj) | 미혼의 | mi-hon-ui |

| prohibir (vt) | 금지하다 | geum-ji-ha-da |
| permitir (vt) | 허가하다 | heo-ga-ha-da |

| fin (m) | 끝 | kkeut |
| principio (m) | 시작 | si-jak |

| izquierdo (adj) | 왼쪽의 | oen-jjo-gui |
| derecho (adj) | 오른쪽의 | o-reun-jjo-gui |

| primero (adj) | 첫 번째의 | cheot beon-jjae-ui |
| último (adj) | 마지막의 | ma-ji-ma-gui |

| crimen (m) | 범죄 | beom-joe |
| castigo (m) | 벌 | beol |

| ordenar (vt) | 명령하다 | myeong-nyeong-ha-da |
| obedecer (vi, vt) | 복종하다 | bok-jong-ha-da |

| recto (adj) | 곧은 | go-deun |
| curvo (adj) | 굽은 | gu-beun |

| paraíso (m) | 천국 | cheon-guk |
| infierno (m) | 지옥 | ji-ok |

| nacer (vi) | 태어나다 | tae-eo-na-da |
| morir (vi) | 죽다 | juk-da |

| fuerte (adj) | 강한 | gang-han |
| débil (adj) | 약한 | yak-an |

| viejo (adj) | 늙은 | neul-geun |
| joven (adj) | 젊은 | jeol-meun |

| viejo (adj) | 낡은 | nal-geun |
| nuevo (adj) | 새로운 | sae-ro-un |

| duro (adj) | 단단한 | dan-dan-han |
| blando (adj) | 부드러운 | bu-deu-reo-un |

| tibio (adj) | 따뜻한 | tta-tteu-tan |
| frío (adj) | 추운 | chu-un |

| gordo (adj) | 뚱뚱한 | ttung-ttung-han |
| delgado (adj) | 마른 | ma-reun |

| estrecho (adj) | 좁은 | jo-beun |
| ancho (adj) | 넓은 | neol-beun |

| bueno (adj) | 좋은 | jo-eun |
| malo (adj) | 나쁜 | na-ppeun |

| valiente (adj) | 용감한 | yong-gam-han |
| cobarde (adj) | 비겁한 | bi-geo-pan |

20. Los días de la semana

lunes (m)	월요일	wo-ryo-il
martes (m)	화요일	hwa-yo-il
miércoles (m)	수요일	su-yo-il
jueves (m)	목요일	mo-gyo-il
viernes (m)	금요일	geu-myo-il
sábado (m)	토요일	to-yo-il
domingo (m)	일요일	i-ryo-il
hoy (adv)	오늘	o-neul
mañana (adv)	내일	nae-il
pasado mañana	모레	mo-re
ayer (adv)	어제	eo-je
anteayer (adv)	그저께	geu-jeo-kke
día (m)	낮	nat
día (m) de trabajo	근무일	geun-mu-il
día (m) de fiesta	공휴일	gong-hyu-il
día (m) de descanso	휴일	hyu-il
fin (m) de semana	주말	ju-mal
todo el día	하루종일	ha-ru-jong-il
al día siguiente	다음날	da-eum-nal
dos días atrás	이틀 전	i-teul jeon
en vísperas (adv)	전날	jeon-nal
diario (adj)	일간의	il-ga-nui
cada día (adv)	매일	mae-il
semana (f)	주	ju
semana (f) pasada	지난 주에	ji-nan ju-e
semana (f) que viene	다음 주에	da-eum ju-e
semanal (adj)	주간의	ju-ga-nui
cada semana (adv)	매주	mae-ju
2 veces por semana	일주일에 두번	il-ju-i-re du-beon
todos los martes	매주 화요일	mae-ju hwa-yo-il

21. Las horas. El día y la noche

mañana (f)	아침	a-chim
por la mañana	아침에	a-chim-e
mediodía (m)	정오	jeong-o
por la tarde	오후에	o-hu-e
noche (f)	저녁	jeo-nyeok
por la noche	저녁에	jeo-nyeo-ge
noche (f) (p.ej. 2:00 a.m.)	밤	bam
por la noche	밤에	bam-e
medianoche (f)	자정	ja-jeong
segundo (m)	초	cho
minuto (m)	분	bun
hora (f)	시	si

media hora (f)	반시간	ban-si-gan
cuarto (m) de hora	십오분	si-bo-bun
quince minutos	십오분	si-bo-bun
veinticuatro horas	이십사시간	i-sip-sa-si-gan
salida (f) del sol	일출	il-chul
amanecer (m)	새벽	sae-byeok
madrugada (f)	이른 아침	i-reun a-chim
puesta (f) del sol	저녁 노을	jeo-nyeok no-eul
de madrugada	이른 아침에	i-reun a-chim-e
esta mañana	오늘 아침에	o-neul ra-chim-e
mañana por la mañana	내일 아침에	nae-il ra-chim-e
esta tarde	오늘 오후에	o-neul ro-hu-e
por la tarde	오후에	o-hu-e
mañana por la tarde	내일 오후에	nae-il ro-hu-e
esta noche (p.ej. 8:00 p.m.)	오늘 저녁에	o-neul jeo-nyeo-ge
mañana por la noche	내일 밤에	nae-il bam-e
a las tres en punto	3시 정각에	se-si jeong-ga-ge
a eso de las cuatro	4시쯤에	ne-si-jjeu-me
para las doce	12시까지	yeoldu si-kka-ji
dentro de veinte minutos	20분 안에	isib-bun na-ne
dentro de una hora	한 시간 안에	han si-gan na-ne
a tiempo (adv)	제시간에	je-si-gan-e
... menos cuarto	⋯ 십오 분	... si-bo bun
durante una hora	한 시간 내에	han si-gan nae-e
cada quince minutos	15분 마다	sibo-bun ma-da
día y noche	하루종일	ha-ru-jong-il

22. Los meses. Las estaciones

enero (m)	일월	i-rwol
febrero (m)	이월	i-wol
marzo (m)	삼월	sam-wol
abril (m)	사월	sa-wol
mayo (m)	오월	o-wol
junio (m)	유월	yu-wol
julio (m)	칠월	chi-rwol
agosto (m)	팔월	pa-rwol
septiembre (m)	구월	gu-wol
octubre (m)	시월	si-wol
noviembre (m)	십일월	si-bi-rwol
diciembre (m)	십이월	si-bi-wol
primavera (f)	봄	bom
en primavera	봄에	bom-e
de primavera (adj)	봄의	bom-ui
verano (m)	여름	yeo-reum

en verano	여름에	yeo-reum-e
de verano (adj)	여름의	yeo-reu-mui
otoño (m)	가을	ga-eul
en otoño	가을에	ga-eu-re
de otoño (adj)	가을의	ga-eu-rui
invierno (m)	겨울	gyeo-ul
en invierno	겨울에	gyeo-u-re
de invierno (adj)	겨울의	gyeo-ul
mes (m)	월, 달	wol, dal
este mes	이번 달에	i-beon da-re
al mes siguiente	다음 달에	da-eum da-re
el mes pasado	지난 달에	ji-nan da-re
hace un mes	한달 전에	han-dal jeon-e
dentro de un mes	한 달 안에	han dal ra-ne
dentro de dos meses	두 달 안에	du dal ra-ne
todo el mes	한 달 내내	han dal lae-nae
todo un mes	한달간 내내	han-dal-gan nae-nae
mensual (adj)	월간의	wol-ga-nui
mensualmente (adv)	매월, 매달	mae-wol, mae-dal
cada mes	매달	mae-dal
dos veces por mes	한 달에 두 번	han da-re du beon
año (m)	년	nyeon
este año	올해	ol-hae
el próximo año	내년	nae-nyeon
el año pasado	작년	jang-nyeon
hace un año	일년 전	il-lyeon jeon
dentro de un año	일 년 안에	il lyeon na-ne
dentro de dos años	이 년 안에	i nyeon na-ne
todo el año	한 해 전체	han hae jeon-che
todo un año	일년 내내	il-lyeon nae-nae
cada año	매년	mae-nyeon
anual (adj)	연간의	yeon-ga-nui
anualmente (adv)	매년	mae-nyeon
cuatro veces por año	일년에 네 번	il-lyeon-e ne beon
fecha (f) (la ~ de hoy es ...)	날짜	nal-jja
fecha (f) (~ de entrega)	월일	wo-ril
calendario (m)	달력	dal-lyeok
medio año (m)	반년	ban-nyeon
seis meses	육개월	yuk-gae-wol
estación (f)	계절	gye-jeol
siglo (m)	세기	se-gi

23. La hora. Miscelánea

| tiempo (m) | 시간 | si-gan |
| momento (m) | 순간 | sun-gan |

instante (m)	찰나	chal-la
instantáneo (adj)	찰나의	chal-la-ui
lapso (m) de tiempo	기간	gi-gan
vida (f)	일생	il-saeng
eternidad (f)	영원	yeong-won
época (f)	시대	si-dae
era (f)	시대	si-dae
ciclo (m)	주기	ju-gi
periodo (m)	기간	gi-gan
plazo (m) (~ de tres meses)	기간	gi-gan
futuro (m)	미래	mi-rae
futuro (adj)	미래의	mi-rae-ui
la próxima vez	다음번	da-eum-beon
pasado (m)	과거	gwa-geo
pasado (adj)	지나간	ji-na-gan
la última vez	지난 번에	ji-nan beon-e
más tarde (adv)	나중에	na-jung-e
después	… 후에	… hu-e
actualmente (adv)	요즘	yo-jeum
ahora (adv)	이제	i-je
inmediatamente	즉시	jeuk-si
pronto (adv)	곧	got
de antemano (adv)	미리	mi-ri
hace mucho tiempo	오래 전	o-rae jeon
hace poco (adv)	최근	choe-geun
destino (m)	운명	un-myeong
recuerdos (m pl)	회상, 추억	hoe-sang, chu-eok
archivo (m)	기록	gi-rok
durante …	… 동안	… dong-an
mucho tiempo (adv)	오래	o-rae
poco tiempo (adv)	길지 않은	gil-ji a-neun
temprano (adv)	일찍	il-jjik
tarde (adv)	늦게	neut-ge
para siempre (adv)	영원히	yeong-won-hi
comenzar (vt)	시작하다	si-jak-a-da
aplazar (vt)	연기하다	yeon-gi-ha-da
simultáneamente	동시에	dong-si-e
permanentemente	영구히	yeong-gu-hi
constante (ruido, etc.)	끊임없는	kkeu-nim-eom-neun
temporal (adj)	일시적인	il-si-jeo-gin
a veces (adv)	가끔	ga-kkeum
raramente (adv)	드물게	deu-mul-ge
frecuentemente	자주	ja-ju

24. Las líneas y las formas

cuadrado (m)	정사각형	jeong-sa-gak-yeong
cuadrado (adj)	사각의	sa-ga-gui

círculo (m)	원	won
redondo (adj)	원형의	won-hyeong-ui
triángulo (m)	삼각형	sam-gak-yeong
triangular (adj)	삼각형의	sam-gak-yeong-ui
óvalo (m)	타원	ta-won
oval (adj)	타원의	ta-won-ui
rectángulo (m)	직사각형	jik-sa-gak-yeong
rectangular (adj)	직사각형의	jik-sa-gak-yeong-ui
pirámide (f)	피라미드	pi-ra-mi-deu
rombo (m)	마름모	ma-reum-mo
trapecio (m)	사다리꼴	sa-da-ri-kkol
cubo (m)	정육면체	jeong-yung-myeon-che
prisma (m)	각기둥	gak-gi-dung
circunferencia (f)	원주	won-ju
esfera (f)	구	gu
globo (m)	구체	gu-che
diámetro (m)	지름	ji-reum
radio (m)	반경	ban-gyeong
perímetro (m)	둘레	dul-le
centro (m)	중심	jung-sim
horizontal (adj)	가로의	ga-ro-ui
vertical (adj)	세로의	se-ro-ui
paralela (f)	평행	pyeong-haeng
paralelo (adj)	평행한	pyeong-haeng-han
línea (f)	선, 줄	seon, jul
trazo (m)	획	hoek
recta (f)	직선	jik-seon
curva (f)	곡선	gok-seon
fino (la ~a línea)	얇은	yal-beun
contorno (m)	외곽선	oe-gwak-seon
intersección (f)	교점	gyo-jeom
ángulo (m) recto	직각	jik-gak
segmento (m)	활꼴	hwal-kkol
sector (m)	부채꼴	bu-chae-kkol
lado (m)	변	byeon
ángulo (m)	각	gak

25. Las unidades de medida

peso (m)	무게	mu-ge
longitud (f)	길이	gi-ri
anchura (f)	폭, 너비	pok, neo-bi
altura (f)	높이	no-pi
profundidad (f)	깊이	gi-pi
volumen (m)	부피	bu-pi
área (f)	면적	myeon-jeok
gramo (m)	그램	geu-raem
miligramo (m)	밀리그램	mil-li-geu-raem

kilogramo (m)	킬로그램	kil-lo-geu-raem
tonelada (f)	톤	ton
libra (f)	파운드	pa-un-deu
onza (f)	온스	on-seu

metro (m)	미터	mi-teo
milímetro (m)	밀리미터	mil-li-mi-teo
centímetro (m)	센티미터	sen-ti-mi-teo
kilómetro (m)	킬로미터	kil-lo-mi-teo
milla (f)	마일	ma-il

pulgada (f)	인치	in-chi
pie (m)	피트	pi-teu
yarda (f)	야드	ya-deu

| metro (m) cuadrado | 제곱미터 | je-gom-mi-teo |
| hectárea (f) | 헥타르 | hek-ta-reu |

litro (m)	리터	ri-teo
grado (m)	도	do
voltio (m)	볼트	bol-teu
amperio (m)	암페어	am-pe-eo
caballo (m) de fuerza	마력	ma-ryeok

cantidad (f)	수량, 양	su-ryang, yang
un poco de ...	... 조금	... jo-geum
mitad (f)	절반	jeol-ban
docena (f)	다스	da-seu
pieza (f)	조각	jo-gak

| dimensión (f) | 크기 | keu-gi |
| escala (f) (del mapa) | 축척 | chuk-cheok |

mínimo (adj)	최소의	choe-so-ui
el más pequeño (adj)	가장 작은	ga-jang ja-geun
medio (adj)	중간의	jung-gan-ui
máximo (adj)	최대의	choe-dae-ui
el más grande (adj)	가장 큰	ga-jang keun

26. Contenedores

tarro (m) de vidrio	유리병	yu-ri-byeong
lata (f)	캔, 깡통	kaen, kkang-tong
cubo (m)	양동이	yang-dong-i
barril (m)	통	tong

palangana (f)	대야	dae-ya
tanque (m)	탱크	taeng-keu
petaca (f) (de alcohol)	휴대용 술병	hyu-dae-yong sul-byeong
bidón (m) de gasolina	통	tong
cisterna (f)	탱크	taeng-keu

| taza (f) (mug de cerámica) | 머그컵 | meo-geu-keop |
| taza (f) (~ de café) | 컵 | keop |

platillo (m)	받침 접시	bat-chim jeop-si
vaso (m) (~ de agua)	유리잔	yu-ri-jan
copa (f) (~ de vino)	와인글라스	wa-in-geul-la-seu
olla (f)	냄비	naem-bi
botella (f)	병	byeong
cuello (m) de botella	병목	byeong-mok
garrafa (f)	디캔터	di-kaen-teo
jarro (m) (~ de agua)	물병	mul-byeong
recipiente (m)	용기	yong-gi
tarro (m)	항아리	hang-a-ri
florero (m)	화병	hwa-byeong
frasco (m) (~ de perfume)	향수병	hyang-su-byeong
frasquito (m)	약병	yak-byeong
tubo (m)	튜브	tyu-beu
saco (m) (~ de azúcar)	자루	ja-ru
bolsa (f) (~ plástica)	봉투	bong-tu
paquete (m) (~ de cigarrillos)	갑	gap
caja (f)	박스	bak-seu
cajón (m) (~ de madera)	상자	sang-ja
cesta (f)	바구니	ba-gu-ni

27. Materiales

material (m)	재료	jae-ryo
madera (f)	목재	mok-jae
de madera (adj)	목재의	mok-jae-ui
vidrio (m)	유리	yu-ri
de vidrio (adj)	유리의	yu-ri-ui
piedra (f)	돌	dol
de piedra (adj)	돌의	do-rui
plástico (m)	플라스틱	peul-la-seu-tik
de plástico (adj)	플라스틱의	peul-la-seu-ti-gui
goma (f)	고무	go-mu
de goma (adj)	고무의	go-mu-ui
tela (f)	직물	jing-mul
de tela (adj)	직물의	jing-mu-rui
papel (m)	종이	jong-i
de papel (adj)	종이의	jong-i-ui
cartón (m)	판지	pan-ji
de cartón (adj)	판지의	pan-ji-ui
polietileno (m)	폴리에틸렌	pol-li-e-til-len
celofán (m)	셀로판	sel-lo-pan

contrachapado (m)	합판	hap-pan
porcelana (f)	도자기	do-ja-gi
de porcelana (adj)	도자기의	do-ja-gi-ui
arcilla (f), barro (m)	점토	jeom-to
de barro (adj)	점토의	jeom-to-ui
cerámica (f)	세라믹	se-ra-mik
de cerámica (adj)	세라믹의	se-ra-mi-gui

28. Los metales

metal (m)	금속	geum-sok
metálico (adj)	금속제의	geum-sok-je-ui
aleación (f)	합금	hap-geum
oro (m)	금	geum
de oro (adj)	금의	geum-ui
plata (f)	은	eun
de plata (adj)	은의	eun-ui
hierro (m)	철	cheol
de hierro (adj)	철제의	cheol-je-ui
acero (m)	강철	gang-cheol
de acero (adj)	강철의	gang-cheo-rui
cobre (m)	구리	gu-ri
de cobre (adj)	구리의	gu-ri-ui
aluminio (m)	알루미늄	al-lu-mi-nyum
de aluminio (adj)	알루미늄의	al-lu-mi-nyum-ui
bronce (m)	청동	cheong-dong
de bronce (adj)	청동의	cheong-dong-ui
latón (m)	황동	hwang-dong
níquel (m)	니켈	ni-kel
platino (m)	백금	baek-geum
mercurio (m)	수은	su-eun
estaño (m)	주석	ju-seok
plomo (m)	납	nap
zinc (m)	아연	a-yeon

EL SER HUMANO

El ser humano. El cuerpo

29. El ser humano. Conceptos básicos

ser (m) humano	사람	sa-ram
hombre (m) (varón)	남자	nam-ja
mujer (f)	여자	yeo-ja
niño -a (m, f)	아이, 아동	a-i, a-dong
niña (f)	소녀	so-nyeo
niño (m)	소년	so-nyeon
adolescente (m)	청소년	cheong-so-nyeon
viejo, anciano (m)	노인	no-in
vieja, anciana (f)	노인	no-in

30. La anatomía humana

organismo (m)	생체	saeng-che
corazón (m)	심장	sim-jang
sangre (f)	피	pi
arteria (f)	동맥	dong-maek
vena (f)	정맥	jeong-maek
cerebro (m)	두뇌	du-noe
nervio (m)	신경	sin-gyeong
nervios (m pl)	신경	sin-gyeong
vértebra (f)	척추	cheok-chu
columna (f) vertebral	등뼈	deung-ppyeo
estómago (m)	위	wi
intestinos (m pl)	창자	chang-ja
intestino (m)	장	jang
hígado (m)	간	gan
riñón (m)	신장	sin-jang
hueso (m)	뼈	ppyeo
esqueleto (m)	뼈대	ppyeo-dae
costilla (f)	늑골	neuk-gol
cráneo (m)	두개골	du-gae-gol
músculo (m)	근육	geu-nyuk
bíceps (m)	이두근	i-du-geun
tendón (m)	힘줄, 건	him-jul, geon
articulación (f)	관절	gwan-jeol

pulmones (m pl)	폐	pye
genitales (m pl)	생식기	saeng-sik-gi
piel (f)	피부	pi-bu

31. La cabeza

cabeza (f)	머리	meo-ri
cara (f)	얼굴	eol-gul
nariz (f)	코	ko
boca (f)	입	ip

ojo (m)	눈	nun
ojos (m pl)	눈	nun
pupila (f)	눈동자	nun-dong-ja
ceja (f)	눈썹	nun-sseop
pestaña (f)	속눈썹	song-nun-sseop
párpado (m)	눈꺼풀	nun-kkeo-pul

lengua (f)	혀	hyeo
diente (m)	이	i
labios (m pl)	입술	ip-sul
pómulos (m pl)	광대뼈	gwang-dae-ppyeo
encía (f)	잇몸	in-mom
paladar (m)	입천장	ip-cheon-jang

ventanas (f pl)	콧구멍	kot-gu-meong
mentón (m)	턱	teok
mandíbula (f)	턱	teok
mejilla (f)	뺨, 볼	ppyam, bol

frente (f)	이마	i-ma
sien (f)	관자놀이	gwan-ja-no-ri
oreja (f)	귀	gwi
nuca (f)	뒤통수	dwi-tong-su
cuello (m)	목	mok
garganta (f)	목구멍	mok-gu-meong

pelo, cabello (m)	머리털, 헤어	meo-ri-teol, he-eo
peinado (m)	머리 스타일	meo-ri seu-ta-il
corte (m) de pelo	헤어컷	he-eo-keot
peluca (f)	가발	ga-bal

bigote (m)	콧수염	kot-su-yeom
barba (f)	턱수염	teok-su-yeom
tener (~ la barba)	기르다	gi-reu-da
trenza (f)	땋은 머리	tta-eun meo-ri
patillas (f pl)	구레나룻	gu-re-na-rut

pelirrojo (adj)	빨강머리의	ppal-gang-meo-ri-ui
gris, canoso (adj)	흰머리의	huin-meo-ri-ui
calvo (adj)	대머리인	dae-meo-ri-in
calva (f)	땜통	ttaem-tong
cola (f) de caballo	말총머리	mal-chong-meo-ri
flequillo (m)	앞머리	am-meo-ri

32. El cuerpo

mano (f)	손	son
brazo (m)	팔	pal
dedo (m)	손가락	son-ga-rak
dedo (m) pulgar	엄지손가락	eom-ji-son-ga-rak
dedo (m) meñique	새끼손가락	sae-kki-son-ga-rak
uña (f)	손톱	son-top
puño (m)	주먹	ju-meok
palma (f)	손바닥	son-ba-dak
muñeca (f)	손목	son-mok
antebrazo (m)	전박	jeon-bak
codo (m)	팔꿈치	pal-kkum-chi
hombro (m)	어깨	eo-kkae
pierna (f)	다리	da-ri
planta (f)	발	bal
rodilla (f)	무릎	mu-reup
pantorrilla (f)	종아리	jong-a-ri
cadera (f)	엉덩이	eong-deong-i
talón (m)	발뒤꿈치	bal-dwi-kkum-chi
cuerpo (m)	몸	mom
vientre (m)	배	bae
pecho (m)	가슴	ga-seum
seno (m)	가슴	ga-seum
lado (m), costado (m)	옆구리	yeop-gu-ri
espalda (f)	등	deung
zona (f) lumbar	허리	heo-ri
cintura (f), talle (m)	허리	heo-ri
ombligo (m)	배꼽	bae-kkop
nalgas (f pl)	엉덩이	eong-deong-i
trasero (m)	엉덩이	eong-deong-i
lunar (m)	점	jeom
marca (f) de nacimiento	모반	mo-ban
tatuaje (m)	문신	mun-sin
cicatriz (f)	흉터	hyung-teo

La ropa y los accesorios

33. La ropa exterior. Los abrigos

ropa (f)	옷	ot
ropa (f) de calle	겉옷	geo-tot
ropa (f) de invierno	겨울옷	gyeo-u-rot
abrigo (m)	코트	ko-teu
abrigo (m) de piel	모피 외투	mo-pi oe-tu
abrigo (m) corto de piel	짧은 모피 외투	jjal-beun mo-pi oe-tu
chaqueta (f) plumón	패딩점퍼	pae-ding-jeom-peo
cazadora (f)	재킷	jae-kit
impermeable (m)	트렌치코트	teu-ren-chi-ko-teu
impermeable (adj)	방수의	bang-su-ui

34. Ropa de hombre y mujer

camisa (f)	셔츠	syeo-cheu
pantalones (m pl)	바지	ba-ji
jeans, vaqueros (m pl)	청바지	cheong-ba-ji
chaqueta (f), saco (m)	재킷	jae-kit
traje (m)	양복	yang-bok
vestido (m)	드레스	deu-re-seu
falda (f)	치마	chi-ma
blusa (f)	블라우스	beul-la-u-seu
rebeca (f),	니트 재킷	ni-teu jae-kit
chaqueta (f) de punto		
chaqueta (f)	재킷	jae-kit
camiseta (f) (T-shirt)	티셔츠	ti-syeo-cheu
pantalones (m pl) cortos	반바지	ban-ba-ji
traje (m) deportivo	운동복	un-dong-bok
bata (f) de baño	목욕가운	mo-gyok-ga-un
pijama (m)	파자마	pa-ja-ma
suéter (m)	스웨터	seu-we-teo
pulóver (m)	풀오버	pu-ro-beo
chaleco (m)	조끼	jo-kki
frac (m)	연미복	yeon-mi-bok
esmoquin (m)	턱시도	teok-si-do
uniforme (m)	제복	je-bok
ropa (f) de trabajo	작업복	ja-geop-bok
mono (m)	작업바지	ja-geop-ba-ji
bata (f) (p. ej. ~ blanca)	가운	ga-un

35. La ropa. La ropa interior

ropa (f) interior	속옷	so-got
camiseta (f) interior	러닝 셔츠	reo-ning syeo-cheu
calcetines (m pl)	양말	yang-mal
camisón (m)	잠옷	jam-ot
sostén (m)	브라	beu-ra
calcetines (m pl) altos	무릎길이 스타킹	mu-reup-gi-ri seu-ta-king
pantimedias (f pl)	팬티 스타킹	paen-ti seu-ta-king
medias (f pl)	밴드 스타킹	baen-deu seu-ta-king
traje (m) de baño	수영복	su-yeong-bok

36. Gorras

gorro (m)	모자	mo-ja
sombrero (m) de fieltro	중절모	jung-jeol-mo
gorra (f) de béisbol	야구 모자	ya-gu mo-ja
gorra (f) plana	플랫캡	peul-laet-kaep
boina (f)	베레모	be-re-mo
capuchón (m)	후드	hu-deu
panamá (m)	파나마 모자	pa-na-ma mo-ja
gorro (m) de punto	니트 모자	ni-teu mo-ja
pañuelo (m)	스카프	seu-ka-peu
sombrero (m) de mujer	여성용 모자	yeo-seong-yong mo-ja
casco (m) (~ protector)	안전모	an-jeon-mo
gorro (m) de campaña	개리슨 캡	gae-ri-seun kaep
casco (m) (~ de moto)	헬멧	hel-met

37. El calzado

calzado (m)	신발	sin-bal
botas (f pl)	구두	gu-du
zapatos (m pl) (~ de tacón bajo)	구두	gu-du
botas (f pl) altas	부츠	bu-cheu
zapatillas (f pl)	슬리퍼	seul-li-peo
tenis (m pl)	운동화	un-dong-hwa
zapatillas (f pl) de lona	스니커즈	seu-ni-keo-jeu
sandalias (f pl)	샌들	saen-deul
zapatero (m)	구둣방	gu-dut-bang
tacón (m)	굽	gup
par (m)	켤레	kyeol-le
cordón (m)	끈	kkeun
encordonar (vt)	끈을 매다	kkeu-neul mae-da

| calzador (m) | 구둣주걱 | gu-dut-ju-geok |
| betún (m) | 구두약 | gu-du-yak |

38. Los textiles. Las telas

algodón (m)	면	myeon
de algodón (adj)	면의	myeo-nui
lino (m)	리넨	ri-nen
de lino (adj)	린넨의	rin-ne-nui

seda (f)	실크	sil-keu
de seda (adj)	실크의	sil-keu-ui
lana (f)	모직, 울	mo-jik, ul
de lana (adj)	모직의	mo-ji-gui

terciopelo (m)	벨벳	bel-bet
gamuza (f)	스웨이드	seu-we-i-deu
pana (f)	코듀로이	ko-dyu-ro-i

nilón (m)	나일론	na-il-lon
de nilón (adj)	나일론의	na-il-lo-nui
poliéster (m)	폴리에스테르	pol-li-e-seu-te-reu
de poliéster (adj)	폴리에스테르의	pol-li-e-seu-te-reu-ui

piel (f) (cuero)	가죽	ga-juk
de piel (de cuero)	가죽의	ga-ju-gui
piel (f) (~ de zorro, etc.)	모피	mo-pi
de piel (abrigo ~)	모피의	mo-pi-ui

39. Accesorios personales

guantes (m pl)	장갑	jang-gap
manoplas (f pl)	벙어리장갑	beong-eo-ri-jang-gap
bufanda (f)	목도리	mok-do-ri

gafas (f pl)	안경	an-gyeong
montura (f)	안경테	an-gyeong-te
paraguas (m)	우산	u-san
bastón (m)	지팡이	ji-pang-i
cepillo (m) de pelo	빗, 솔빗	bit, sol-bit
abanico (m)	부채	bu-chae

corbata (f)	넥타이	nek-ta-i
pajarita (f)	나비넥타이	na-bi-nek-ta-i
tirantes (m pl)	멜빵	mel-ppang
moquero (m)	손수건	son-su-geon

peine (m)	빗	bit
pasador (m) de pelo	머리핀	meo-ri-pin
horquilla (f)	머리핀	meo-ri-pin
hebilla (f)	버클	beo-keul
cinturón (m)	벨트	bel-teu

correa (f) (de bolso)	어깨끈	eo-kkae-kkeun
bolsa (f)	가방	ga-bang
bolso (m)	핸드백	haen-deu-baek
mochila (f)	배낭	bae-nang

40. La ropa. Miscelánea

moda (f)	패션	pae-syeon
de moda (adj)	유행하는	yu-haeng-ha-neun
diseñador (m) de moda	패션 디자이너	pae-syeon di-ja-i-neo
cuello (m)	옷깃	ot-git
bolsillo (m)	주머니, 포켓	ju-meo-ni, po-ket
de bolsillo (adj)	주머니의	ju-meo-ni-ui
manga (f)	소매	so-mae
presilla (f)	거는 끈	geo-neun kkeun
bragueta (f)	바지 지퍼	ba-ji ji-peo
cremallera (f)	지퍼	ji-peo
cierre (m)	조임쇠	jo-im-soe
botón (m)	단추	dan-chu
ojal (m)	단춧 구멍	dan-chut gu-meong
saltar (un botón)	떨어지다	tteo-reo-ji-da
coser (vi, vt)	바느질하다	ba-neu-jil-ha-da
bordar (vt)	수놓다	su-no-ta
bordado (m)	자수	ja-su
aguja (f)	바늘	ba-neul
hilo (m)	실	sil
costura (f)	솔기	sol-gi
ensuciarse (vr)	더러워지다	deo-reo-wo-ji-da
mancha (f)	얼룩	eol-luk
arrugarse (vr)	구겨지다	gu-gyeo-ji-da
rasgar (vt)	찢다	jjit-da
polilla (f)	좀	jom

41. Productos personales. Cosméticos

pasta (f) de dientes	치약	chi-yak
cepillo (m) de dientes	칫솔	chit-sol
limpiarse los dientes	이를 닦다	i-reul dak-da
maquinilla (f) de afeitar	면도기	myeon-do-gi
crema (f) de afeitar	면도용 크림	myeon-do-yong keu-rim
afeitarse (vr)	깎다	kkak-da
jabón (m)	비누	bi-nu
champú (m)	샴푸	syam-pu
tijeras (f pl)	가위	ga-wi
lima (f) de uñas	손톱줄	son-top-jul

cortaúñas (m pl)	손톱깎이	son-top-kka-kki
pinzas (f pl)	족집게	jok-jip-ge
cosméticos (m pl)	화장품	hwa-jang-pum
mascarilla (f)	얼굴 마스크	eol-gul ma-seu-keu
manicura (f)	매니큐어	mae-ni-kyu-eo
hacer la manicura	매니큐어를 칠하다	mae-ni-kyu-eo-reul chil-ha-da
pedicura (f)	페디큐어	pe-di-kyu-eo
bolsa (f) de maquillaje	화장품 가방	hwa-jang-pum ga-bang
polvos (m pl)	분	bun
polvera (f)	콤팩트	kom-paek-teu
colorete (m), rubor (m)	블러셔	beul-leo-syeo
perfume (m)	향수	hyang-su
agua (f) de tocador	화장수	hwa-jang-su
loción (f)	로션	ro-syeon
agua (f) de Colonia	오드콜로뉴	o-deu-kol-lo-nyu
sombra (f) de ojos	아이섀도	a-i-syae-do
lápiz (m) de ojos	아이라이너	a-i-ra-i-neo
rímel (m)	마스카라	ma-seu-ka-ra
pintalabios (m)	립스틱	rip-seu-tik
esmalte (m) de uñas	매니큐어 `	mae-ni-kyu-eo
fijador (m) para el pelo	헤어 스프레이	he-eo seu-peu-re-i
desodorante (m)	데오도란트	de-o-do-ran-teu
crema (f)	크림	keu-rim
crema (f) de belleza	얼굴 크림	eol-gul keu-rim
crema (f) de manos	핸드 크림	haen-deu keu-rim
crema (f) antiarrugas	주름제거 크림	ju-reum-je-geo keu-rim
de día (adj)	낮의	na-jui
de noche (adj)	밤의	ba-mui
tampón (m)	탐폰	tam-pon
papel (m) higiénico	화장지	hwa-jang-ji
secador (m) de pelo	헤어 드라이어	he-eo deu-ra-i-eo

42. Las joyas

joyas (f pl)	보석	bo-seok
precioso (adj)	귀중한	gwi-jung-han
contraste (m)	품질 보증 마크	pum-jil bo-jeung ma-keu
anillo (m)	반지	ban-ji
anillo (m) de boda	결혼반지	gyeol-hon-ban-ji
pulsera (f)	팔찌	pal-jji
pendientes (m pl)	귀걸이	gwi-geo-ri
collar (m) (~ de perlas)	목걸이	mok-geo-ri
corona (f)	왕관	wang-gwan
collar (m) de abalorios	구슬 목걸이	gu-seul mok-geo-ri
diamante (m)	다이아몬드	da-i-a-mon-deu

esmeralda (f)	에메랄드	e-me-ral-deu
rubí (m)	루비	ru-bi
zafiro (m)	사파이어	sa-pa-i-eo
perla (f)	진주	jin-ju
ámbar (m)	호박	ho-bak

43. Los relojes

reloj (m)	손목 시계	son-mok si-gye
esfera (f)	문자반	mun-ja-ban
aguja (f)	바늘	ba-neul
pulsera (f)	금속제 시계줄	geum-sok-je si-gye-jul
correa (f) (del reloj)	시계줄	si-gye-jul

pila (f)	건전지	geon-jeon-ji
descargarse (vr)	나가다	na-ga-da
cambiar la pila	배터리를 갈다	bae-teo-ri-reul gal-da
adelantarse (vr)	빨리 가다	ppal-li ga-da
retrasarse (vr)	늦게 가다	neut-ge ga-da

reloj (m) de pared	벽시계	byeok-si-gye
reloj (m) de arena	모래시계	mo-rae-si-gye
reloj (m) de sol	해시계	hae-si-gye
despertador (m)	알람 시계	al-lam si-gye
relojero (m)	시계 기술자	si-gye gi-sul-ja
reparar (vt)	수리하다	su-ri-ha-da

La comida y la nutrición

carne (f)	고기	go-gi
gallina (f)	닭고기	dak-go-gi
pollo (m)	영계	yeong-gye
pato (m)	오리고기	o-ri-go-gi
ganso (m)	거위고기	geo-wi-go-gi
caza (f) menor	사냥감	sa-nyang-gam
pava (f)	칠면조고기	chil-myeon-jo-go-gi
carne (f) de cerdo	돼지고기	dwae-ji-go-gi
carne (f) de ternera	송아지 고기	song-a-ji go-gi
carne (f) de carnero	양고기	yang-go-gi
carne (f) de vaca	소고기	so-go-gi
conejo (m)	토끼고기	to-kki-go-gi
salchichón (m)	소시지	so-si-ji
salchicha (f)	비엔나 소시지	bi-en-na so-si-ji
beicon (m)	베이컨	be-i-keon
jamón (m)	햄	haem
jamón (m) fresco	개먼	gae-meon
paté (m)	파테	pa-te
hígado (m)	간	gan
carne (f) picada	다진 고기	da-jin go-gi
lengua (f)	혀	hyeo
huevo (m)	계란	gye-ran
huevos (m pl)	계란	gye-ran
clara (f)	흰자	huin-ja
yema (f)	노른자	no-reun-ja
pescado (m)	생선	saeng-seon
mariscos (m pl)	해물	hae-mul
caviar (m)	캐비어	kae-bi-eo
cangrejo (m) de mar	게	ge
camarón (m)	새우	sae-u
ostra (f)	굴	gul
langosta (f)	대하	dae-ha
pulpo (m)	문어	mun-eo
calamar (m)	오징어	o-jing-eo
esturión (m)	철갑상어	cheol-gap-sang-eo
salmón (m)	연어	yeon-eo
fletán (m)	넙치	neop-chi
bacalao (m)	대구	dae-gu
caballa (f)	고등어	go-deung-eo

atún (m)	참치	cham-chi
anguila (f)	뱀장어	baem-jang-eo
trucha (f)	송어	song-eo
sardina (f)	정어리	jeong-eo-ri
lucio (m)	강꼬치고기	gang-kko-chi-go-gi
arenque (m)	청어	cheong-eo
pan (m)	빵	ppang
queso (m)	치즈	chi-jeu
azúcar (m)	설탕	seol-tang
sal (f)	소금	so-geum
arroz (m)	쌀	ssal
macarrones (m pl)	파스타	pa-seu-ta
tallarines (m pl)	면	myeon
mantequilla (f)	버터	beo-teo
aceite (m) vegetal	식물유	sing-mu-ryu
aceite (m) de girasol	해바라기유	hae-ba-ra-gi-yu
margarina (f)	마가린	ma-ga-rin
olivas, aceitunas (f pl)	올리브	ol-li-beu
aceite (m) de oliva	올리브유	ol-li-beu-yu
leche (f)	우유	u-yu
leche (f) condensada	연유	yeo-nyu
yogur (m)	요구르트	yo-gu-reu-teu
nata (f) agria	사워크림	sa-wo-keu-rim
nata (f) líquida	크림	keu-rim
mayonesa (f)	마요네즈	ma-yo-ne-jeu
crema (f) de mantequilla	버터크림	beo-teo-keu-rim
cereales (m pl) integrales	곡물	gong-mul
harina (f)	밀가루	mil-ga-ru
conservas (f pl)	통조림	tong-jo-rim
copos (m pl) de maíz	콘플레이크	kon-peul-le-i-keu
miel (f)	꿀	kkul
confitura (f)	잼	jaem
chicle (m)	껌	kkeom

45. Las bebidas

agua (f)	물	mul
agua (f) potable	음료수	eum-nyo-su
agua (f) mineral	미네랄 워터	mi-ne-ral rwo-teo
sin gas	탄산 없는	tan-san neom-neun
gaseoso (adj)	탄산의	tan-sa-nui
con gas	탄산이 든	tan-san-i deun
hielo (m)	얼음	eo-reum
con hielo	얼음을 넣은	eo-reu-meul leo-eun

sin alcohol	무알코올의	mu-al-ko-o-rui
bebida (f) sin alcohol	청량음료	cheong-nyang-eum-nyo
refresco (m)	청량 음료	cheong-nyang eum-nyo
limonada (f)	레모네이드	re-mo-ne-i-deu

bebidas (f pl) alcohólicas	술	sul
vino (m)	와인	wa-in
vino (m) blanco	백 포도주	baek po-do-ju
vino (m) tinto	레드 와인	re-deu wa-in

licor (m)	리큐르	ri-kyu-reu
champaña (f)	샴페인	syam-pe-in
vermú (m)	베르무트	be-reu-mu-teu

whisky (m)	위스키	wi-seu-ki
vodka (m)	보드카	bo-deu-ka
ginebra (f)	진	jin
coñac (m)	코냑	ko-nyak
ron (m)	럼	reom

café (m)	커피	keo-pi
café (m) solo	블랙 커피	beul-laek keo-pi
café (m) con leche	밀크 커피	mil-keu keo-pi
capuchino (m)	카푸치노	ka-pu-chi-no
café (m) soluble	인스턴트 커피	in-seu-teon-teu keo-pi

leche (f)	우유	u-yu
cóctel (m)	칵테일	kak-te-il
batido (m)	밀크 셰이크	mil-keu sye-i-keu

zumo (m), jugo (m)	주스	ju-seu
jugo (m) de tomate	토마토 주스	to-ma-to ju-seu
zumo (m) de naranja	오렌지 주스	o-ren-ji ju-seu
zumo (m) fresco	생과일주스	saeng-gwa-il-ju-seu

cerveza (f)	맥주	maek-ju
cerveza (f) rubia	라거	ra-geo
cerveza (f) negra	흑맥주	heung-maek-ju

té (m)	차	cha
té (m) negro	홍차	hong-cha
té (m) verde	녹차	nok-cha

46. Las verduras

legumbres (f pl)	채소	chae-so
verduras (f pl)	녹황색 채소	nok-wang-saek chae-so

tomate (m)	토마토	to-ma-to
pepino (m)	오이	o-i
zanahoria (f)	당근	dang-geun
patata (f)	감자	gam-ja
cebolla (f)	양파	yang-pa
ajo (m)	마늘	ma-neul

col (f)	양배추	yang-bae-chu
coliflor (f)	컬리플라워	keol-li-peul-la-wo
col (f) de Bruselas	방울다다기 양배추	bang-ul-da-da-gi yang-bae-chu
brócoli (m)	브로콜리	beu-ro-kol-li

remolacha (f)	비트	bi-teu
berenjena (f)	가지	ga-ji
calabacín (m)	애호박	ae-ho-bak
calabaza (f)	호박	ho-bak
nabo (m)	순무	sun-mu

perejil (m)	파슬리	pa-seul-li
eneldo (m)	딜	dil
lechuga (f)	양상추	yang-sang-chu
apio (m)	셀러리	sel-leo-ri
espárrago (m)	아스파라거스	a-seu-pa-ra-geo-seu
espinaca (f)	시금치	si-geum-chi

guisante (m)	완두	wan-du
habas (f pl)	콩	kong
maíz (m)	옥수수	ok-su-su
fréjol (m)	강낭콩	gang-nang-kong

pimiento (m) dulce	피망	pi-mang
rábano (m)	무	mu
alcachofa (f)	아티초크	a-ti-cho-keu

47. Las frutas. Las nueces

fruto (m)	과일	gwa-il
manzana (f)	사과	sa-gwa
pera (f)	배	bae
limón (m)	레몬	re-mon
naranja (f)	오렌지	o-ren-ji
fresa (f)	딸기	ttal-gi

mandarina (f)	귤	gyul
ciruela (f)	자두	ja-du
melocotón (m)	복숭아	bok-sung-a
albaricoque (m)	살구	sal-gu
frambuesa (f)	라즈베리	ra-jeu-be-ri
piña (f)	파인애플	pa-in-ae-peul

banana (f)	바나나	ba-na-na
sandía (f)	수박	su-bak
uva (f)	포도	po-do
guinda (f)	신양	si-nyang
cereza (f)	양벚나무	yang-beon-na-mu
melón (m)	멜론	mel-lon

pomelo (m)	자몽	ja-mong
aguacate (m)	아보카도	a-bo-ka-do
papaya (f)	파파야	pa-pa-ya

mango (m)	망고	mang-go
granada (f)	석류	seong-nyu
grosella (f) roja	레드커런트	re-deu-keo-ren-teu
grosella (f) negra	블랙커런트	beul-laek-keo-ren-teu
grosella (f) espinosa	구스베리	gu-seu-be-ri
arándano (m)	빌베리	bil-be-ri
zarzamoras (f pl)	블랙베리	beul-laek-be-ri
pasas (f pl)	건포도	geon-po-do
higo (m)	무화과	mu-hwa-gwa
dátil (m)	대추야자	dae-chu-ya-ja
cacahuete (m)	땅콩	ttang-kong
almendra (f)	아몬드	a-mon-deu
nuez (f)	호두	ho-du
avellana (f)	개암	gae-am
nuez (f) de coco	코코넛	ko-ko-neot
pistachos (m pl)	피스타치오	pi-seu-ta-chi-o

48. El pan. Los dulces

pasteles (m pl)	과자류	gwa-ja-ryu
pan (m)	빵	ppang
galletas (f pl)	쿠키	ku-ki
chocolate (m)	초콜릿	cho-kol-lit
de chocolate (adj)	초콜릿의	cho-kol-lis-ui
caramelo (m)	사탕	sa-tang
tarta (f) (pequeña)	케이크	ke-i-keu
tarta (f) (~ de cumpleaños)	케이크	ke-i-keu
tarta (f) (~ de manzana)	파이	pa-i
relleno (m)	속	sok
confitura (f)	잼	jaem
mermelada (f)	마멀레이드	ma-meol-le-i-deu
gofre (m)	와플	wa-peul
helado (m)	아이스크림	a-i-seu-keu-rim

49. Los platos

plato (m)	요리, 코스	yo-ri, ko-seu
cocina (f)	요리	yo-ri
receta (f)	요리법	yo-ri-beop
porción (f)	분량	bul-lyang
ensalada (f)	샐러드	sael-leo-deu
sopa (f)	수프	su-peu
caldo (m)	육수	yuk-su
bocadillo (m)	샌드위치	saen-deu-wi-chi

huevos (m pl) fritos	계란후라이	gye-ran-hu-ra-i
hamburguesa (f)	햄버거	haem-beo-geo
bistec (m)	비프스테이크	bi-peu-seu-te-i-keu

guarnición (f)	사이드 메뉴	sa-i-deu me-nyu
espagueti (m)	스파게티	seu-pa-ge-ti
puré (m) de patatas	으깬 감자	eu-kkaen gam-ja
pizza (f)	피자	pi-ja
gachas (f pl)	죽	juk
tortilla (f) francesa	오믈렛	o-meul-let

cocido en agua (adj)	삶은	sal-meun
ahumado (adj)	훈제된	hun-je-doen
frito (adj)	튀긴	twi-gin
seco (adj)	말린	mal-lin
congelado (adj)	얼린	eol-lin
marinado (adj)	초절인	cho-jeo-rin

azucarado, dulce (adj)	단	dan
salado (adj)	짠	jjan
frío (adj)	차가운	cha-ga-un
caliente (adj)	뜨거운	tteu-geo-un
amargo (adj)	쓴	sseun
sabroso (adj)	맛있는	man-nin-neun

cocer en agua	삶다	sam-da
preparar (la cena)	요리하다	yo-ri-ha-da
freír (vt)	부치다	bu-chi-da
calentar (vt)	데우다	de-u-da

salar (vt)	소금을 넣다	so-geu-meul leo-ta
poner pimienta	후추를 넣다	hu-chu-reul leo-ta
rallar (vt)	강판에 갈다	gang-pa-ne gal-da
piel (f)	껍질	kkeop-jil
pelar (vt)	껍질 벗기다	kkeop-jil beot-gi-da

50. Las especias

sal (f)	소금	so-geum
salado (adj)	짜	jja
salar (vt)	소금을 넣다	so-geu-meul leo-ta

pimienta (f) negra	후추	hu-chu
pimienta (f) roja	고춧가루	go-chut-ga-ru
mostaza (f)	겨자	gyeo-ja
rábano (m) picante	고추냉이	go-chu-naeng-i

condimento (m)	양념	yang-nyeom
especia (f)	향료	hyang-nyo
salsa (f)	소스	so-seu
vinagre (m)	식초	sik-cho

| anís (m) | 아니스 | a-ni-seu |
| albahaca (f) | 바질 | ba-jil |

clavo (m)	정향	jeong-hyang
jengibre (m)	생강	saeng-gang
cilantro (m)	고수	go-su
canela (f)	계피	gye-pi

sésamo (m)	깨	kkae
hoja (f) de laurel	월계수잎	wol-gye-su-ip
paprika (f)	파프리카	pa-peu-ri-ka
comino (m)	캐러웨이	kae-reo-we-i
azafrán (m)	사프란	sa-peu-ran

51. Las comidas

| comida (f) | 음식 | eum-sik |
| comer (vi, vt) | 먹다 | meok-da |

desayuno (m)	아침식사	a-chim-sik-sa
desayunar (vi)	아침을 먹다	a-chi-meul meok-da
almuerzo (m)	점심식사	jeom-sim-sik-sa
almorzar (vi)	점심을 먹다	jeom-si-meul meok-da
cena (f)	저녁식사	jeo-nyeok-sik-sa
cenar (vi)	저녁을 먹다	jeo-nyeo-geul meok-da

| apetito (m) | 식욕 | si-gyok |
| ¡Que aproveche! | 맛있게 드십시오! | man-nit-ge deu-sip-si-o! |

abrir (vt)	열다	yeol-da
derramar (líquido)	엎지르다	eop-ji-reu-da
derramarse (líquido)	쏟아지다	sso-da-ji-da

hervir (vi)	끓다	kkeul-ta
hervir (vt)	끓이다	kkeu-ri-da
hervido (agua ~a)	끓인	kkeu-rin
enfriar (vt)	식히다	sik-i-da
enfriarse (vr)	식다	sik-da

| sabor (m) | 맛 | mat |
| regusto (m) | 뒷 맛 | dwit mat |

adelgazar (vi)	살을 빼다	sa-reul ppae-da
dieta (f)	다이어트	da-i-eo-teu
vitamina (f)	비타민	bi-ta-min
caloría (f)	칼로리	kal-lo-ri

| vegetariano (m) | 채식주의자 | chae-sik-ju-ui-ja |
| vegetariano (adj) | 채식주의의 | chae-sik-ju-ui-ui |

grasas (f pl)	지방	ji-bang
proteínas (f pl)	단백질	dan-baek-jil
carbohidratos (m pl)	탄수화물	tan-su-hwa-mul

loncha (f)	조각	jo-gak
pedazo (m)	조각	jo-gak
miga (f)	부스러기	bu-seu-reo-gi

52. Los cubiertos

cuchara (f)	숟가락	sut-ga-rak
cuchillo (m)	나이프	na-i-peu
tenedor (m)	포크	po-keu
taza (f)	컵	keop
plato (m)	접시	jeop-si
platillo (m)	받침 접시	bat-chim jeop-si
servilleta (f)	냅킨	naep-kin
mondadientes (m)	이쑤시개	i-ssu-si-gae

53. El restaurante

restaurante (m)	레스토랑	re-seu-to-rang
cafetería (f)	커피숍	keo-pi-syop
bar (m)	바	ba
salón (m) de té	카페, 티룸	ka-pe, ti-rum
camarero (m)	웨이터	we-i-teo
camarera (f)	웨이트리스	we-i-teu-ri-seu
barman (m)	바텐더	ba-ten-deo
carta (f), menú (m)	메뉴판	me-nyu-pan
carta (f) de vinos	와인 메뉴	wa-in me-nyu
reservar una mesa	테이블 예약을 하다	te-i-beul rye-ya-geul ha-da
plato (m)	요리, 코스	yo-ri, ko-seu
pedir (vt)	주문하다	ju-mun-ha-da
hacer un pedido	주문을 하다	ju-mu-neul ha-da
aperitivo (m)	아페리티프	a-pe-ri-ti-peu
entremés (m)	애피타이저	ae-pi-ta-i-jeo
postre (m)	디저트	di-jeo-teu
cuenta (f)	계산서	gye-san-seo
pagar la cuenta	계산하다	gye-san-ha-da
dar la vuelta	거스름돈을 주다	geo-seu-reum-do-neul ju-da
propina (f)	팁	tip

La familia nuclear, los parientes y los amigos

54. La información personal. Los formularios

nombre (m)	이름	i-reum
apellido (m)	성	seong
fecha (f) de nacimiento	생년월일	saeng-nyeon-wo-ril
lugar (m) de nacimiento	탄생지	tan-saeng-ji
nacionalidad (f)	국적	guk-jeok
domicilio (m)	거소	geo-so
país (m)	나라	na-ra
profesión (f)	직업	ji-geop
sexo (m)	성별	seong-byeol
estatura (f)	키	ki
peso (m)	몸무게	mom-mu-ge

55. Los familiares. Los parientes

madre (f)	어머니	eo-meo-ni
padre (m)	아버지	a-beo-ji
hijo (m)	아들	a-deul
hija (f)	딸	ttal
hija (f) menor	작은딸	ja-geun-ttal
hijo (m) menor	작은아들	ja-geun-a-deul
hija (f) mayor	맏딸	mat-ttal
hijo (m) mayor	맏아들	ma-da-deul
hermano (m)	형제	hyeong-je
hermana (f)	자매	ja-mae
primo (m)	사촌 형제	sa-chon hyeong-je
prima (f)	사촌 자매	sa-chon ja-mae
mamá (f)	엄마	eom-ma
papá (m)	아빠	a-ppa
padres (pl)	부모	bu-mo
niño -a (m, f)	아이, 아동	a-i, a-dong
niños (pl)	아이들	a-i-deul
abuela (f)	할머니	hal-meo-ni
abuelo (m)	할아버지	ha-ra-beo-ji
nieto (m)	손자	son-ja
nieta (f)	손녀	son-nyeo
nietos (pl)	손자들	son-ja-deul
tío (m)	삼촌	sam-chon

sobrino (m)	조카	jo-ka
sobrina (f)	조카딸	jo-ka-ttal
suegra (f)	장모	jang-mo
suegro (m)	시아버지	si-a-beo-ji
yerno (m)	사위	sa-wi
madrastra (f)	계모	gye-mo
padrastro (m)	계부	gye-bu
niño (m) de pecho	영아	yeong-a
bebé (m)	아기	a-gi
chico (m)	꼬마	kko-ma
mujer (f)	아내	a-nae
marido (m)	남편	nam-pyeon
esposo (m)	배우자	bae-u-ja
esposa (f)	배우자	bae-u-ja
casado (adj)	결혼한	gyeol-hon-han
casada (adj)	결혼한	gyeol-hon-han
soltero (adj)	미혼의	mi-hon-ui
soltero (m)	미혼 남자	mi-hon nam-ja
divorciado (adj)	이혼한	i-hon-han
viuda (f)	과부	gwa-bu
viudo (m)	홀아비	ho-ra-bi
pariente (m)	친척	chin-cheok
pariente (m) cercano	가까운 친척	ga-kka-un chin-cheok
pariente (m) lejano	먼 친척	meon chin-cheok
parientes (pl)	친척들	chin-cheok-deul
huérfano (m), huérfana (f)	고아	go-a
tutor (m)	후견인	hu-gyeon-in
adoptar (un niño)	입양하다	i-byang-ha-da
adoptar (una niña)	입양하다	i-byang-ha-da

56. Los amigos. Los compañeros del trabajo

amigo (m)	친구	chin-gu
amiga (f)	친구	chin-gu
amistad (f)	우정	u-jeong
ser amigo	사귀다	sa-gwi-da
amigote (m)	벗	beot
amiguete (f)	벗	beot
compañero (m)	파트너	pa-teu-neo
jefe (m)	상사	sang-sa
superior (m)	윗사람	wit-sa-ram
subordinado (m)	부하	bu-ha
colega (m, f)	동료	dong-nyo
conocido (m)	아는 사람	a-neun sa-ram
compañero (m) de viaje	동행자	dong-haeng-ja

condiscípulo (m)	동급생	dong-geup-saeng
vecino (m)	이웃	i-ut
vecina (f)	이웃	i-ut
vecinos (pl)	이웃들	i-ut-deul

57. El hombre. La mujer

mujer (f)	여자	yeo-ja
muchacha (f)	소녀, 아가씨	so-nyeo, a-ga-ssi
novia (f)	신부	sin-bu

guapa (adj)	아름다운	a-reum-da-un
alta (adj)	키가 큰	ki-ga keun
esbelta (adj)	날씬한	nal-ssin-han
de estatura mediana	키가 작은	ki-ga ja-geun

| rubia (f) | 블론드 여자 | beul-lon-deu yeo-ja |
| morena (f) | 갈색머리 여성 | gal-saeng-meo-ri yeo-seong |

de señora (adj)	여성의	yeo-seong-ui
virgen (f)	처녀	cheo-nyeo
embarazada (adj)	임신한	im-sin-han

hombre (m) (varón)	남자	nam-ja
rubio (m)	블론드 남자	beul-lon-deu nam-ja
moreno (m)	갈색머리 남자	gal-saeng-meo-ri nam-ja
alto (adj)	키가 큰	ki-ga keun
de estatura mediana	키가 작은	ki-ga ja-geun

grosero (adj)	무례한	mu-rye-han
rechoncho (adj)	땅딸막한	ttang-ttal-mak-an
robusto (adj)	강건한	gang-han
fuerte (adj)	강한	gang-han
fuerza (f)	힘	him

gordo (adj)	뚱뚱한	ttung-ttung-han
moreno (adj)	거무스레한	geo-mu-seu-re-han
esbelto (adj)	날씬한	nal-ssin-han
elegante (adj)	우아한	u-a-han

58. La edad

edad (f)	나이	na-i
juventud (f)	청년시절	cheong-nyeon-si-jeol
joven (adj)	젊은	jeol-meun

| menor (adj) | 더 젊은 | deo jeol-meun |
| mayor (adj) | 더 나이 든 | deo na-i deun |

joven (m)	젊은 분	jeol-meun bun
adolescente (m)	청소년	cheong-so-nyeon
muchacho (m)	사내	sa-nae

anciano (m)	노인	no-in
anciana (f)	노인	no-in
adulto	어른	eo-reun
de edad media (adj)	중년의	jung-nyeo-nui
anciano, mayor (adj)	나이 든	na-i deun
viejo (adj)	늙은	neul-geun
jubilación (f)	은퇴	eun-toe
jubilarse	은퇴하다	eun-toe-ha-da
jubilado (m)	은퇴자	eun-toe-ja

59. Los niños

niño -a (m, f)	아이, 아동	a-i, a-dong
niños (pl)	아이들	a-i-deul
gemelos (pl)	쌍둥이	ssang-dung-i
cuna (f)	요람	yo-ram
sonajero (m)	딸랑이	ttal-lang-i
pañal (m)	기저귀	gi-jeo-gwi
chupete (m)	젖꼭지	jeot-kkok-ji
cochecito (m)	유모차	yu-mo-cha
jardín (m) de infancia	유치원	yu-chi-won
niñera (f)	애기보는 사람	ae-gi-bo-neun sa-ram
infancia (f)	유년	yu-nyeon
muñeca (f)	인형	in-hyeong
juguete (m)	장난감	jang-nan-gam
mecano (m)	블록 장난감	beul-lok jang-nan-gam
bien criado (adj)	잘 교육받은	jal gyo-yuk-ba-deun
mal criado (adj)	잘못 키운	jal-mot ki-un
mimado (adj)	버릇없는	beo-reus-eom-neun
hacer travesuras	짓궂다	jit-gut-da
travieso (adj)	장난기 있는	jang-nan-gi in-neun
travesura (f)	장난기	jang-nan-gi
travieso (m)	장난꾸러기	jang-nan-kku-reo-gi
obediente (adj)	말 잘 듣는	mal jal deun-neun
desobediente (adj)	반항적인	ban-hang-jeo-gin
dócil (adj)	유순한	yu-sun-han
inteligente (adj)	영리한	yeong-ni-han
niño (m) prodigio	신동	sin-dong

60. El matrimonio. La vida familiar

besar (vt)	키스하다	ki-seu-ha-da
besarse (vr)	입을 맞추다	i-beul mat-chu-da

familia (f)	가족	ga-jok
familiar (adj)	가족의	ga-jo-gui
pareja (f)	부부	bu-bu
matrimonio (m)	결혼	gyeol-hon
hogar (m) familiar	따뜻한 가정	tta-tteu-tan ga-jeong
dinastía (f)	혈통	hyeol-tong
cita (f)	데이트	de-i-teu
beso (m)	키스	ki-seu
amor (m)	사랑	sa-rang
querer (amar)	사랑하다	sa-rang-ha-da
querido (adj)	사랑받는	sa-rang-ban-neun
ternura (f)	상냥함	sang-nyang-ham
tierno (afectuoso)	자상한	ja-sang-han
fidelidad (f)	성실	seong-sil
fiel (adj)	성실한	seong-sil-han
cuidado (m)	배려	bae-ryeo
cariñoso (un padre ~)	배려하는	bae-ryeo-ha-neun
recién casados (pl)	신혼 부부	sin-hon bu-bu
luna (f) de miel	허니문	heo-ni-mun
estar casada	결혼하다	gyeol-hon-ha-da
casarse (con una mujer)	결혼하다	gyeol-hon-ha-da
boda (f)	결혼식	gyeol-hon-sik
aniversario (m)	기념일	gi-nyeom-il
amante (m)	애인	ae-in
amante (f)	정부	jeong-bu
adulterio (m)	불륜	bul-lyun
cometer adulterio	바람을 피우다	ba-ra-meul pi-u-da
celoso (adj)	질투하는	jil-tu-ha-neun
tener celos	질투하다	jil-tu-ha-da
divorcio (m)	이혼	i-hon
divorciarse (vr)	이혼하다	i-hon-ha-da
reñir (vi)	다투다	da-tu-da
reconciliarse (vr)	화해하다	hwa-hae-ha-da
juntos (adv)	같이	ga-chi
sexo (m)	섹스	sek-seu
felicidad (f)	행복	haeng-bok
feliz (adj)	행복한	haeng-bok-an
desgracia (f)	불행	bul-haeng
desgraciado (adj)	불행한	bul-haeng-han

Las características de personalidad. Los sentimientos

61. Los sentimientos. Las emociones

sentimiento (m)	감정	gam-jeong
sentimientos (m pl)	감정	gam-jeong
sentir (vt)	느끼다	neu-kki-da
hambre (f)	배고픔	bae-go-peum
tener hambre	배가 고프다	bae-ga go-peu-da
sed (f)	목마름	mong-ma-reum
tener sed	목마르다	mong-ma-reu-da
somnolencia (f)	졸음	jo-reum
tener sueño	졸리다	jol-li-da
cansancio (m)	피로	pi-ro
cansado (adj)	피곤한	pi-gon-han
estar cansado	피곤하다	pi-gon-ha-da
humor (m) (de buen ~)	기분	gi-bun
aburrimiento (m)	지루함	ji-ru-ham
aburrirse (vr)	심심하다	sim-sim-ha-da
soledad (f)	은둔 생활	eun-dun saeng-hwal
aislarse (vr)	고적하게 살다	go-jeok-a-ge sal-da
inquietar (vt)	걱정하게 만들다	geok-jeong-ha-ge man-deul-da
inquietarse (vr)	걱정하다	geok-jeong-ha-da
inquietud (f)	걱정	geok-jeong
preocupación (f)	심려	sim-nyeo
preocupado (adj)	사로잡힌	sa-ro-ja-pin
estar nervioso	긴장하다	gin-jang-ha-da
darse al pánico	공황 상태에 빠지다	gong-hwang sang-tae-e ppa-ji-da
esperanza (f)	희망	hui-mang
esperar (tener esperanza)	희망하다	hui-mang-ha-da
seguridad (f)	확실	hwak-sil
seguro (adj)	확실한	hwak-sil-han
inseguridad (f)	불확실성	bul-hwak-sil-seong
inseguro (adj)	불확실한	bul-hwak-sil-han
borracho (adj)	취한	chwi-han
sobrio (adj)	술 취하지 않은	sul chwi-ha-ji a-neun
débil (adj)	약한	yak-an
feliz (adj)	행복한	haeng-bok-an
asustar (vt)	겁주다	geop-ju-da
furia (f)	격분	gyeok-bun
rabia (f)	격노	gyeong-no

depresión (f)	우울함	u-ul-ham
incomodidad (f)	불편함	bul-pyeon-ham
comodidad (f)	안락	al-lak
arrepentirse (vr)	후회하다	hu-hoe-ha-da
arrepentimiento (m)	후회	hu-hoe
mala suerte (f)	불운	bu-run
tristeza (f)	슬픔	seul-peum
vergüenza (f)	부끄러움	bu-kkeu-reo-um
júbilo (m)	기쁨, 반가움	gi-ppeum, ban-ga-um
entusiasmo (m)	열광, 열성	yeol-gwang, yeol-seong
entusiasta (m)	열광자	yeol-gwang-ja
mostrar entusiasmo	열의를 보이다	yeo-rui-reul bo-i-da

62. El carácter. La personalidad

carácter (m)	성격	seong-gyeok
defecto (m)	성격결함	seong-gyeok-gyeol-ham
mente (f)	마음	ma-eum
razón (f)	이성	i-seong
consciencia (f)	양심	yang-sim
hábito (m)	습관	seup-gwan
habilidad (f)	능력	neung-nyeok
poder (~ nadar, etc.)	할 수 있다	hal su it-da
paciente (adj)	참을성 있는	cha-meul-seong in-neun
impaciente (adj)	참을성 없는	cha-meul-seong eom-neun
curioso (adj)	호기심이 많은	ho-gi-sim-i ma-neun
curiosidad (f)	호기심	ho-gi-sim
modestia (f)	겸손	gyeom-son
modesto (adj)	겸손한	gyeom-son-han
inmodesto (adj)	자만하는	ja-man-ha-neun
perezoso (adj)	게으른	ge-eu-reun
perezoso (m)	게으름뱅이	ge-eu-reum-baeng-i
astucia (f)	교활	gyo-hwal
astuto (adj)	교활한	gyo-hwal-han
desconfianza (f)	불신	bul-sin
desconfiado (adj)	불신하는	bul-sin-ha-neun
generosidad (f)	관대함	gwan-dae-ham
generoso (adj)	관대한	gwan-dae-han
talentoso (adj)	재능이 있는	jae-neung-i in-neun
talento (m)	재능	jae-neung
valiente (adj)	용감한	yong-gam-han
coraje (m)	용기	yong-gi
honesto (adj)	정직한	jeong-jik-an
honestidad (f)	정직	jeong-jik
prudente (adj)	주의깊은	ju-ui-gi-peun
valeroso (adj)	용감한	yong-gam-han

| serio (adj) | 진지한 | jin ji-han |
| severo (adj) | 엄한 | eom-han |

decidido (adj)	과단성 있는	gwa-dan-seong in-neun
indeciso (adj)	과단성 없는	gwa-dan-seong eom-neun
tímido (adj)	소심한	so-sim-han
timidez (f)	소심	so-sim

confianza (f)	신뢰	sil-loe
creer (créeme)	신뢰하다	sil-loe-ha-da
confiado (crédulo)	잘 믿는	jal min-neun

sinceramente (adv)	성실하게	seong-sil-ha-ge
sincero (adj)	성실한	seong-sil-han
sinceridad (f)	성실	seong-sil
abierto (adj)	열린	yeol-lin

calmado (adj)	차분한	cha-bun-han
franco (sincero)	솔직한	sol-jik-an
ingenuo (adj)	순진한	sun-jin-han
distraído (adj)	건망증이 심한	geon-mang-jeung-i sim-han
gracioso (adj)	웃긴	ut-gin

avaricia (f)	욕심	yok-sim
avaro (adj)	욕심 많은	yok-sim ma-neun
tacaño (adj)	인색한	in-saek-an
malvado (adj)	사악한	sa-a-kan
terco (adj)	고집이 센	go-ji-bi sen
desagradable (adj)	불쾌한	bul-kwae-han

egoísta (m)	이기주의자	i-gi-ju-ui-ja
egoísta (adj)	이기적인	i-gi-jeo-gin
cobarde (m)	비겁한 자, 겁쟁이	bi-geo-pan ja, geop-jaeng-i
cobarde (adj)	비겁한	bi-geo-pan

63. El sueño. Los sueños

dormir (vi)	잠을 자다	ja-meul ja-da
sueño (m) (estado)	잠	jam
sueño (m) (dulces ~s)	꿈	kkum
soñar (vi)	꿈을 꾸다	kku-meul kku-da
adormilado (adj)	졸린	jol-lin

cama (f)	침대	chim-dae
colchón (m)	매트리스	mae-teu-ri-seu
manta (f)	이불	i-bul
almohada (f)	베개	be-gae
sábana (f)	시트	si-teu

insomnio (m)	불면증	bul-myeon-jeung
de insomnio (adj)	불면의	bul-myeon-ui
somnífero (m)	수면제	su-myeon-je
tomar el somnífero	수면제를 먹다	su-myeon-je-reul meok-da
tener sueño	졸리다	jol-li-da

bostezar (vi)	하품하다	ha-pum-ha-da
irse a la cama	잠자리에 들다	jam-ja-ri-e deul-da
hacer la cama	침대를 정리하다	chim-dae-reul jeong-ni-ha-da
dormirse (vr)	잠들다	jam-deul-da

pesadilla (f)	악몽	ang-mong
ronquido (m)	코골기	ko-gol-gi
roncar (vi)	코를 골다	ko-reul gol-da

despertador (m)	알람 시계	al-lam si-gye
despertar (vt)	깨우다	kkae-u-da
despertarse (vr)	깨다	kkae-da
levantarse (vr)	일어나다	i-reo-na-da
lavarse (vr)	세수하다	se-su-ha-da

64. El humor. La risa. La alegría

humor (m)	유머	yu-meo
sentido (m) del humor	유머 감각	yu-meo gam-gak
divertirse (vr)	즐기다	jeul-gi-da
alegre (adj)	명랑한	myeong-nang-han
júbilo (m)	즐거움	jeul-geo-um

sonrisa (f)	미소	mi-so
sonreír (vi)	미소를 짓다	mi-so-reul jit-da
echarse a reír	웃기 시작하다	ut-gi si-jak-a-da
reírse (vr)	웃다	ut-da
risa (f)	웃음	us-eum

anécdota (f)	일화	il-hwa
gracioso (adj)	웃긴	ut-gin
ridículo (adj)	웃긴	ut-gin

bromear (vi)	농담하다	nong-dam-ha-da
broma (f)	농담	nong-dam
alegría (f) (emoción)	기쁜, 즐거움	gi-ppeun, jeul-geo-um
alegrarse (vr)	기뻐하다	gi-ppeo-ha-da
alegre (~ de que ...)	기쁜	gi-ppeun

65. La discusión y la conversación. Unidad 1

| comunicación (f) | 의사소통 | ui-sa-so-tong |
| comunicarse (vr) | 연락을 주고받다 | yeol-la-geul ju-go-bat-da |

conversación (f)	대화	dae-hwa
diálogo (m)	대화	dae-hwa
discusión (f) (debate)	논의	non-ui
debate (m)	언쟁	eon-jaeng
debatir (vi)	언쟁하다	eon-jaeng-ha-da

| interlocutor (m) | 대화 상대 | dae-hwa sang-dae |
| tema (m) | 주제 | ju-je |

punto (m) de vista	관점	gwan-jeom
opinión (f)	의견	ui-gyeon
discurso (m)	연설	yeon-seol
discusión (f) (del informe, etc.)	의논	ui-non
discutir (vt)	의논하다	ui-non-ha-da
conversación (f)	대화	dae-hwa
conversar (vi)	대화하다	i-ya-gi-ha-da
reunión (f)	회의	hoe-ui
encontrarse (vr)	만나다	man-na-da
proverbio (m)	속담	sok-dam
dicho (m)	속담	sok-dam
adivinanza (f)	수수께끼	su-su-kke-kki
contar una adivinanza	수수께끼를 내다	su-su-kke-kki-reul lae-da
contraseña (f)	비밀번호	bi-mil-beon-ho
secreto (m)	비밀	bi-mil
juramento (m)	맹세	maeng-se
jurar (vt)	맹세하다	maeng-se-ha-da
promesa (f)	약속	yak-sok
prometer (vt)	약속하다	yak-sok-a-da
consejo (m)	조언	jo-eon
aconsejar (vt)	조언하다	jo-eon-ha-da
escuchar (a los padres)	… 를 따르다	… reul tta-reu-da
noticias (f pl)	소식	so-sik
sensación (f)	센세이션	sen-se-i-syeon
información (f)	정보	jeong-bo
conclusión (f)	결론	gyeol-lon
voz (f)	목소리	mok-so-ri
cumplido (m)	칭찬	ching-chan
amable (adj)	친절한	chin-jeol-han
palabra (f)	단어	dan-eo
frase (f)	어구	eo-gu
respuesta (f)	대답	dae-dap
verdad (f)	진리	jil-li
mentira (f)	거짓말	geo-jin-mal
pensamiento (m)	생각	saeng-gak
idea (f)	관념	gwan-nyeom
fantasía (f)	판타지	pan-ta-ji

66. La discusión y la conversación. Unidad 2

respetado (adj)	존경받는	jon-gyeong-ban-neun
respetar (vt)	존경하다	jon-gyeong-ha-da
respeto (m)	존경	jon-gyeong
Estimado …	친애하는 …	chin-ae-ha-neun …
presentar (~ a sus padres)	소개하다	so-gae-ha-da
intención (f)	의도	ui-do

tener intención (de …)	의도하다	ui-do-ha-da
deseo (m)	바람	ba-ram
desear (vt) (~ buena suerte)	바라다	ba-ra-da

sorpresa (f)	놀라움	nol-la-um
sorprender (vt)	놀라게 하다	nol-la-ge ha-da
sorprenderse (vr)	놀라다	nol-la-da

dar (vt)	주다	ju-da
tomar (vt)	잡다	jap-da
devolver (vt)	돌려주다	dol-lyeo-ju-da
retornar (vt)	돌려주다	dol-lyeo-ju-da

disculparse (vr)	사과하다	sa-gwa-ha-da
disculpa (f)	사과	sa-gwa
perdonar (vt)	용서하다	yong-seo-ha-da

hablar (vi)	말하다	mal-ha-da
escuchar (vt)	듣다	deut-da
escuchar hasta el final	끝까지 듣다	kkeut-kka-ji deut-da
comprender (vt)	이해하다	i-hae-ha-da

mostrar (vt)	보여주다	bo-yeo-ju-da
mirar a …	… 를 보다	… reul bo-da
llamar (vt)	부르다	bu-reu-da
molestar (vt)	방해하다	bang-hae-ha-da
pasar (~ un mensaje)	건네주다	geon-ne-ju-da

petición (f)	요청	yo-cheong
pedir (vt)	부탁하다	bu-tak-a-da
exigencia (f)	요구	yo-gu
exigir (vt)	요구하다	yo-gu-ha-da

motejar (vr)	놀리다	nol-li-da
burlarse (vr)	조롱하다	jo-rong-ha-da
burla (f)	조롱, 조소	jo-rong, jo-so
apodo (m)	별명	byeol-myeong

alusión (f)	암시	am-si
aludir (vi)	암시하다	am-si-ha-da
sobrentender (vt)	의미하다	ui-mi-ha-da

| descripción (f) | 서술 | seo-sul |
| describir (vt) | 서술하다 | seo-sul-ha-da |

| elogio (m) | 칭찬 | ching-chan |
| elogiar (vt) | 칭찬하다 | ching-chan-ha-da |

decepción (f)	실망	sil-mang
decepcionar (vt)	실망시키다	sil-mang-si-ki-da
estar decepcionado	실망하다	sil-mang-ha-da

suposición (f)	추측	chu-cheuk
suponer (vt)	추측하다	chu-cheuk-a-da
advertencia (f)	경고	gyeong-go
prevenir (vt)	경고하다	gyeong-go-ha-da

67. La discusión y la conversación. Unidad 3

convencer (vt)	설득하다	seol-deu-ka-da
calmar (vt)	진정시키다	jin-jeong-si-ki-da
silencio (m) (~ es oro)	침묵	chim-muk
callarse (vr)	침묵을 지키다	chim-mu-geul ji-ki-da
susurrar (vi, vt)	속삭이다	sok-sa-gi-da
susurro (m)	속삭임	sok-sa-gim
francamente (adv)	솔직하게	sol-jik-a-ge
en mi opinión ...	내 생각에 ...	nae saeng-ga-ge ...
detalle (m) (de la historia)	세부	se-bu
detallado (adj)	자세한	ja-se-han
detalladamente (adv)	자세하게	ja-se-ha-ge
pista (f)	단서	dan-seo
dar una pista	힌트를 주다	hin-teu-reul ju-da
mirada (f)	흘낏 봄	heul-kkit bom
echar una mirada	보다	bo-da
fija (mirada ~)	고정된	go-jeong-doen
parpadear (vi)	눈을 깜빡이다	nu-neul kkam-ppa-gi-da
guiñar un ojo	눈짓하다	nun-ji-ta-da
asentir con la cabeza	끄덕이다	kkeu-deo-gi-da
suspiro (m)	한숨	han-sum
suspirar (vi)	한숨을 쉬다	han-su-meul swi-da
estremecerse (vr)	몸을 떨다	mo-meul tteol-da
gesto (m)	손짓	son-jit
tocar (con la mano)	만지다	man-ji-da
asir (~ de la mano)	잡다	jap-da
palmear (~ la espalda)	톡 치다	tuk chi-da
¡Cuidado!	조심!	jo-sim!
¿De veras?	정말?	jeong-mal?
¿Estás seguro?	확실해요?	hwak-sil-hae-yo?
¡Suerte!	행운을 빕니다!	haeng-u-neul bim-ni-da!
¡Ya veo!	알겠어요!	al-ge-seo-yo!
¡Es una lástima!	유감이에요!	yu-ga-mi-e-yo!

68. El acuerdo. El rechazo

acuerdo (m)	동의	dong-ui
estar de acuerdo	동의하다	dong-ui-ha-da
aprobación (f)	찬성	chan-seong
aprobar (vt)	찬성하다	chan-seong-ha-da
rechazo (m)	거절	geo-jeol
negarse (vr)	거절하다	geo-jeol-ha-da
¡Excelente!	좋아요!	jo-a-yo!
¡De acuerdo!	좋아요!	jo-a-yo!
¡Vale!	그래요!	geu-rae-yo!

prohibido (adj)	금지된	geum-ji-doen
está prohibido	금지되어 있다	geum-ji-doe-eo it-da
es imposible	불가능하다	bul-ga-neung-ha-da
incorrecto (adj)	틀린	teul-lin

rechazar (vt)	거부하다	geo-bu-ha-da
apoyar (la decisión)	지지하다	ji-ji-ha-da
aceptar (vt)	받아들이다	ba-da-deu-ri-da

confirmar (vt)	확인해 주다	hwa-gin-hae ju-da
confirmación (f)	확인	hwa-gin
permiso (m)	허락	heo-rak
permitir (vt)	허가하다	heo-ga-ha-da
decisión (f)	결정	gyeol-jeong
no decir nada	아무 말도 않다	a-mu mal-do an-ta

condición (f)	조건	jo-geon
excusa (f) (pretexto)	핑계	ping-gye
elogio (m)	칭찬	ching-chan
elogiar (vt)	칭찬하다	ching-chan-ha-da

69. El éxito. La buena suerte. El fracaso

éxito (m)	성공	seong-gong
con éxito (adv)	성공적으로	seong-gong-jeo-geu-ro
exitoso (adj)	성공적인	seong-gong-jeo-gin
suerte (f)	운	un
¡Suerte!	행운을 빕니다!	haeng-u-neul bim-ni-da!
de suerte (día ~)	운이 좋은	un-i jo-eun
afortunado (adj)	운이 좋은	un-i jo-eun

fiasco (m)	실패	sil-pae
infortunio (m)	불운	bu-run
mala suerte (f)	불운	bu-run
fracasado (adj)	성공적이지 못한	seong-gong-jeo-gi-ji mo-tan
catástrofe (f)	재난	jae-nan

orgullo (m)	자존심	ja-jon-sim
orgulloso (adj)	자존심 강한	ja-jon-sim gang-han
estar orgulloso	득의만면이다	deu-gui-man-myeon-i-da

ganador (m)	승리자	seung-ni-ja
ganar (vi)	이기다	i-gi-da
perder (vi)	지다	ji-da
tentativa (f)	사실, 시도	sa-sil, si-do
intentar (tratar)	해보다	hae-bo-da
chance (f)	기회	gi-hoe

70. Las discusiones. Las emociones negativas

| grito (m) | 고함 | go-ham |
| gritar (vi) | 소리치다 | so-ri-chi-da |

disputa (f), riña (f)	싸움	ssa-um
reñir (vi)	다투다	da-tu-da
escándalo (m) (riña)	싸움	ssa-um
causar escándalo	싸움을 하다	ssa-u-meul ha-da
conflicto (m)	갈등	gal-deung
malentendido (m)	오해	o-hae

insulto (m)	모욕	mo-yok
insultar (vt)	모욕하다	mo-yok-a-da
insultado (adj)	모욕 당한	mo-yok dang-han
ofensa (f)	분노	bun-no
ofender (vt)	모욕하다	mo-yok-a-da
ofenderse (vr)	약오르다	ya-go-reu-da

indignación (f)	분개	bun-gae
indignarse (vr)	분개하다	bun-gae-ha-da
queja (f)	불평	bul-pyeong
quejarse (vr)	불평하다	bul-pyeong-ha-da

disculpa (f)	사과	sa-gwa
disculparse (vr)	사과하다	sa-gwa-ha-da
pedir perdón	용서를 빌다	yong-seo-reul bil-da

crítica (f)	비판	bi-pan
criticar (vt)	비판하다	bi-pan-ha-da
acusación (f)	비난	bi-nan
acusar (vt)	비난하다	bi-nan-ha-da

venganza (f)	복수	bok-su
vengar (vt)	복수하다	bok-su-ha-da
pagar (vt)	갚아주다	ga-pa-ju-da

desprecio (m)	경멸	gyeong-myeol
despreciar (vt)	경멸하다	gyeong-myeol-ha-da
odio (m)	증오	jeung-o
odiar (vt)	증오하다	jeung-o-ha-da

nervioso (adj)	긴장한	gin-jang-han
estar nervioso	긴장하다	gin-jang-ha-da
enfadado (adj)	화가 난	hwa-ga nan
enfadar (vt)	화나게 하다	hwa-na-ge ha-da

humillación (f)	굴욕	gu-ryok
humillar (vt)	굴욕감을 주다	gu-ryok-ga-meul ju-da
humillarse (vr)	창피를 당하다	chang-pi-reul dang-ha-da

| choque (m) | 충격 | chung-gyeok |
| chocar (vi) | 충격을 주다 | chung-gyeo-geul ju-da |

| molestia (f) (problema) | 문제 | mun-je |
| desagradable (adj) | 불쾌한 | bul-kwae-han |

miedo (m)	두려움	du-ryeo-um
terrible (tormenta, etc.)	끔찍한	kkeum-jjik-an
de miedo (historia ~)	무서운	mu-seo-un
horror (m)	공포	gong-po

horrible (adj)	지독한	ji-dok-an
llorar (vi)	울다	ul-da
comenzar a llorar	울기 시작하다	ul-gi si-jak-a-da
lágrima (f)	눈물	nun-mul
culpa (f)	잘못	jal-mot
remordimiento (m)	죄책감	joe-chaek-gam
deshonra (f)	불명예	bul-myeong-ye
protesta (f)	항의	hang-ui
estrés (m)	스트레스	seu-teu-re-seu
molestar (vt)	방해하다	bang-hae-ha-da
estar furioso	화내다	hwa-nae-da
enfadado (adj)	화가 난	hwa-ga nan
terminar (vt)	끝내다	kkeun-nae-da
regañar (vt)	욕하다	yok-a-da
asustarse (vr)	무서워하다	mu-seo-wo-ha-da
golpear (vt)	치다	chi-da
pelear (vi)	싸우다	ssa-u-da
resolver (~ la discusión)	해결하다	hae-gyeol-ha-da
descontento (adj)	불만족한	bul-kwae-han
furioso (adj)	맹렬한	maeng-nyeol-han
¡No está bien!	그건 좋지 않아요!	geu-geon jo-chi a-na-yo!
¡Está mal!	그건 나빠요!	geu-geon na-ppa-yo!

La medicina

enfermedad (f)	병	byeong
estar enfermo	눕다	nup-da
salud (f)	건강	geon-gang
resfriado (m) (coriza)	비염	bi-yeom
angina (f)	편도염	pyeon-do-yeom
resfriado (m)	감기	gam-gi
resfriarse (vr)	감기에 걸리다	gam-gi-e geol-li-da
bronquitis (f)	기관지염	gi-gwan-ji-yeom
pulmonía (f)	폐렴	pye-ryeom
gripe (f)	독감	dok-gam
miope (adj)	근시의	geun-si-ui
présbita (adj)	원시의	won-si-ui
estrabismo (m)	사시	sa-si
estrábico (m) (adj)	사시인	sa-si-in
catarata (f)	백내장	baeng-nae-jang
glaucoma (m)	녹내장	nong-nae-jang
insulto (m)	뇌졸중	noe-jol-jung
ataque (m) cardiaco	심장마비	sim-jang-ma-bi
infarto (m) de miocardio	심근경색증	sim-geun-gyeong-saek-jeung
parálisis (f)	마비	ma-bi
paralizar (vt)	마비되다	ma-bi-doe-da
alergia (f)	알레르기	al-le-reu-gi
asma (f)	천식	cheon-sik
diabetes (f)	당뇨병	dang-nyo-byeong
dolor (m) de muelas	치통, 이앓이	chi-tong, i-a-ri
caries (f)	충치	chung-chi
diarrea (f)	설사	seol-sa
estreñimiento (m)	변비증	byeon-bi-jung
molestia (f) estomacal	배탈	bae-tal
envenenamiento (m)	식중독	sik-jung-dok
envenenarse (vr)	식중독에 걸리다	sik-jung-do-ge geol-li-da
artritis (f)	관절염	gwan-jeo-ryeom
raquitismo (m)	구루병	gu-ru-byeong
reumatismo (m)	류머티즘	ryu-meo-ti-jeum
gastritis (f)	위염	wi-yeom
apendicitis (f)	맹장염	maeng-jang-yeom
colecistitis (f)	담낭염	dam-nang-yeom

úlcera (f)	궤양	gwe-yang
sarampión (m)	홍역	hong-yeok
rubeola (f)	풍진	pung-jin
ictericia (f)	황달	hwang-dal
hepatitis (f)	간염	gan-nyeom
esquizofrenia (f)	정신 분열증	jeong-sin bu-nyeol-jung
rabia (f) (hidrofobia)	광견병	gwang-gyeon-byeong
neurosis (f)	신경증	sin-gyeong-jeung
conmoción (f) cerebral	뇌진탕	noe-jin-tang
cáncer (m)	암	am
esclerosis (f)	경화증	gyeong-hwa-jeung
esclerosis (m) múltiple	다발성 경화증	da-bal-seong gyeong-hwa-jeung
alcoholismo (m)	알코올 중독	al-ko-ol jung-dok
alcohólico (m)	알코올 중독자	al-ko-ol jung-dok-ja
sífilis (f)	매독	mae-dok
SIDA (m)	에이즈	e-i-jeu
tumor (m)	종양	jong-yang
maligno (adj)	악성의	ak-seong-ui
benigno (adj)	양성의	yang-seong-ui
fiebre (f)	열병	yeol-byeong
malaria (f)	말라리아	mal-la-ri-a
gangrena (f)	괴저	goe-jeo
mareo (m)	뱃멀미	baen-meol-mi
epilepsia (f)	간질	gan-jil
epidemia (f)	유행병	yu-haeng-byeong
tifus (m)	발진티푸스	bal-jin-ti-pu-seu
tuberculosis (f)	결핵	gyeol-haek
cólera (f)	콜레라	kol-le-ra
peste (f)	페스트	pe-seu-teu

72. Los síntomas. Los tratamientos. Unidad 1

síntoma (m)	증상	jeung-sang
temperatura (f)	체온	che-on
fiebre (f)	열	yeol
pulso (m)	맥박	maek-bak
mareo (m) (vértigo)	현기증	hyeon-gi-jeung
caliente (adj)	뜨거운	tteu-geo-un
escalofrío (m)	전율	jeo-nyul
pálido (adj)	창백한	chang-baek-an
tos (f)	기침	gi-chim
toser (vi)	기침을 하다	gi-chi-meul ha-da
estornudar (vi)	재채기하다	jae-chae-gi-ha-da
desmayo (m)	실신	sil-sin
desmayarse (vr)	실신하다	sil-sin-ha-da

moradura (f)	멍	meong
chichón (m)	혹	hok
golpearse (vr)	부딪치다	bu-dit-chi-da
magulladura (f)	타박상	ta-bak-sang
magullarse (vr)	타박상을 입다	ta-bak-sang-eul rip-da
cojear (vi)	절다	jeol-da
dislocación (f)	탈구	tal-gu
dislocar (vt)	탈구하다	tal-gu-ha-da
fractura (f)	골절	gol-jeol
tener una fractura	골절하다	gol-jeol-ha-da
corte (m) (tajo)	베인	be-in
cortarse (vr)	베다	jeol-chang-eul rip-da
hemorragia (f)	출혈	chul-hyeol
quemadura (f)	화상	hwa-sang
quemarse (vr)	데다	de-da
pincharse (~ el dedo)	찌르다	jji-reu-da
pincharse (vr)	찔리다	jjil-li-da
herir (vt)	다치다	da-chi-da
herida (f)	부상	bu-sang
lesión (f) (herida)	부상	bu-sang
trauma (m)	정신적 외상	jeong-sin-jeok goe-sang
delirar (vi)	망상을 겪다	mang-sang-eul gyeok-da
tartamudear (vi)	말을 더듬다	ma-reul deo-deum-da
insolación (f)	일사병	il-sa-byeong

73. Los síntomas. Los tratamientos. Unidad 2

dolor (m)	통증	tong-jeung
astilla (f)	가시	ga-si
sudor (m)	땀	ttam
sudar (vi)	땀이 나다	ttam-i na-da
vómito (m)	구토	gu-to
convulsiones (f pl)	경련	gyeong-nyeon
embarazada (adj)	임신한	im-sin-han
nacer (vi)	태어나다	tae-eo-na-da
parto (m)	출산	chul-san
dar a luz	낳다	na-ta
aborto (m)	낙태	nak-tae
respiración (f)	호흡	ho-heup
inspiración (f)	들숨	deul-sum
espiración (f)	날숨	nal-sum
espirar (vi)	내쉬다	nae-swi-da
inspirar (vi)	들이쉬다	deu-ri-swi-da
inválido (m)	장애인	jang-ae-in
mutilado (m)	병신	byeong-sin

drogadicto (m)	마약 중독자	ma-yak jung-dok-ja
sordo (adj)	귀가 먼	gwi-ga meon
mudo (adj)	벙어리인	beong-eo-ri-in
sordomudo (adj)	농아인	nong-a-in
loco (adj)	미친	mi-chin
loco (m)	광인	gwang-in
loca (f)	광인	gwang-in
volverse loco	미치다	mi-chi-da
gen (m)	유전자	yu-jeon-ja
inmunidad (f)	면역성	myeo-nyeok-seong
hereditario (adj)	유전의	yu-jeon-ui
de nacimiento (adj)	선천적인	seon-cheon-jeo-gin
virus (m)	바이러스	ba-i-reo-seu
microbio (m)	미생물	mi-saeng-mul
bacteria (f)	세균	se-gyun
infección (f)	감염	gam-nyeom

74. Los síntomas. Los tratamientos. Unidad 3

hospital (m)	병원	byeong-won
paciente (m)	환자	hwan-ja
diagnosis (f)	진단	jin-dan
cura (f)	치료	chi-ryo
curarse (vr)	치료를 받다	chi-ryo-reul bat-da
tratar (vt)	치료하다	chi-ryo-ha-da
cuidar (a un enfermo)	간호하다	gan-ho-ha-da
cuidados (m pl)	간호	gan-ho
operación (f)	수술	su-sul
vendar (vt)	붕대를 감다	bung-dae-reul gam-da
vendaje (m)	붕대	bung-dae
vacunación (f)	예방주사	ye-bang-ju-sa
vacunar (vt)	접종하다	jeop-jong-ha-da
inyección (f)	주사	ju-sa
aplicar una inyección	주사하다	ju-sa-ha-da
amputación (f)	절단	jeol-dan
amputar (vt)	절단하다	jeol-dan-ha-da
coma (m)	혼수 상태	hon-su sang-tae
estar en coma	혼수 상태에 있다	hon-su sang-tae-e it-da
revitalización (f)	집중 치료	jip-jung chi-ryo
recuperarse (vr)	회복하다	hoe-bok-a-da
estado (m) (de salud)	상태	sang-tae
consciencia (f)	의식	ui-sik
memoria (f)	기억	gi-eok
extraer (un diente)	빼다	ppae-da
empaste (m)	충전물	chung-jeon-mul

empastar (vt)	때우다	ttae-u-da
hipnosis (f)	최면	choe-myeon
hipnotizar (vt)	최면을 걸다	choe-myeo-neul geol-da

75. Los médicos

médico (m)	의사	ui-sa
enfermera (f)	간호사	gan-ho-sa
médico (m) personal	개인 의사	gae-in ui-sa

dentista (m)	치과 의사	chi-gwa ui-sa
oftalmólogo (m)	안과 의사	an-gwa ui-sa
internista (m)	내과 의사	nae-gwa ui-sa
cirujano (m)	외과 의사	oe-gwa ui-sa

psiquiatra (m)	정신과 의사	jeong-sin-gwa ui-sa
pediatra (m)	소아과 의사	so-a-gwa ui-sa
psicólogo (m)	심리학자	sim-ni-hak-ja
ginecólogo (m)	부인과 의사	bu-in-gwa ui-sa
cardiólogo (m)	심장병 전문의	sim-jang-byeong jeon-mun-ui

76. La medicina. Las drogas. Los accesorios

medicamento (m), droga (f)	약	yak
remedio (m)	약제	yak-je
receta (f)	처방	cheo-bang

tableta (f)	정제	jeong-je
ungüento (m)	연고	yeon-go
ampolla (f)	앰풀	aem-pul
mixtura (f), mezcla (f)	혼합물	hon-ham-mul
sirope (m)	물약	mul-lyak
píldora (f)	알약	a-ryak
polvo (m)	가루약	ga-ru-yak

venda (f)	거즈 붕대	geo-jeu bung-dae
algodón (m) (discos de ~)	솜	som
yodo (m)	요오드	yo-o-deu

tirita (f), curita (f)	반창고	ban-chang-go
pipeta (f)	점안기	jeom-an-gi
termómetro (m)	체온계	che-on-gye
jeringa (f)	주사기	ju-sa-gi

| silla (f) de ruedas | 휠체어 | hwil-che-eo |
| muletas (f pl) | 목발 | mok-bal |

anestésico (m)	진통제	jin-tong-je
purgante (m)	완하제	wan-ha-je
alcohol (m)	알코올	al-ko-ol
hierba (f) medicinal	약초	yak-cho
de hierbas (té ~)	약초의	yak-cho-ui

77. El tabaquismo. Los productos del tabaco

tabaco (m)	담배	dam-bae
cigarrillo (m)	담배	dam-bae
cigarro (m)	시가	si-ga
pipa (f)	담뱃대	dam-baet-dae
paquete (m)	갑	gap
cerillas (f pl)	성냥	seong-nyang
caja (f) de cerillas	성냥 갑	seong-nyang gap
encendedor (m)	라이터	ra-i-teo
cenicero (m)	재떨이	jae-tteo-ri
pitillera (f)	담배 케이스	dam-bae ke-i-seu
boquilla (f)	물부리	mul-bu-ri
filtro (m)	필터	pil-teo
fumar (vi, vt)	피우다	pi-u-da
encender un cigarrillo	담배에 불을 붙이다	dam-bae-e bu-reul bu-chi-da
tabaquismo (m)	흡연	heu-byeon
fumador (m)	흡연자	heu-byeon-ja
colilla (f)	꽁초	kkong-cho
humo (m)	연기	yeon-gi
ceniza (f)	재	jae

EL AMBIENTE HUMANO

La ciudad

78. La ciudad. La vida en la ciudad

ciudad (f)	도시	do-si
capital (f)	수도	su-do
aldea (f)	마을	ma-eul
plano (m) de la ciudad	도시 지도	do-si ji-do
centro (m) de la ciudad	시내	si-nae
suburbio (m)	근교	geun-gyo
suburbano (adj)	근교의	geun-gyo-ui
afueras (f pl)	주변	ju-byeon
barrio (m)	한 구획	han gu-hoek
zona (f) de viviendas	동	dong
tráfico (m)	교통	gyo-tong
semáforo (m)	신호등	sin-ho-deung
transporte (m) urbano	대중교통	dae-jung-gyo-tong
cruce (m)	교차로	gyo-cha-ro
paso (m) de peatones	횡단 보도	hoeng-dan bo-do
paso (m) subterráneo	지하 보도	ji-ha bo-do
cruzar (vt)	건너가다	geon-neo-ga-da
peatón (m)	보행자	bo-haeng-ja
acera (f)	인도	in-do
puente (m)	다리	da-ri
muelle (m)	강변로	gang-byeon-no
alameda (f)	길	gil
parque (m)	공원	gong-won
bulevar (m)	대로	dae-ro
plaza (f)	광장	gwang-jang
avenida (f)	가로	ga-ro
calle (f)	거리	geo-ri
callejón (m)	골목	gol-mok
callejón (m) sin salida	막다른길	mak-da-reun-gil
casa (f)	집	jip
edificio (m)	빌딩	bil-ding
rascacielos (m)	고층 건물	go-cheung geon-mul
fachada (f)	전면	jeon-myeon
techo (m)	지붕	ji-bung
ventana (f)	창문	chang-mun

arco (m)   아치   a-chi
columna (f)   기둥   gi-dung
esquina (f)   모퉁이   mo-tung-i

escaparate (f)   쇼윈도우   syo-win-do-u
letrero (m) (~ luminoso) 간판   gan-pan
cartel (m)   포스터   po-seu-teo
cartel (m) publicitario   광고 포스터   gwang-go po-seu-teo
valla (f) publicitaria   광고판   gwang-go-pan

basura (f)   쓰레기   sseu-re-gi
cajón (m) de basura   쓰레기통   sseu-re-gi-tong
basurero (m)   쓰레기장   sseu-re-gi-jang

cabina (f) telefónica   공중 전화   gong-jung jeon-hwa
farola (f)   가로등   ga-ro-deung
banco (m) (del parque) 벤치   ben-chi

policía (m)   경찰관   gyeong-chal-gwan
policía (f) (~ nacional) 경찰   gyeong-chal
mendigo (m)   거지   geo-ji
persona (f) sin hogar   노숙자   no-suk-ja

79. Las instituciones urbanas

tienda (f)   가게, 상점   ga-ge, sang-jeom
farmacia (f)   약국   yak-guk
óptica (f)   안경 가게   an-gyeong ga-ge
centro (m) comercial 쇼핑몰   syo-ping-mol
supermercado (m)   슈퍼마켓   syu-peo-ma-ket

panadería (f)   빵집   ppang-jip
panadero (m)   제빵사   je-ppang-sa
pastelería (f)   제과점   je-gwa-jeom
tienda (f) de comestibles 식료품점   sing-nyo-pum-jeom
carnicería (f)   정육점   jeong-yuk-jeom

verdulería (f)   야채 가게   ya-chae ga-ge
mercado (m)   시장   si-jang

cafetería (f)   커피숍   keo-pi-syop
restaurante (m) 레스토랑   re-seu-to-rang
cervecería (f)   바   ba
pizzería (f)   피자 가게   pi-ja ga-ge

peluquería (f)   미장원   mi-jang-won
oficina (f) de correos   우체국   u-che-guk
tintorería (f)   드라이 클리닝   deu-ra-i keul-li-ning
estudio (m) fotográfico 사진관   sa-jin-gwan

zapatería (f)   신발 가게   sin-bal ga-ge
librería (f)   서점   seo-jeom
tienda (f) deportiva 스포츠용품 매장   seu-po-cheu-yong-pum mae-jang

arreglos (m pl) de ropa	옷 수선 가게	ot su-seon ga-ge
alquiler (m) de ropa	의류 임대	ui-ryu im-dae
videoclub (m)	비디오 대여	bi-di-o dae-yeo
circo (m)	서커스	seo-keo-seu
zoológico (m)	동물원	dong-mu-rwon
cine (m)	영화관	yeong-hwa-gwan
museo (m)	박물관	bang-mul-gwan
biblioteca (f)	도서관	do-seo-gwan
teatro (m)	극장	geuk-jang
ópera (f)	오페라극장	o-pe-ra-geuk-jang
club (m) nocturno	나이트 클럽	na-i-teu keul-leop
casino (m)	카지노	ka-ji-no
mezquita (f)	모스크	mo-seu-keu
sinagoga (f)	유대교 회당	yu-dae-gyo hoe-dang
catedral (f)	대성당	dae-seong-dang
templo (m)	사원, 신전	sa-won, sin-jeon
iglesia (f)	교회	gyo-hoe
instituto (m)	단과대학	dan-gwa-dae-hak
universidad (f)	대학교	dae-hak-gyo
escuela (f)	학교	hak-gyo
prefectura (f)	도, 현	do, hyeon
alcaldía (f)	시청	si-cheong
hotel (m)	호텔	ho-tel
banco (m)	은행	eun-haeng
embajada (f)	대사관	dae-sa-gwan
agencia (f) de viajes	여행사	yeo-haeng-sa
oficina (f) de información	안내소	an-nae-so
oficina (f) de cambio	환전소	hwan-jeon-so
metro (m)	지하철	ji-ha-cheol
hospital (m)	병원	byeong-won
gasolinera (f)	주유소	ju-yu-so
aparcamiento (m)	주차장	ju-cha-jang

80. Los avisos

letrero (m) (~ luminoso)	간판	gan-pan
cartel (m) (texto escrito)	안내문	an-nae-mun
pancarta (f)	포스터	po-seu-teo
señal (m) de dirección	방향표시	bang-hyang-pyo-si
flecha (f) (signo)	화살표	hwa-sal-pyo
advertencia (f)	경고	gyeong-go
aviso (m)	경고판	gyeong-go-pan
advertir (vt)	경고하다	gyeong-go-ha-da
día (m) de descanso	휴일	hyu-il
horario (m)	시간표	si-gan-pyo

horario (m) de apertura	영업 시간	yeong-eop si-gan
¡BIENVENIDOS!	어서 오세요!	eo-seo o-se-yo!
ENTRADA	입구	ip-gu
SALIDA	출구	chul-gu

EMPUJAR	미세요	mi-se-yo
TIRAR	당기세요	dang-gi-se-yo
ABIERTO	열림	yeol-lim
CERRADO	닫힘	da-chim

| MUJERES | 여성전용 | yeo-seong-jeo-nyong |
| HOMBRES | 남성 | nam-seong-jeo-nyong |

REBAJAS	할인	ha-rin
SALDOS	세일	se-il
NOVEDAD	신상품	sin-sang-pum
GRATIS	공짜	gong-jja

¡ATENCIÓN!	주의!	ju-ui!
COMPLETO	빈 방 없음	bin bang eop-seum
RESERVADO	예약석	ye-yak-seok

| ADMINISTRACIÓN | 관리부 | gwal-li-bu |
| SÓLO PERSONAL AUTORIZADO | 직원 전용 | ji-gwon jeo-nyong |

CUIDADO CON EL PERRO	개조심	gae-jo-sim
PROHIBIDO FUMAR	금연	geu-myeon
NO TOCAR	손 대지 마시오!	son dae-ji ma-si-o!

PELIGROSO	위험	wi-heom
PELIGRO	위험	wi-heom
ALTA TENSIÓN	고전압	go-jeon-ap
PROHIBIDO BAÑARSE	수영 금지	su-yeong geum-ji
NO FUNCIONA	수리중	su-ri-jung

INFLAMABLE	가연성 물자	ga-yeon-seong mul-ja
PROHIBIDO	금지	geum-ji
PROHIBIDO EL PASO	출입 금지	chu-rip geum-ji
RECIÉN PINTADO	칠 주의	chil ju-ui

81. El transporte urbano

autobús (m)	버스	beo-seu
tranvía (m)	전차	jeon-cha
trolebús (m)	트롤리 버스	teu-rol-li beo-seu
itinerario (m)	노선	no-seon
número (m)	번호	beon-ho

ir en ...	··· 타고 가다	... ta-go ga-da
tomar (~ el autobús)	타다	ta-da
bajar (~ del tren)	··· 에서 내리다	... e-seo nae-ri-da
parada (f)	정류장	jeong-nyu-jang
próxima parada (f)	다음 정류장	da-eum jeong-nyu-jang

parada (f) final	종점	jong-jeom
horario (m)	시간표	si-gan-pyo
esperar (aguardar)	기다리다	gi-da-ri-da
billete (m)	표	pyo
precio (m) del billete	요금	yo-geum
cajero (m)	계산원	gye-san-won
control (m) de billetes	검표	geom-pyo
revisor (m)	검표원	geom-pyo-won
llegar tarde (vi)	… 시간에 늦다	… si-gan-e neut-da
perder (~ el tren)	놓치다	no-chi-da
tener prisa	서두르다	seo-du-reu-da
taxi (m)	택시	taek-si
taxista (m)	택시 운전 기사	taek-si un-jeon gi-sa
en taxi	택시로	taek-si-ro
parada (f) de taxi	택시 정류장	taek-si jeong-nyu-jang
llamar un taxi	택시를 부르다	taek-si-reul bu-reu-da
tomar un taxi	택시를 타다	taek-si-reul ta-da
tráfico (m)	교통	gyo-tong
atasco (m)	교통 체증	gyo-tong che-jeung
horas (f pl) de punta	러시 아워	reo-si a-wo
aparcar (vi)	주차하다	ju-cha-ha-da
aparcar (vt)	주차하다	ju-cha-ha-da
aparcamiento (m)	주차장	ju-cha-jang
metro (m)	지하철	ji-ha-cheol
estación (f)	역	yeok
ir en el metro	지하철을 타다	ji-ha-cheo-reul ta-da
tren (m)	기차	gi-cha
estación (f)	기차역	gi-cha-yeok

82. El turismo. La excursión

monumento (m)	기념비	gi-nyeom-bi
fortaleza (f)	요새	yo-sae
palacio (m)	궁전	gung-jeon
castillo (m)	성	seong
torre (f)	탑	tap
mausoleo (m)	영묘	yeong-myo
arquitectura (f)	건축	geon-chuk
medieval (adj)	중세의	jung-se-ui
antiguo (adj)	고대의	go-dae-ui
nacional (adj)	국가의	guk-ga-ui
conocido (adj)	유명한	yu-myeong-han
turista (m)	관광객	gwan-gwang-gaek
guía (m) (persona)	가이드	ga-i-deu
excursión (f)	견학, 관광	gyeon-hak, gwan-gwang
mostrar (vt)	보여주다	bo-yeo-ju-da

contar (una historia)	이야기하다	i-ya-gi-ha-da
encontrar (hallar)	찾다	chat-da
perderse (vr)	길을 잃다	gi-reul ril-ta
plano (m) (~ de metro)	노선도	no-seon-do
mapa (m) (~ de la ciudad)	지도	ji-do
recuerdo (m)	기념품	gi-nyeom-pum
tienda (f) de regalos	기념품 가게	gi-nyeom-pum ga-ge
hacer fotos	사진을 찍다	sa-ji-neul jjik-da
fotografiarse (vr)	사진을 찍다	sa-ji-neul jjik-da

83. Las compras

comprar (vt)	사다	sa-da
compra (f)	구매	gu-mae
hacer compras	쇼핑하다	syo-ping-ha-da
compras (f pl)	쇼핑	syo-ping
estar abierto (tienda)	열리다	yeol-li-da
estar cerrado	닫다	dat-da
calzado (m)	신발	sin-bal
ropa (f)	옷	ot
cosméticos (m pl)	화장품	hwa-jang-pum
productos alimenticios	식품	sik-pum
regalo (m)	선물	seon-mul
vendedor (m)	판매원	pan-mae-won
vendedora (f)	여판매원	yeo-pan-mae-won
caja (f)	계산대	gye-san-dae
espejo (m)	거울	geo-ul
mostrador (m)	계산대	gye-san-dae
probador (m)	탈의실	ta-rui-sil
probar (un vestido)	입어보다	i-beo-bo-da
quedar (una ropa, etc.)	어울리다	eo-ul-li-da
gustar (vi)	좋아하다	jo-a-ha-da
precio (m)	가격	ga-gyeok
etiqueta (f) de precio	가격표	ga-gyeok-pyo
costar (vt)	값이 … 이다	gap-si … i-da
¿Cuánto?	얼마?	eol-ma?
descuento (m)	할인	ha-rin
no costoso (adj)	비싸지 않은	bi-ssa-ji a-neun
barato (adj)	싼	ssan
caro (adj)	비싼	bi-ssan
Es caro	비쌉니다	bi-ssam-ni-da
alquiler (m)	임대	im-dae
alquilar (vt)	빌리다	bil-li-da
crédito (m)	신용	si-nyong
a crédito (adv)	신용으로	si-nyong-eu-ro

84. El dinero

dinero (m)	돈	don
cambio (m)	환전	hwan-jeon
curso (m)	환율	hwa-nyul
cajero (m) automático	현금 자동 지급기	hyeon-geum ja-dong ji-geup-gi
moneda (f)	동전	dong-jeon
dólar (m)	달러	dal-leo
euro (m)	유로	yu-ro
lira (f)	리라	ri-ra
marco (m) alemán	마르크	ma-reu-keu
franco (m)	프랑	peu-rang
libra esterlina (f)	파운드	pa-un-deu
yen (m)	엔	en
deuda (f)	빚	bit
deudor (m)	채무자	chae-mu-ja
prestar (vt)	빌려주다	bil-lyeo-ju-da
tomar prestado	빌리다	bil-li-da
banco (m)	은행	eun-haeng
cuenta (f)	계좌	gye-jwa
ingresar en la cuenta	계좌에 입금하다	ip-geum-ha-da
sacar de la cuenta	출금하다	chul-geum-ha-da
tarjeta (f) de crédito	신용 카드	si-nyong ka-deu
dinero (m) en efectivo	현금	hyeon-geum
cheque (m)	수표	su-pyo
sacar un cheque	수표를 끊다	su-pyo-reul kkeun-ta
talonario (m)	수표책	su-pyo-chaek
cartera (f)	지갑	ji-gap
monedero (m)	동전지갑	dong-jeon-ji-gap
caja (f) fuerte	금고	geum-go
heredero (m)	상속인	sang-so-gin
herencia (f)	유산	yu-san
fortuna (f)	재산, 큰돈	jae-san, keun-don
arriendo (m)	임대	im-dae
alquiler (m) (dinero)	집세	jip-se
alquilar (~ una casa)	임대하다	im-dae-ha-da
precio (m)	가격	ga-gyeok
coste (m)	비용	bi-yong
suma (f)	액수	aek-su
gastar (vt)	쓰다	sseu-da
gastos (m pl)	출비를	chul-bi-reul
economizar (vi, vt)	절약하다	jeo-ryak-a-da
económico (adj)	경제적인	gyeong-je-jeo-gin
pagar (vi, vt)	지불하다	ji-bul-ha-da

pago (m)	지불	ji-bul
cambio (m) (devolver el ~)	거스름돈	geo-seu-reum-don
impuesto (m)	세금	se-geum
multa (f)	벌금	beol-geum
multar (vt)	벌금을 부과하다	beol-geu-meul bu-gwa-ha-da

85. La oficina de correos

oficina (f) de correos	우체국	u-che-guk
correo (m) (cartas, etc.)	우편물	u-pyeon-mul
cartero (m)	우체부	u-che-bu
horario (m) de apertura	영업 시간	yeong-eop si-gan
carta (f)	편지	pyeon-ji
carta (f) certificada	등기 우편	deung-gi u-pyeon
tarjeta (f) postal	엽서	yeop-seo
telegrama (m)	전보	jeon-bo
paquete (m) postal	소포	so-po
giro (m) postal	송금	song-geum
recibir (vt)	받다	bat-da
enviar (vt)	보내다	bo-nae-da
envío (m)	발송	bal-song
dirección (f)	주소	ju-so
código (m) postal	우편 번호	u-pyeon beon-ho
expedidor (m)	발송인	bal-song-in
destinatario (m)	수신인	su-sin-in
nombre (m)	이름	i-reum
apellido (m)	성	seong
tarifa (f)	요금	yo-geum
ordinario (adj)	일반의	il-ba-nui
económico (adj)	경제적인	gyeong-je-jeo-gin
peso (m)	무게	mu-ge
pesar (~ una carta)	무게를 달다	mu-ge-reul dal-da
sobre (m)	봉투	bong-tu
sello (m)	우표	u-pyo

La vivienda. La casa. El hogar

casa (f)	집	jip
en casa (adv)	집에	ji-be
patio (m)	마당	ma-dang
verja (f)	울타리	ul-ta-ri
ladrillo (m)	벽돌	byeok-dol
de ladrillo (adj)	벽돌의	byeok-do-rui
piedra (f)	돌	dol
de piedra (adj)	돌의	do-rui
hormigón (m)	콘크리트	kon-keu-ri-teu
de hormigón (adj)	콘크리트의	kon-keu-ri-teu-ui
nuevo (adj)	새로운	sae-ro-un
viejo (adj)	오래된	o-rae-doen
deteriorado (adj)	쓰러질듯한	sseu-reo-jil-deu-tan
moderno (adj)	근대의	geun-dae-ui
de muchos pisos	다층의	da-cheung-ui
alto (adj)	높은	no-peun
piso (m), planta (f)	층	cheung
de una sola planta	단층의	dan-cheung-ui
piso (m) bajo	일층	il-cheung
piso (m) alto	꼭대기층	kkok-dae-gi-cheung
techo (m)	지붕	ji-bung
chimenea (f)	굴뚝	gul-ttuk
tejas (f pl)	기와	gi-wa
de tejas (adj)	기와를 얹은	gi-wa-reul reon-jeun
desván (m)	다락	da-rak
ventana (f)	창문	chang-mun
vidrio (m)	유리	yu-ri
alféizar (m)	창가	chang-ga
contraventanas (f pl)	덧문	deon-mun
pared (f)	벽	byeok
balcón (m)	발코니	bal-ko-ni
gotera (f)	선홈통	seon-hom-tong
arriba (estar ~)	위층으로	wi-cheung-eu-ro
subir (vi)	위층에 올라가다	wi-cheung-e ol-la-ga-da
descender (vi)	내려오다	nae-ryeo-o-da
mudarse (vr)	이사가다	i-sa-ga-da

87. La casa. La entrada. El ascensor

entrada (f)	입구	ip-gu
escalera (f)	계단	gye-dan
escalones (m pl)	단	dan
baranda (f)	난간	nan-gan
vestíbulo (m)	로비	ro-bi
buzón (m)	우편함	u-pyeon-ham
contenedor (m) de basura	쓰레기통	sseu-re-gi-tong
bajante (f) de basura	쓰레기 활송 장치	sseu-re-gi hwal-song jang-chi
ascensor (m)	엘리베이터	el-li-be-i-teo
ascensor (m) de carga	화물 엘리베이터	hwa-mul rel-li-be-i-teo
cabina (f)	엘리베이터 카	el-li-be-i-teo ka
ir en el ascensor	엘리베이터를 타다	el-li-be-i-teo-reul ta-da
apartamento (m)	아파트	a-pa-teu
inquilinos (pl)	주민	ju-min
vecino (m)	이웃	i-ut
vecina (f)	이웃	i-ut
vecinos (pl)	이웃들	i-ut-deul

88. La casa. La electricidad

electricidad (f)	전기	jeon-gi
bombilla (f)	전구	jeon-gu
interruptor (m)	스위치	seu-wi-chi
fusible (m)	퓨즈	pyu-jeu
cable, hilo (m)	전선	jeon-seon
instalación (f) eléctrica	배선	bae-seon
contador (m) de luz	전기 계량기	jeon-gi gye-ryang-gi
lectura (f) (~ del contador)	판독값	pan-dok-gap

89. La casa. La puerta. La cerradura

puerta (f)	문	mun
portón (m)	대문	dae-mun
tirador (m)	손잡이	son-ja-bi
abrir el cerrojo	빗장을 벗기다	bit-jang-eul beot-gi-da
abrir (vt)	열다	yeol-da
cerrar (vt)	닫다	dat-da
llave (f)	열쇠	yeol-soe
manojo (m) de llaves	열쇠 꾸러미	yeol-soe kku-reo-mi
crujir (vi)	삐걱거리다	ppi-geok-geo-ri-da
crujido (m)	삐걱거리는 소리	ppi-geok-geo-ri-neun so-ri
gozne (m)	경첩	gyeong-cheop
felpudo (m)	문 매트	mun mae-teu
cerradura (f)	자물쇠	ja-mul-soe

ojo (m) de cerradura	열쇠 구멍	yeol-soe gu-meong
cerrojo (m)	빗장	bit-jang
pestillo (m)	빗장걸이	bit-jang-geo-ri
candado (m)	맹꽁이 자물쇠	maeng-kkong-i ja-mul-soe
tocar el timbre	울리다	ul-li-da
campanillazo (m)	벨소리	bel-so-ri
timbre (m)	벨	bel
botón (m)	초인종	cho-in-jong
toque (m) a la puerta	노크	no-keu
tocar la puerta	두드리다	du-deu-ri-da
código (m)	코드	ko-deu
cerradura (f) de contraseña	숫자 배합 자물쇠	sut-ja bae-hap ja-mul-soe
telefonillo (m)	인터콤	in-teo-kom
número (m)	번호	beon-ho
placa (f) de puerta	문패	mun-pae
mirilla (f)	문구멍	mun-gu-meong

90. La casa de campo

aldea (f)	마을	ma-eul
huerta (f)	채소밭	chae-so-bat
empalizada (f)	울타리	ul-ta-ri
valla (f)	말뚝 울타리	mal-ttuk gul-ta-ri
puertecilla (f)	쪽문	jjong-mun
granero (m)	곡창	gok-chang
sótano (m)	지하 저장실	ji-ha jeo-jang-sil
cobertizo (m)	헛간	heot-gan
pozo (m)	우물	u-mul
estufa (f)	화덕	hwa-deok
calentar la estufa	불을 지피다	bu-reul ji-pi-da
leña (f)	장작	jang-jak
leño (m)	통나무	tong-na-mu
veranda (f)	베란다	be-ran-da
terraza (f)	테라스	te-ra-seu
porche (m)	현관	hyeon-gwan
columpio (m)	그네	geu-ne

91. La villa. La mansión

casa (f) de campo	시외 주택	si-oe ju-taek
villa (f)	별장	byeol-jang
ala (f)	동	dong
jardín (m)	정원	jeong-won
parque (m)	공원	gong-won
invernadero (m) tropical	열대온실	yeol-dae-on-sil
cuidar (~ el jardín, etc.)	··· 을 맡다	... eul mat-da

piscina (f)	수영장	su-yeong-jang
gimnasio (m)	헬스장	hel-seu-jang
cancha (f) de tenis	테니스장	te-ni-seu-jang
sala (f) de cine	홈씨어터	hom-ssi-eo-teo
garaje (m)	차고	cha-go
propiedad (f) privada	개인 소유물	gae-in so-yu-mul
terreno (m) privado	사유 토지	sa-yu to-ji
advertencia (f)	경고	gyeong-go
letrero (m) de aviso	경고판	gyeong-go-pan
seguridad (f)	보안	bo-an
guardia (m) de seguridad	보안요원	bo-a-nyo-won
alarma (f) antirrobo	도난 경보기	do-nan gyeong-bo-gi

92. El castillo. El palacio

castillo (m)	성	seong
palacio (m)	궁전	gung-jeon
fortaleza (f)	요새	yo-sae
muralla (f)	성벽	seong-byeok
torre (f)	탑	tap
torre (f) principal	내성	nae-seong
rastrillo (m)	내리닫이 쇠창살문	nae-ri-da-ji soe-chang-sal-mun
pasaje (m) subterráneo	지하 통로	ji-ha tong-no
foso (m) del castillo	해자	hae-ja
cadena (f)	쇠사슬	soe-sa-seul
aspillera (f)	총안	chong-an
magnífico (adj)	장대한	jang-dae-han
majestuoso (adj)	장엄한	jang-eom-han
inexpugnable (adj)	난공불락의	nan-gong-bul-la-gui
medieval (adj)	중세의	jung-se-ui

93. El apartamento

apartamento (m)	아파트	a-pa-teu
habitación (f)	방	bang
dormitorio (m)	침실	chim-sil
comedor (m)	식당	sik-dang
salón (m)	거실	geo-sil
despacho (m)	서재	seo-jae
antecámara (f)	곁방	gyeot-bang
cuarto (m) de baño	욕실	yok-sil
servicio (m)	화장실	hwa-jang-sil
techo (m)	천장	cheon-jang
suelo (m)	마루	ma-ru
rincón (m)	구석	gu-seok

94. El apartamento. La limpieza

hacer la limpieza	청소하다	cheong-so-ha-da
quitar (retirar)	치우다	chi-u-da
polvo (m)	먼지	meon-ji
polvoriento (adj)	먼지 투성이의	meon-ji tu-seong-i-ui
limpiar el polvo	먼지를 떨다	meon-ji-reul tteol-da
aspirador (m), aspiradora (f)	진공 청소기	jin-gong cheong-so-gi
limpiar con la aspiradora	진공 청소기로 청소하다	jin-gong cheong-so-gi-ro cheong-so-ha-da
barrer (vi, vt)	쓸다	sseul-da
barreduras (f pl)	쓸기	sseul-gi
orden (m)	정돈	jeong-don
desorden (m)	뒤죽박죽	dwi-juk-bak-juk
fregona (f)	대걸레	dae-geol-le
trapo (m)	행주	haeng-ju
escoba (f)	빗자루	bit-ja-ru
cogedor (m)	쓰레받기	sseu-re-bat-gi

95. Los muebles. El interior

muebles (m pl)	가구	ga-gu
mesa (f)	식탁, 테이블	sik-tak, te-i-beul
silla (f)	의자	ui-ja
cama (f)	침대	chim-dae
sofá (m)	소파	so-pa
sillón (m)	안락 의자	al-lak gui-ja
librería (f)	책장	chaek-jang
estante (m)	책꽂이	chaek-kko-ji
armario (m)	옷장	ot-jang
percha (f)	옷걸이	ot-geo-ri
perchero (m) de pie	스탠드옷걸이	seu-taen-deu-ot-geo-ri
cómoda (f)	서랍장	seo-rap-jang
mesa (f) de café	커피 테이블	keo-pi te-i-beul
espejo (m)	거울	geo-ul
tapiz (m)	양탄자	yang-tan-ja
alfombra (f)	러그	reo-geu
chimenea (f)	벽난로	byeong-nan-no
vela (f)	초	cho
candelero (m)	촛대	chot-dae
cortinas (f pl)	커튼	keo-teun
empapelado (m)	벽지	byeok-ji
estor (m) de láminas	블라인드	beul-la-in-deu
lámpara (f) de mesa	테이블 램프	deung

aplique (m)	벽등	byeok-deung
lámpara (f) de pie	플로어 스탠드	peul-lo-eo seu-taen-deu
lámpara (f) de araña	샹들리에	syang-deul-li-e

pata (f) (~ de la mesa)	다리	da-ri
brazo (m)	팔걸이	pal-geo-ri
espaldar (m)	등받이	deung-ba-ji
cajón (m)	서랍	seo-rap

96. Los accesorios de cama

ropa (f) de cama	침구	chim-gu
almohada (f)	베개	be-gae
funda (f)	베갯잇	be-gaen-nit
manta (f)	이불	i-bul
sábana (f)	시트	si-teu
sobrecama (f)	침대보	chim-dae-bo

97. La cocina

cocina (f)	부엌	bu-eok
gas (m)	가스	ga-seu
cocina (f) de gas	가스 레인지	ga-seu re-in-ji
cocina (f) eléctrica	전기 레인지	jeon-gi re-in-ji
horno (m)	오븐	o-beun
horno (m) microondas	전자 레인지	jeon-ja re-in-ji

frigorífico (m)	냉장고	naeng-jang-go
congelador (m)	냉동고	naeng-dong-go
lavavajillas (m)	식기 세척기	sik-gi se-cheok-gi

picadora (f) de carne	고기 분쇄기	go-gi bun-swae-gi
exprimidor (m)	과즙기	gwa-jeup-gi
tostador (m)	토스터	to-seu-teo
batidora (f)	믹서기	mik-seo-gi

cafetera (f) (aparato de cocina)	커피 메이커	keo-pi me-i-keo
cafetera (f) (para servir)	커피 주전자	keo-pi ju-jeon-ja
molinillo (m) de café	커피 그라인더	keo-pi geu-ra-in-deo

hervidor (m) de agua	주전자	ju-jeon-ja
tetera (f)	티팟	ti-pat
tapa (f)	뚜껑	ttu-kkeong
colador (m) de té	차거름망	cha-geo-reum-mang

cuchara (f)	숟가락	sut-ga-rak
cucharilla (f)	티스푼	ti-seu-pun
cuchara (f) de sopa	숟가락	sut-ga-rak
tenedor (m)	포크	po-keu
cuchillo (m)	칼	kal
vajilla (f)	식기	sik-gi

| plato (m) | 접시 | jeop-si |
| platillo (m) | 받침 접시 | bat-chim jeop-si |

vaso (m) de chupito	소주잔	so-ju-jan
vaso (m) (~ de agua)	유리잔	yu-ri-jan
taza (f)	컵	keop

azucarera (f)	설탕그릇	seol-tang-geu-reut
salero (m)	소금통	so-geum-tong
pimentero (m)	후추통	hu-chu-tong
mantequera (f)	버터 접시	beo-teo jeop-si

cacerola (f)	냄비	naem-bi
sartén (f)	프라이팬	peu-ra-i-paen
cucharón (m)	국자	guk-ja
colador (m)	체	che
bandeja (f)	쟁반	jaeng-ban

botella (f)	병	byeong
tarro (m) de vidrio	유리병	yu-ri-byeong
lata (f)	캔, 깡통	kaen, kkang-tong

abrebotellas (m)	병따개	byeong-tta-gae
abrelatas (m)	깡통 따개	kkang-tong tta-gae
sacacorchos (m)	코르크 마개 뽑이	ko-reu-keu ma-gae ppo-bi
filtro (m)	필터	pil-teo
filtrar (vt)	여과하다	yeo-gwa-ha-da

| basura (f) | 쓰레기 | sseu-re-gi |
| cubo (m) de basura | 쓰레기통 | sseu-re-gi-tong |

98. El baño

cuarto (m) de baño	욕실	yok-sil
agua (f)	물	mul
grifo (m)	수도꼭지	su-do-kkok-ji
agua (f) caliente	온수	on-su
agua (f) fría	냉수	naeng-su

| pasta (f) de dientes | 치약 | chi-yak |
| limpiarse los dientes | 이를 닦다 | i-reul dak-da |

afeitarse (vr)	깎다	kkak-da
espuma (f) de afeitar	면도 크림	myeon-do keu-rim
maquinilla (f) de afeitar	면도기	myeon-do-gi

lavar (vt)	씻다	ssit-da
darse un baño	목욕하다	mo-gyok-a-da
ducha (f)	샤워	sya-wo
darse una ducha	샤워하다	sya-wo-ha-da

bañera (f)	욕조	yok-jo
inodoro (m)	변기	byeon-gi
lavabo (m)	세면대	se-myeon-dae

| jabón (m) | 비누 | bi-nu |
| jabonera (f) | 비누 그릇 | bi-nu geu-reut |

esponja (f)	스펀지	seu-peon-ji
champú (m)	샴푸	syam-pu
toalla (f)	수건	su-geon
bata (f) de baño	목욕가운	mo-gyok-ga-un

colada (f), lavado (m)	빨래	ppal-lae
lavadora (f)	세탁기	se-tak-gi
lavar la ropa	빨래하다	ppal-lae-ha-da
detergente (m) en polvo	가루세제	ga-ru-se-je

99. Los aparatos domésticos

televisor (m)	텔레비전	tel-le-bi-jeon
magnetófono (m)	카세트 플레이어	ka-se-teu peul-le-i-eo
vídeo (m)	비디오테이프 녹화기	bi-di-o-te-i-peu nok-wa-gi
radio (m)	라디오	ra-di-o
reproductor (m) (~ MP3)	플레이어	peul-le-i-eo

proyector (m) de vídeo	프로젝터	peu-ro-jek-teo
sistema (m) home cinema	홈씨어터	hom-ssi-eo-teo
reproductor (m) de DVD	디비디 플레이어	di-bi-di peul-le-i-eo
amplificador (m)	앰프	aem-peu
videoconsola (f)	게임기	ge-im-gi

cámara (f) de vídeo	캠코더	kaem-ko-deo
cámara (f) fotográfica	카메라	ka-me-ra
cámara (f) digital	디지털 카메라	di-ji-teol ka-me-ra

aspirador (m), aspiradora (f)	진공 청소기	jin-gong cheong-so-gi
plancha (f)	다리미	da-ri-mi
tabla (f) de planchar	다림질 판	da-rim-jil pan

teléfono (m)	전화	jeon-hwa
teléfono (m) móvil	휴대폰	hyu-dae-pon
máquina (f) de escribir	타자기	ta-ja-gi
máquina (f) de coser	재봉틀	jae-bong-teul

micrófono (m)	마이크	ma-i-keu
auriculares (m pl)	헤드폰	he-deu-pon
mando (m) a distancia	원격 조종	won-gyeok jo-jong

CD (m)	씨디	ssi-di
casete (m)	테이프	te-i-peu
disco (m) de vinilo	레코드 판	re-ko-deu pan

100. Los arreglos. La renovación

| renovación (f) | 수리를 | su-ri-reul |
| renovar (vt) | 수리를 하다 | su-ri-reul ha-da |

reparar (vt)	보수하다	bo-su-ha-da
poner en orden	정리하다	jeong-ni-ha-da
rehacer (vt)	다시 하다	da-si ha-da

pintura (f)	페인트	pe-in-teu
pintar (las paredes)	페인트를 칠하다	pe-in-teu-reul chil-ha-da
pintor (m)	페인트공	pe-in-teu-gong
brocha (f)	붓	but

| cal (f) | 백색 도료 | baek-saek do-ryo |
| encalar (vt) | 백색 도료를 칠하다 | baek-saek do-ryo-reul chil-ha-da |

empapelado (m)	벽지	byeok-ji
empapelar (vt)	벽지를 붙이다	byeok-ji-reul bu-chi-da
barniz (m)	니스	ni-seu
cubrir con barniz	니스를 칠하다	ni-seu-reul chil-ha-da

101. La plomería

agua (f)	물	mul
agua (f) caliente	온수	on-su
agua (f) fría	냉수	naeng-su
grifo (m)	수도꼭지	su-do-kkok-ji

gota (f)	물방울	mul-bang-ul
gotear (el grifo)	방울져 떨어지다	bang-ul-jyeo tteo-reo-ji-da
gotear (cañería)	새다	sae-da
escape (m) de agua	누출	nu-chul
charco (m)	웅덩이	ung-deong-i

tubo (m)	관, 파이프	gwan, pa-i-peu
válvula (f)	밸브	bael-beu
estar atascado	막히다	mak-i-da

instrumentos (m pl)	공구	gong-gu
llave (f) inglesa	멍키렌치	meong-ki-ren-chi
destornillar (vt)	열리다	yeol-li-da
atornillar (vt)	돌려서 조이다	dol-lyeo-seo jo-i-da

desatascar (vt)	··· 를 뚫다	... reul ttul-ta
fontanero (m)	배관공	bae-gwan-gong
sótano (m)	지하실	ji-ha-sil
alcantarillado (m)	하수도	ha-su-do

102. El fuego. El incendio

incendio (m)	불	bul
llama (f)	화염	hwa-yeom
chispa (f)	불똥	bul-ttong
humo (m)	연기	yeon-gi
antorcha (f)	횃불	hwaet-bul

hoguera (f)	모닥불	mo-dak-bul
gasolina (f)	휘발유, 가솔린	hwi-ba-ryu, ga-sol-lin
queroseno (m)	등유	deung-yu
inflamable (adj)	가연성의	ga-yeon-seong-ui
explosivo (adj)	폭발성의	pok-bal-seong-ui
PROHIBIDO FUMAR	금연	geu-myeon
seguridad (f)	안전	an-jeon
peligro (m)	위험	wi-heom
peligroso (adj)	위험한	wi-heom-han
prenderse fuego	불이 붙다	bu-ri but-da
explosión (f)	폭발	pok-bal
incendiar (vt)	방화하다	bang-hwa-ha-da
incendiario (m)	방화범	bang-hwa-beom
incendio (m) provocado	방화	bang-hwa
estar en llamas	활활 타다	hwal-hwal ta-da
arder (vi)	타다	ta-da
incendiarse (vr)	불에 타다	bu-re ta-da
bombero (m)	소방관	so-bang-gwan
coche (m) de bomberos	소방차	so-bang-cha
cuerpo (m) de bomberos	소방대	so-bang-dae
manguera (f)	소방 호스	so-bang ho-seu
extintor (m)	소화기	so-hwa-gi
casco (m)	헬멧	hel-met
sirena (f)	사이렌	sa-i-ren
gritar (vi)	소리치다	so-ri-chi-da
pedir socorro	도와 달라고 외치다	do-wa dal-la-go oe-chi-da
socorrista (m)	구조자	gu-jo-ja
salvar (vt)	구조하다	gu-jo-ha-da
llegar (vi)	도착하다	do-chak-a-da
apagar (~ el incendio)	끄다	kkeu-da
agua (f)	물	mul
arena (f)	모래	mo-rae
ruinas (f pl)	폐허	pye-heo
colapsarse (vr)	붕괴되다	bung-goe-doe-da
hundirse (vr)	무너지다	mu-neo-ji-da
derrumbarse (vr)	무너지다	mu-neo-ji-da
trozo (m) (~ del muro)	파편	pa-pyeon
ceniza (f)	재	jae
morir asfixiado	질식하다	jil-sik-a-da
perecer (vi)	사망하다	sa-mang-ha-da

LAS ACTIVIDADES DE LA GENTE

El trabajo. Los negocios. Unidad 1

103. La oficina. El trabajo de oficina

oficina (f)	사무실	sa-mu-sil
despacho (m)	사무실	sa-mu-sil
recepción (f)	접수처	jeop-su-cheo
secretario (m)	비서	bi-seo
director (m)	사장	sa-jang
manager (m)	매니저	mae-ni-jeo
contable (m)	회계사	hoe-gye-sa
colaborador (m)	직원	ji-gwon
muebles (m pl)	가구	ga-gu
escritorio (m)	책상	chaek-sang
silla (f)	책상 의자	chaek-sang ui-ja
perchero (m) de pie	스탠드옷걸이	seu-taen-deu-ot-geo-ri
ordenador (m)	컴퓨터	keom-pyu-teo
impresora (f)	프린터	peu-rin-teo
fax (m)	팩스기	paek-seu-gi
fotocopiadora (f)	복사기	bok-sa-gi
papel (m)	종이	jong-i
papelería (f)	사무용품	sa-mu-yong-pum
alfombrilla (f) para ratón	마우스 패드	ma-u-seu pae-deu
hoja (f) de papel	한 장	han jang
carpeta (f)	바인더	ba-in-deo
catálogo (m)	카탈로그	ka-tal-lo-geu
directorio (m) telefónico	전화번호부	jeon-hwa-beon-ho-bu
documentación (f)	문서	mun-seo
folleto (m)	브로셔	beu-ro-syeo
prospecto (m)	전단	jeon-dan
muestra (f)	샘플	saem-peul
reunión (f) de formación	수련회를	su-ryeon-hoe-reul
reunión (f)	회의	hoe-ui
pausa (f) del almuerzo	점심시간	jeom-sim-si-gan
hacer una copia	사본을 만들다	sa-bo-neul man-deul-da
hacer copias	복사하다	bok-sa-ha-da
recibir un fax	팩스를 받다	paek-seu-reul bat-da
enviar un fax	팩스를 보내다	paek-seu-reul bo-nae-da
llamar por teléfono	전화하다	jeon-hwa-ha-da
responder (vi, vt)	대답하다	dae-da-pa-da

poner en comunicación	연결해 주다	yeon-gyeol-hae ju-da
fijar (~ una reunión)	마련하다	ma-ryeon-ha-da
demostrar (vt)	전시하다	jeon-si-ha-da
estar ausente	결석하다	gyeol-seok-a-da
ausencia (f)	결근	gyeol-geun

104. Los procesos de negocio. Unidad 1

ocupación (f)	직업	ji-geop
firma (f)	회사	hoe-sa
compañía (f)	회사	hoe-sa
corporación (f)	사단 법인	sa-dan beo-bin
empresa (f)	업체	eop-che
agencia (f)	에이전시	e-i-jeon-si

acuerdo (m)	약정	yak-jeong
contrato (m)	계약	gye-yak
trato (m), acuerdo (m)	거래	geo-rae
pedido (m)	주문	ju-mun
condición (f) del contrato	조건	jo-geon

al por mayor (adv)	도매로	do-mae-ro
al por mayor (adj)	도매의	do-mae-ui
venta (f) al por mayor	도매	do-mae
al por menor (adj)	소매의	so-mae-ui
venta (f) al por menor	소매	so-mae

competidor (m)	경쟁자	gyeong-jaeng-ja
competencia (f)	경쟁	gyeong-jaeng
competir (vi)	경쟁하다	gyeong-jaeng-ha-da

| socio (m) | 파트너 | pa-teu-neo |
| sociedad (f) | 파트너십 | pa-teu-neo-sip |

crisis (f)	위기	wi-gi
bancarrota (f)	파산	pa-san
ir a la bancarrota	파산하다	pa-san-ha-da
dificultad (f)	어려움	eo-ryeo-um
problema (m)	문제	mun-je
catástrofe (f)	재난	jae-nan

economía (f)	경기, 경제	gyeong-gi, gyeong-je
económico (adj)	경제의	gyeong-je-ui
recesión (f) económica	경기침체	gyeong-gi-chim-che

| meta (f) | 목표 | mok-pyo |
| objetivo (m) | 임무 | im-mu |

comerciar (vi)	거래하다	geo-rae-ha-da
red (f) (~ comercial)	네트워크	ne-teu-wo-keu
existencias (f pl)	재고	jae-go
surtido (m)	세트	se-teu
líder (m)	리더	ri-deo
grande (empresa ~)	규모가 큰	gyu-mo-ga keun

monopolio (m)	독점	dok-jeom
teoría (f)	이론	i-ron
práctica (f)	실천	sil-cheon
experiencia (f)	경험	gyeong-heom
tendencia (f)	경향	gyeong-hyang
desarrollo (m)	개발	gae-bal

105. Los procesos de negocio. Unidad 2

rentabilidad (f)	수익, 이익	su-ik, i-ik
rentable (adj)	수익성이 있는	su-ik-seong-i in-neun
delegación (f)	대표단	dae-pyo-dan
salario (m)	급여, 월급	geu-byeo, wol-geup
corregir (un error)	고치다	go-chi-da
viaje (m) de negocios	출장	chul-jang
comisión (f)	수수료	su-su-ryo
controlar (vt)	제어하다	je-eo-ha-da
conferencia (f)	회의	hoe-ui
licencia (f)	면허증	myeon-heo-jeung
fiable (socio ~)	믿을 만한	mi-deul man-han
iniciativa (f)	시작	si-jak
norma (f)	표준	pyo-jun
circunstancia (f)	상황	sang-hwang
deber (m)	의무	ui-mu
empresa (f)	조직	jo-jik
organización (f) (proceso)	준비	jun-bi
organizado (adj)	조직된	jo-jik-doen
anulación (f)	취소	chwi-so
anular (vt)	취소하다	chwi-so-ha-da
informe (m)	보고서	bo-go-seo
patente (m)	특허	teuk-eo
patentar (vt)	특허를 받다	teuk-eo-reul bat-da
planear (vt)	계획하다	gye-hoek-a-da
premio (m)	보너스	bo-neo-seu
profesional (adj)	전문가의	jeon-mun-ga-ui
procedimiento (m)	절차	jeol-cha
examinar (vt)	조사하다	jo-sa-ha-da
cálculo (m)	계산	gye-san
reputación (f)	평판	pyeong-pan
riesgo (m)	위험	wi-heom
dirigir (administrar)	운영하다	u-nyeong-ha-da
información (f)	정보	jeong-bo
propiedad (f)	소유	so-yu
unión (f)	연합	yeon-hap
seguro (m) de vida	생명 보험	saeng-myeong bo-heom
asegurar (vt)	보험에 들다	bo-heom-e deul-da

seguro (m)	보험	bo-heom
subasta (f)	경매	gyeong-mae
notificar (informar)	통지하다	tong-ji-ha-da
gestión (f)	주관	ju-gwan
servicio (m)	서비스	seo-bi-seu

foro (m)	포럼	po-reom
funcionar (vi)	기능하다	gi-neung-ha-da
etapa (f)	단계	dan-gye
jurídico (servicios ~s)	법률상의	beom-nyul-sang-ui
jurista (m)	법률고문	beom-nyul-go-mun

106. La producción. Los trabajos

planta (f)	공장	gong-jang
fábrica (f)	공장	gong-jang
taller (m)	작업장	ja-geop-jang
planta (f) de producción	현장	hyeon-jang

industria (f)	산업, 공업	san-eop, gong-eop
industrial (adj)	산업의	san-eo-bui
industria (f) pesada	중공업	jung-gong-eop
industria (f) ligera	경공업	gyeong-gong-eop

producción (f)	제품	je-pum
producir (vt)	제조하다	je-jo-ha-da
materias (f pl) primas	원재료	won-jae-ryo

jefe (m) de brigada	작업반장	ja-geop-ban-jang
brigada (f)	작업반	ja-geop-ban
obrero (m)	노동자	no-dong-ja

día (m) de trabajo	근무일	geun-mu-il
descanso (m)	휴식	hyu-sik
reunión (f)	회의	hoe-ui
discutir (vt)	의논하다	ui-non-ha-da

plan (m)	계획	gye-hoek
cumplir el plan	계획을 수행하다	gye-hoe-geul su-haeng-ha-da
tasa (f) de producción	생산량	saeng-sal-lyang
calidad (f)	품질	pum-jil
control (m)	관리	gwal-li
control (m) de calidad	품질 관리	pum-jil gwal-li

seguridad (f) de trabajo	산업안전	sa-neo-ban-jeon
disciplina (f)	규율	gyu-yul
infracción (f)	위반	wi-ban
violar (las reglas)	위반하다	wi-ban-ha-da

huelga (f)	파업	pa-eop
huelguista (m)	파업자	pa-eop-ja
estar en huelga	파업하다	pa-eo-pa-da
sindicato (m)	노동조합	no-dong-jo-hap
inventar (máquina, etc.)	발명하다	bal-myeong-ha-da

invención (f)	발명	bal-myeong
investigación (f)	연구	yeon-gu
mejorar (vt)	개선하다	gae-seon-ha-da
tecnología (f)	기술	gi-sul
dibujo (m) técnico	건축 도면	geon-chuk do-myeon
cargamento (m)	화물	hwa-mul
cargador (m)	하역부	ha-yeok-bu
cargar (camión, etc.)	싣다	sit-da
carga (f) (proceso)	적재	jeok-jae
descargar (vt)	짐을 부리다	ji-meul bu-ri-da
descarga (f)	짐부리기	jim-bu-ri-gi
transporte (m)	운송	un-song
compañía (f) de transporte	운송 회사	un-song hoe-sa
transportar (vt)	운송하다	un-song-ha-da
vagón (m)	화차	hwa-cha
cisterna (f)	탱크	taeng-keu
camión (m)	트럭	teu-reok
máquina (f) herramienta	공작 기계	gong-jak gi-gye
mecanismo (m)	기계 장치	gi-gye jang-chi
desperdicios (m pl)	산업폐기물	san-eop-pye-gi-mul
empaquetado (m)	포장	po-jang
empaquetar (vt)	포장하다	po-jang-ha-da

107. El contrato. El acuerdo

contrato (m)	계약	gye-yak
acuerdo (m)	약정	yak-jeong
anexo (m)	별첨	byeol-cheom
firmar un contrato	계약에 서명하다	gye-ya-ge seo-myeong-ha-da
firma (f) (nombre)	서명	seo-myeong
firmar (vt)	서명하다	seo-myeong-ha-da
sello (m)	도장	do-jang
objeto (m) del acuerdo	계약 내용	gye-yak nae-yong
cláusula (f)	항	hang
partes (f pl)	양측	yang-cheuk
domicilio (m) legal	법인 주소	beo-bin ju-so
violar el contrato	계약을 위반하다	gye-ya-geul rwi-ban-ha-da
obligación (f)	의무	ui-mu
responsabilidad (f)	책임	chae-gim
fuerza mayor (f)	불가항력	bul-ga-hang-nyeok
disputa (f)	분쟁	bun-jaeng
penalidades (f pl)	제재	je-jae

108. Importación y exportación

importación (f)	수입	su-ip
importador (m)	수입업자	su-i-beop-ja
importar (vt)	수입하다	su-i-pa-da
de importación (adj)	수입의	su-i-bui
exportador (m)	수출업자	su-chu-reop-ja
exportar (vt)	수출하다	su-chul-ha-da
mercancía (f)	상품	sang-pum
lote (m) de mercancías	탁송물	tak-song-mul
peso (m)	무게	mu-ge
volumen (m)	부피	bu-pi
metro (m) cúbico	입방 미터	ip-bang mi-teo
productor (m)	생산자	saeng-san-ja
compañía (f) de transporte	운송 회사	un-song hoe-sa
contenedor (m)	컨테이너	keon-te-i-neo
frontera (f)	국경	guk-gyeong
aduana (f)	세관	se-gwan
derechos (m pl) arancelarios	관세	gwan-se
aduanero (m)	세관원	se-gwan-won
contrabandismo (m)	밀수입	mil-su-ip
contrabando (m)	밀수품	mil-su-pum

109. Las finanzas

acción (f)	주식	ju-sik
bono (m), obligación (f)	채권	chae-gwon
letra (f) de cambio	어음	eo-eum
bolsa (f)	증권거래소	jeung-gwon-geo-rae-so
cotización (f) de valores	주가	ju-ga
abaratarse (vr)	내리다	nae-ri-da
encarecerse (vr)	오르다	o-reu-da
interés (m) mayoritario	지배 지분	ji-bae ji-bun
inversiones (f pl)	투자	tu-ja
invertir (vi, vt)	투자하다	tu-ja-ha-da
porcentaje (m)	퍼센트	peo-sen-teu
interés (m)	이자	i-ja
beneficio (m)	수익, 이익	su-ik, i-ik
beneficioso (adj)	수익성이 있는	su-ik-seong-i in-neun
impuesto (m)	세금	se-geum
divisa (f)	통화	tong-hwa
nacional (adj)	국가의	guk-ga-ui
cambio (m)	환전	hwan-jeon

| contable (m) | 회계사 | hoe-gye-sa |
| contaduría (f) | 회계 | hoe-gye |

bancarrota (f)	파산	pa-san
quiebra (f)	붕괴	bung-goe
ruina (f)	파산	pa-san
arruinarse (vr)	파산하다	pa-san-ha-da
inflación (f)	인플레이션	in-peul-le-i-syeon
devaluación (f)	평가절하	pyeong-ga-jeol-ha

capital (m)	자본	ja-bon
ingresos (m pl)	소득	so-deuk
volumen (m) de negocio	총매출액	chong-mae-chu-raek
recursos (m pl)	재원을	jae-wo-neul
recursos (m pl) monetarios	재정 자원을	jae-jeong ja-wo-neul
reducir (vt)	줄이다	ju-ri-da

110. La mercadotecnia

mercadotecnia (f)	마케팅	ma-ke-ting
mercado (m)	시장	si-jang
segmento (m) del mercado	시장 분야	si-jang bu-nya
producto (m)	제품	je-pum
mercancía (f)	상품	sang-pum

marca (f) comercial	트레이드마크	teu-re-i-deu-ma-keu
logotipo (m)	로고	ro-go
logo (m)	로고	ro-go

demanda (f)	수요	su-yo
oferta (f)	공급	gong-geup
necesidad (f)	필요	pi-ryo
consumidor (m)	소비자	so-bi-ja

análisis (m)	분석	bun-seok
analizar (vt)	분석하다	bun-seok-a-da
posicionamiento (m)	포지셔닝	po-ji-syeo-ning
posicionar (vt)	포지셔닝하다	po-ji-syeo-ning-ha-da

precio (m)	가격	ga-gyeok
política (f) de precios	가격 정책	ga-gyeok jeong-chaek
formación (f) de precios	가격 형성	ga-gyeok yeong-seong

111. La publicidad

publicidad (f)	광고	gwang-go
publicitar (vt)	광고하다	gwang-go-ha-da
presupuesto (m)	예산	ye-san

anuncio (m) publicitario	광고	gwang-go
publicidad (f) televisiva	텔레비전 광고	tel-le-bi-jeon gwang-go
publicidad (f) radiofónica	라디오 광고	ra-di-o gwang-go

publicidad (f) exterior	옥외 광고	o-goe gwang-go
medios (m pl) de comunicación de masas	매체	mae-che
periódico (m)	정기 간행물	jeong-gi gan-haeng-mul
imagen (f)	이미지	i-mi-ji
consigna (f)	슬로건	seul-lo-geon
divisa (f)	표어	pyo-eo
campaña (f)	캠페인	kaem-pe-in
campaña (f) publicitaria	광고 캠페인	gwang-go kaem-pe-in
auditorio (m) objetivo	공략 대상	gong-nyak dae-sang
tarjeta (f) de visita	명함	myeong-ham
prospecto (m)	전단	jeon-dan
folleto (m)	브로셔	beu-ro-syeo
panfleto (m)	팜플렛	pam-peul-let
boletín (m)	회보	hoe-bo
letrero (m) (~ luminoso)	간판	gan-pan
pancarta (f)	포스터	po-seu-teo
valla (f) publicitaria	광고판	gwang-go-pan

112. La banca

banco (m)	은행	eun-haeng
sucursal (f)	지점	ji-jeom
consultor (m)	행원	haeng-won
gerente (m)	지배인	ji-bae-in
cuenta (f)	은행계좌	eun-haeng-gye-jwa
numero (m) de la cuenta	계좌 번호	gye-jwa beon-ho
cuenta (f) corriente	당좌	dang-jwa
cuenta (f) de ahorros	보통 예금	bo-tong ye-geum
abrir una cuenta	계좌를 열다	gye-jwa-reul ryeol-da
cerrar la cuenta	계좌를 해지하다	gye-jwa-reul hae-ji-ha-da
ingresar en la cuenta	계좌에 입금하다	ip-geum-ha-da
sacar de la cuenta	출금하다	chul-geum-ha-da
depósito (m)	저금	jeo-geum
hacer un depósito	입금하다	ip-geum-ha-da
giro (m) bancario	송금	song-geum
hacer un giro	송금하다	song-geum-ha-da
suma (f)	액수	aek-su
¿Cuánto?	얼마?	eol-ma?
firma (f) (nombre)	서명	seo-myeong
firmar (vt)	서명하다	seo-myeong-ha-da
tarjeta (f) de crédito	신용 카드	si-nyong ka-deu
código (m)	비밀번호	bi-mil-beon-ho

| número (m) de tarjeta de crédito | 신용 카드 번호 | si-nyong ka-deu beon-ho |
| cajero (m) automático | 현금 자동 지급기 | hyeon-geum ja-dong ji-geup-gi |

cheque (m)	수표	su-pyo
sacar un cheque	수표를 끊다	su-pyo-reul kkeun-ta
talonario (m)	수표책	su-pyo-chaek

crédito (m)	대출	dae-chul
pedir el crédito	대출 신청하다	dae-chul sin-cheong-ha-da
obtener un crédito	대출을 받다	dae-chu-reul bat-da
conceder un crédito	대출하다	dae-chul-ha-da
garantía (f)	담보	dam-bo

113. El teléfono. Las conversaciones telefónicas

teléfono (m)	전화	jeon-hwa
teléfono (m) móvil	휴대폰	hyu-dae-pon
contestador (m)	자동 응답기	ja-dong eung-dap-gi

| llamar, telefonear | 전화하다 | jeon-hwa-ha-da |
| llamada (f) | 통화 | tong-hwa |

marcar un número	번호로 걸다	beon-ho-ro geol-da
¿Sí?, ¿Dígame?	여보세요!	yeo-bo-se-yo!
preguntar (vt)	묻다	mut-da
responder (vi, vt)	전화를 받다	jeon-hwa-reul bat-da

oír (vt)	듣다	deut-da
bien (adv)	잘	jal
mal (adv)	좋지 않은	jo-chi a-neun
ruidos (m pl)	잡음	ja-beum

auricular (m)	수화기	su-hwa-gi
descolgar (el teléfono)	전화를 받다	jeon-hwa-reul bat-da
colgar el auricular	전화를 끊다	jeon-hwa-reul kkeun-ta

ocupado (adj)	통화 중인	tong-hwa jung-in
sonar (teléfono)	울리다	ul-li-da
guía (f) de teléfonos	전화 번호부	jeon-hwa beon-ho-bu

local (adj)	시내의	si-nae-ui
de larga distancia	장거리의	jang-geo-ri-ui
internacional (adj)	국제적인	guk-je-jeo-gin

114. El teléfono celular

teléfono (m) móvil	휴대폰	hyu-dae-pon
pantalla (f)	화면	hwa-myeon
botón (m)	버튼	beo-teun
tarjeta SIM (f)	SIM 카드	SIM ka-deu

pila (f)	건전지	geon-jeon-ji
descargarse (vr)	나가다	na-ga-da
cargador (m)	충전기	chung-jeon-gi

menú (m)	메뉴	me-nyu
preferencias (f pl)	설정	seol-jeong
melodía (f)	벨소리	bel-so-ri
seleccionar (vt)	선택하다	seon-taek-a-da

calculadora (f)	계산기	gye-san-gi
contestador (m)	자동 응답기	ja-dong eung-dap-gi
despertador (m)	알람 시계	al-lam si-gye
contactos (m pl)	연락처	yeol-lak-cheo

| mensaje (m) de texto | 문자 메시지 | mun-ja me-si-ji |
| abonado (m) | 가입자 | ga-ip-ja |

115. Los artículos de escritorio. La papelería

| bolígrafo (m) | 볼펜 | bol-pen |
| pluma (f) estilográfica | 만년필 | man-nyeon-pil |

lápiz (m)	연필	yeon-pil
marcador (m)	형광펜	hyeong-gwang-pen
rotulador (m)	사인펜	sa-in-pen

| bloc (m) de notas | 공책 | gong-chaek |
| agenda (f) | 수첩 | su-cheop |

regla (f)	자	ja
calculadora (f)	계산기	gye-san-gi
goma (f) de borrar	지우개	ji-u-gae
chincheta (f)	압정	ap-jeong
clip (m)	클립	keul-lip

cola (f), pegamento (m)	접착제	jeop-chak-je
grapadora (f)	호치키스	ho-chi-ki-seu
perforador (m)	펀치	peon-chi
sacapuntas (m)	연필깎이	yeon-pil-kka-kki

116. Diversos tipos de documentación

informe (m)	보고	bo-go
acuerdo (m)	약정	yak-jeong
formulario (m) de solicitud	신청서	sin-cheong-seo
auténtico (adj)	진본의	jin-bo-nui
tarjeta (f) de identificación	명찰	myeong-chal
tarjeta (f) de visita	명함	myeong-ham

certificado (m)	인증서	in-jeung-seo
cheque (m) bancario	수표	su-pyo
cuenta (f) (restaurante)	계산서	gye-san-seo

constitución (f)	헌법	heon-beop
contrato (m)	계약	gye-yak
copia (f)	사본	sa-bon
ejemplar (m)	사본	sa-bon

declaración (f) de aduana	세관신고서	se-gwan-sin-go-seo
documento (m)	서류	seo-ryu
permiso (m) de conducir	운전 면허증	un-jeon myeon-heo-jeung
anexo (m)	별첨	byeol-cheom
cuestionario (m)	서식	seo-sik

carnet (m) de identidad	신분증	sin-bun-jeung
solicitud (f) de información	문의서	mun-ui-seo
tarjeta (f) de invitación	초대장	cho-dae-jang
factura (f)	송장	song-jang

ley (f)	법	beop
carta (f)	편지	pyeon-ji
hoja (f) membretada	용지	yong-ji
lista (f) (de nombres, etc.)	목록	mong-nok
manuscrito (m)	원고	won-go
boletín (m)	회보	hoe-bo
nota (f) (mensaje)	쪽지	jjok-ji

pase (m) (permiso)	출입증	chu-rip-jeung
pasaporte (m)	여권	yeo-gwon
permiso (m)	허가증	heo-ga-jeung
curriculum vitae (m)	이력서	i-ryeok-seo
pagaré (m)	차용증서	cha-yong-jeung-seo
recibo (m)	영수증	yeong-su-jeung
ticket (m) de compra	영수증	yeong-su-jeung
informe (m)	보고	bo-go

presentar (identificación)	보여주다	bo-yeo-ju-da
firmar (vt)	서명하다	seo-myeong-ha-da
firma (f) (nombre)	서명	seo-myeong
sello (m)	도장	do-jang
texto (m)	문서	mun-seo
billete (m)	표	pyo

| tachar (vt) | 그어 지우다 | geu-eo ji-u-da |
| rellenar (vt) | 작성하다 | jak-seong-ha-da |

| guía (f) de embarque | 선적 송장 | seon-jeok song-jang |
| testamento (m) | 유언 | yu-eon |

117. Tipos de negocios

agencia (f) de empleo	직업 소개소	ji-geop so-gae-so
agencia (f) de información	통신사	tong-sin-sa
agencia (f) de publicidad	광고 회사	gwang-go hoe-sa
agencia (f) de seguridad	보안 회사	bo-an hoe-sa
almacén (m)	창고	chang-go
antigüedad (f)	골동품	gol-dong-pum

asesoría (f) jurídica	법률컨설팅	beom-nyul-keon-seol-ting
servicios (m pl) de auditoría	회계 감사	hoe-gye gam-sa
bar (m)	바	ba
bebidas (f pl) alcohólicas	주류	ju-ryu
bolsa (f) de comercio	증권거래소	jeung-gwon-geo-rae-so
casino (m)	카지노	ka-ji-no
centro (m) de negocios	비즈니스 센터	bi-jeu-ni-seu sen-teo
fábrica (f) de cerveza	맥주 양조장	maek-ju yang-jo-jang
cine (m) (iremos al ~)	영화관	yeong-hwa-gwan
climatizadores (m pl)	에어컨	e-eo-keon
club (m) nocturno	나이트 클럽	na-i-teu keul-leop
comercio (m)	거래	geo-rae
productos alimenticios	식품	sik-pum
compañía (f) aérea	항공사	hang-gong-sa
construcción (f)	건설	geon-seol
contabilidad (f)	회계 서비스	hoe-gye seo-bi-seu
deporte (m)	스포츠	seu-po-cheu
diseño (m)	디자인	di-ja-in
editorial (f)	출판사	chul-pan-sa
escuela (f) de negocios	비즈니스 스쿨	bi-jeu-ni-seu seu-kul
estomatología (f)	치과 병원	chi-gwa byeong-won
farmacia (f)	약국	yak-guk
industria (f) farmacéutica	의약	ui-yak
funeraria (f)	장례식장	jang-nye-sik-jang
galería (f) de arte	미술관	mi-sul-gwan
helado (m)	아이스크림	a-i-seu-keu-rim
hotel (m)	호텔	ho-tel
industria (f)	산업, 공업	san-eop, gong-eop
industria (f) ligera	경공업	gyeong-gong-eop
inmueble (m)	부동산	bu-dong-san
internet (m), red (f)	인터넷	in-teo-net
inversiones (f pl)	투자	tu-ja
joyería (f)	보석	bo-seok
joyero (m)	보석 상인	bo-seok sang-in
lavandería (f)	세탁소	se-tak-so
librería (f)	서점	seo-jeom
medicina (f)	의학	ui-hak
muebles (m pl)	가구	ga-gu
museo (m)	박물관	bang-mul-gwan
negocio (m) bancario	금융업계	geu-myung-eop-gye
periódico (m)	신문	sin-mun
petróleo (m)	석유	seo-gyu
piscina (f)	수영장	su-yeong-jang
poligrafía (f)	인쇄산업	in-swae-san-eop
publicidad (f)	광고	gwang-go
radio (f)	라디오	ra-di-o
recojo (m) de basura	쓰레기 수거	sseu-re-gi su-geo

restaurante (m)	레스토랑	re-seu-to-rang
revista (f)	잡지	jap-ji
ropa (f)	옷	ot
salón (m) de belleza	미장원	mi-jang-won
seguro (m)	보험	bo-heom
servicio (m) de entrega	문서 송달 회사	mun-seo song-dal hoe-sa
servicios (m pl) financieros	재무 서비스	jae-mu seo-bi-seu
supermercado (m)	슈퍼마켓	syu-peo-ma-ket
taller (m)	양복점	yang-bok-jeom
teatro (m)	극장	geuk-jang
televisión (f)	텔레비전	tel-le-bi-jeon
tienda (f)	가게, 상점	ga-ge, sang-jeom
tintorería (f)	드라이 클리닝	deu-ra-i keul-li-ning
servicios de transporte	운송	un-song
turismo (m)	관광산업	gwan-gwang-sa-neop
veterinario (m)	수의사	su-ui-sa
consultoría (f)	컨설팅	keon-seol-ting

El trabajo. Los negocios. Unidad 2

exposición, feria (f)	전시회	jeon-si-hoe
feria (f) comercial	상품 전시회	sang-pum jeon-si-hoe
participación (f)	참가	cham-ga
participar (vi)	참가하다	cham-ga-ha-da
participante (m)	참가자	cham-ga-ja
director (m)	대표이사	dae-pyo-i-sa
dirección (f)	조직위원회	jo-ji-gwi-won-hoe
organizador (m)	조직위원회	jo-ji-gwi-won-hoe
organizar (vt)	조직하다	jo-jik-a-da
solicitud (f) de participación	참가 신청서	cham-ga sin-cheong-seo
rellenar (vt)	작성하다	jak-seong-ha-da
detalles (m pl)	상세	sang-se
información (f)	정보	jeong-bo
precio (m)	가격	ga-gyeok
incluso	포함하여	po-ham-ha-yeo
incluir (vt)	포함하다	po-ham-ha-da
pagar (vi, vt)	지불하다	ji-bul-ha-da
cuota (f) de registro	등록비	deung-nok-bi
entrada (f)	입구	ip-gu
pabellón (m)	전시실	jeon-si-sil
registrar (vt)	등록하다	deung-nok-a-da
tarjeta (f) de identificación	명찰	myeong-chal
stand (m) de feria	부스	bu-seu
reservar (vt)	예약하다	ye-yak-a-da
vitrina (f)	진열장	ji-nyeol-jang
lámpara (f)	스포트라이트	seu-po-teu-ra-i-teu
diseño (m)	디자인	di-ja-in
poner (colocar)	배치하다	bae-chi-ha-da
distribuidor (m)	배급업자	bae-geu-beop-ja
proveedor (m)	공급자	gong-geup-ja
país (m)	나라	na-ra
extranjero (adj)	외국의	oe-gu-gui
producto (m)	제품	je-pum
asociación (f)	협회	hyeo-poe
sala (f) de conferencias	회의장	hoe-ui-jang
congreso (m)	회의	hoe-ui

concurso (m)	컨테스트	keon-te-seu-teu
visitante (m)	방문객	bang-mun-gaek
visitar (vt)	방문하다	bang-mun-ha-da
cliente (m)	고객	go-gaek

119. Medios de comunicación de masas

periódico (m)	신문	sin-mun
revista (f)	잡지	jap-ji
prensa (f)	언론	eon-non
radio (f)	라디오	ra-di-o
estación (f) de radio	라디오 방송국	ra-di-o bang-song-guk
televisión (f)	텔레비전	tel-le-bi-jeon

presentador (m)	진행자	jin-haeng-ja
presentador (m) de noticias	아나운서	a-na-un-seo
comentarista (m)	해설가	hae-seol-ga

periodista (m)	저널리스트	jeo-neol-li-seu-teu
corresponsal (m)	특파원	teuk-pa-won
corresponsal (m) fotográfico	사진 기자	sa-jin gi-ja
reportero (m)	리포터	ri-po-teo

redactor (m)	편집자	pyeon-jip-ja
redactor jefe (m)	편집장	pyeon-jip-jang
suscribirse (vr)	… 를 구독하다	… reul gu-dok-a-da
suscripción (f)	구독	gu-dok
suscriptor (m)	구독자	gu-dok-ja
leer (vi, vt)	읽다	ik-da
lector (m)	독자	dok-ja

tirada (f)	발행 부수	bal-haeng bu-su
mensual (adj)	월간의	wol-ga-nui
semanal (adj)	주간의	ju-ga-nui
número (m)	호	ho
nuevo (~ número)	최신의	choe-si-nui

titular (m)	헤드라인	he-deu-ra-in
noticia (f)	짧은 기사	jjal-beun gi-sa
columna (f)	칼럼	kal-leom
artículo (m)	기사	gi-sa
página (f)	페이지	pe-i-ji

reportaje (m)	보도	bo-do
evento (m)	사건	sa-geon
sensación (f)	센세이션	sen-se-i-syeon
escándalo (m)	스캔들	seu-kaen-deul
escandaloso (adj)	스캔들의	seu-kaen-deu-rui
gran (~ escándalo)	엄청난	eom-cheong-nan

emisión (f)	쇼	syo
entrevista (f)	인터뷰	in-teo-byu
transmisión (f) en vivo	라이브 방송	ra-i-beu bang-song
canal (m)	채널	chae-neol

120. La agricultura

agricultura (f)	농업	nong-eop
campesino (m)	소작농	so-jang-nong
campesina (f)	소작농	so-jang-nong
granjero (m)	농부	nong-bu
tractor (m)	트랙터	teu-raek-teo
cosechadora (f)	콤바인	kom-ba-in
arado (m)	쟁기	jaeng-gi
arar (vi, vt)	땅을 갈다	ttang-eul gal-da
labrado (m)	한 쟁기의 땅	han jaeng-gi-ui ttang
surco (m)	고랑	go-rang
sembrar (vi, vt)	뿌리다	ppu-ri-da
sembradora (f)	파종기	pa-jong-gi
siembra (f)	씨뿌리기	pa-jong
guadaña (f)	긴 낫	gin nat
segar (vi, vt)	낫질하다	nat-jil-ha-da
pala (f)	삽	sap
layar (vt)	갈다	gal-da
azada (f)	호미	ho-mi
sachar, escardar	풀을 뽑다	pu-reul ppop-da
mala hierba (f)	잡초	jap-cho
regadera (f)	물뿌리개	mul-ppu-ri-gae
regar (plantas)	물을 주다	mu-reul ju-da
riego (m)	살수	sal-su
horquilla (f)	쇠스랑	soe-seu-rang
rastrillo (m)	갈퀴	gal-kwi
fertilizante (m)	비료	bi-ryo
abonar (vt)	비료를 주다	bi-ryo-reul ju-da
estiércol (m)	거름	geo-reum
campo (m)	밭	bat
prado (m)	풀밭	pul-bat
huerta (f)	채소밭	chae-so-bat
jardín (m)	과수원	gwa-su-won
pacer (vt)	방목하다	bang-mo-ka-da
pastor (m)	목동	mok-dong
pastadero (m)	목초지	mok-cho-ji
ganadería (f)	목축	mok-chuk
cría (f) de ovejas	목양	mo-gyang
plantación (f)	농원	nong-won
hilera (f) (~ de cebollas)	이랑	i-rang
invernadero (m)	온실	on-sil

sequía (f)	가뭄	ga-mum
seco, árido (adj)	건조한	geon-jo-han
cereales (m pl)	곡류	gong-nyu
recolectar (vt)	수확하다	su-hwak-a-da
molinero (m)	제분업자	je-bun-eop-ja
molino (m)	제분소	je-bun-so
moler (vt)	제분하다	je-bun-ha-da
harina (f)	밀가루	mil-ga-ru
paja (f)	짚	jip

121. La construcción. El proceso de construcción

obra (f)	공사장	gong-sa-jang
construir (vt)	건설하다	geon-seol-ha-da
albañil (m)	공사장 인부	gong-sa-jang in-bu
proyecto (m)	프로젝트	peu-ro-jek-teu
arquitecto (m)	건축가	geon-chuk-ga
obrero (m)	노동자	no-dong-ja
cimientos (m pl)	기초	gi-cho
techo (m)	지붕	ji-bung
pila (f) de cimentación	기초 말뚝	gi-cho mal-ttuk
muro (m)	벽	byeok
armadura (f)	철근	cheol-geun
andamio (m)	비계	bi-gye
hormigón (m)	콘크리트	kon-keu-ri-teu
granito (m)	화강암	hwa-gang-am
piedra (f)	돌	dol
ladrillo (m)	벽돌	byeok-dol
arena (f)	모래	mo-rae
cemento (m)	시멘트	si-men-teu
estuco (m)	회반죽	hoe-ban-juk
estucar (vt)	회반죽을 칠하다	hoe-ban-ju-geul chil-ha-da
pintura (f)	페인트	pe-in-teu
pintar (las paredes)	페인트를 칠하다	pe-in-teu-reul chil-ha-da
barril (m)	통	tong
grúa (f)	크레인	keu-re-in
levantar (vt)	올리다	ol-li-da
bajar (vt)	내리다	nae-ri-da
bulldózer (m)	불도저	bul-do-jeo
excavadora (f)	굴착기	gul-chak-gi
cuchara (f)	굴삭기 버킷	beo-kit
cavar (vt)	파다	pa-da
casco (m)	안전모	an-jeon-mo

122. La ciencia. La investigación. Los científicos

ciencia (f)	과학	gwa-hak
científico (adj)	과학의	gwa-ha-gui
científico (m)	과학자	gwa-hak-ja
teoría (f)	이론	i-ron

axioma (m)	공리	gong-ni
análisis (m)	분석	bun-seok
analizar (vt)	분석하다	bun-seok-a-da
argumento (m)	주장	ju-jang
sustancia (f) (materia)	물질	mul-jil

hipótesis (f)	가설	ga-seol
dilema (m)	딜레마	dil-le-ma
tesis (f) de grado	학위 논문	ha-gwi non-mun
dogma (m)	도그마	do-geu-ma

doctrina (f)	학설	hak-seol
investigación (f)	연구	yeon-gu
investigar (vt)	연구하다	yeon-gu-ha-da
prueba (f)	실험	sil-heom
laboratorio (m)	연구실	yeon-gu-sil

método (m)	방법	bang-beop
molécula (f)	분자	bun-ja
seguimiento (m)	감시	gam-si
descubrimiento (m)	발견	bal-gyeon

postulado (m)	공준	gong-jun
principio (m)	원칙	won-chik
pronóstico (m)	예상	ye-sang
pronosticar (vt)	예상하다	ye-sang-ha-da

síntesis (f)	종합	jong-hap
tendencia (f)	경향	gyeong-hyang
teorema (m)	정리	jeong-ni

enseñanzas (f pl)	가르침	ga-reu-chim
hecho (m)	사실	sa-sil
expedición (f)	탐험	tam-heom
experimento (m)	실험	sil-heom

académico (m)	아카데미 회원	a-ka-de-mi hoe-won
bachiller (m)	학사	hak-sa
doctorado (m)	박사	bak-sa
docente (m)	부교수	bu-gyo-su
Master (m) (~ en Letras)	석사	seok-sa
profesor (m)	교수	gyo-su

Las profesiones y los oficios

123. La búsqueda de trabajo. El despido

trabajo (m)	직업	ji-geop
personal (m)	직원	ji-gwon
carrera (f)	경력	gyeong-nyeok
perspectiva (f)	전망	jeon-mang
maestría (f)	숙달	suk-dal
selección (f)	선발	seon-bal
agencia (f) de empleo	직업 소개소	ji-geop so-gae-so
curriculum vitae (m)	이력서	i-ryeok-seo
entrevista (f)	면접	myeon-jeop
vacancia (f)	결원	gyeo-rwon
salario (m)	급여, 월급	geu-byeo, wol-geup
salario (m) fijo	고정급	go-jeong-geup
remuneración (f)	급료	geum-nyo
puesto (m) (trabajo)	직위	ji-gwi
deber (m)	의무	ui-mu
gama (f) de deberes	업무범위	eom-mu-beom-wi
ocupado (adj)	바쁜	ba-ppeun
despedir (vt)	해고하다	hae-go-ha-da
despido (m)	해고	hae-go
desempleo (m)	실업	si-reop
desempleado (m)	실업자	si-reop-ja
jubilación (f)	은퇴	eun-toe
jubilarse	은퇴하다	eun-toe-ha-da

124. Los negociantes

director (m)	사장	sa-jang
gerente (m)	지배인	ji-bae-in
jefe (m)	상사	sang-sa
superior (m)	상사	sang-sa
superiores (m pl)	상사	sang-sa
presidente (m)	회장	hoe-jang
presidente (m) (de compañía)	의장	ui-jang
adjunto (m)	부 ...	bu ...
asistente (m)	조수	jo-su
secretario, -a (m, f)	비서	bi-seo

secretario (m) particular	개인 비서	gae-in bi-seo
hombre (m) de negocios	사업가	sa-eop-ga
emprendedor (m)	사업가	sa-eop-ga
fundador (m)	설립자	seol-lip-ja
fundar (vt)	설립하다	seol-li-pa-da
institutor (m)	설립자	seol-lip-ja
socio (m)	파트너	pa-teu-neo
accionista (m)	주주	ju-ju
millonario (m)	백만장자	baeng-man-jang-ja
multimillonario (m)	억만장자	eong-man-jang-ja
propietario (m)	소유자	so-yu-ja
terrateniente (m)	토지 소유자	to-ji so-yu-ja
cliente (m)	고객	go-gaek
cliente (m) habitual	단골	dan-gol
comprador (m)	구매자	gu-mae-ja
visitante (m)	방문객	bang-mun-gaek
profesional (m)	전문가	jeon-mun-ga
experto (m)	전문가	jeon-mun-ga
especialista (m)	전문가	jeon-mun-ga
banquero (m)	은행가	eun-haeng-ga
broker (m)	브로커	beu-ro-keo
cajero (m)	계산원	gye-san-won
contable (m)	회계사	hoe-gye-sa
guardia (m) de seguridad	보안요원	bo-a-nyo-won
inversionista (m)	투자가	tu-ja-ga
deudor (m)	채무자	chae-mu-ja
acreedor (m)	빚쟁이	bit-jaeng-i
prestatario (m)	차용인	cha-yong-in
importador (m)	수입업자	su-i-beop-ja
exportador (m)	수출업자	su-chu-reop-ja
productor (m)	생산자	saeng-san-ja
distribuidor (m)	배급업자	bae-geu-beop-ja
intermediario (m)	중간상인	jung-gan-sang-in
asesor (m) (~ fiscal)	컨설턴트	keon-seol-teon-teu
representante (m)	판매 대리인	pan-mae dae-ri-in
agente (m)	중개인	jung-gae-in
agente (m) de seguros	보험설계사	bo-heom-seol-gye-sa

125. Los trabajos de servicio

cocinero (m)	요리사	yo-ri-sa
jefe (m) de cocina	주방장	ju-bang-jang
panadero (m)	제빵사	je-ppang-sa
barman (m)	바텐더	ba-ten-deo

| camarero (m) | 웨이터 | we-i-teo |
| camarera (f) | 웨이트리스 | we-i-teu-ri-seu |

abogado (m)	변호사	byeon-ho-sa
jurista (m)	법률고문	beom-nyul-go-mun
notario (m)	공증인	gong-jeung-in

electricista (m)	전기 기사	jeon-gi gi-sa
fontanero (m)	배관공	bae-gwan-gong
carpintero (m)	목수	mok-su

masajista (m)	안마사	an-ma-sa
masajista (f)	안마사	an-ma-sa
médico (m)	의사	ui-sa

taxista (m)	택시 운전 기사	taek-si un-jeon gi-sa
chofer (m)	운전 기사	un-jeon gi-sa
repartidor (m)	배달원	bae-da-rwon

camarera (f)	객실 청소부	gaek-sil cheong-so-bu
guardia (m) de seguridad	보안요원	bo-a-nyo-won
azafata (f)	승무원	seung-mu-won

profesor (m) (~ de baile, etc.)	선생님	seon-saeng-nim
bibliotecario (m)	사서	sa-seo
traductor (m)	번역가	beo-nyeok-ga
intérprete (m)	통역가	tong-yeok-ga
guía (m)	가이드	ga-i-deu

peluquero (m)	미용사	mi-yong-sa
cartero (m)	우체부	u-che-bu
vendedor (m)	점원	jeom-won

jardinero (m)	정원사	jeong-won-sa
servidor (m)	하인	ha-in
criada (f)	하녀	ha-nyeo
mujer (f) de la limpieza	청소부	cheong-so-bu

126. La profesión militar y los rangos

soldado (m) raso	일병	il-byeong
sargento (m)	병장	byeong-jang
teniente (m)	중위	jung-wi
capitán (m)	대위	dae-wi

mayor (m)	소령	so-ryeong
coronel (m)	대령	dae-ryeong
general (m)	장군	jang-gun
mariscal (m)	원수	won-su
almirante (m)	제독	je-dok

militar (m)	군인	gun-in
soldado (m)	군인	gun-in
oficial (m)	장교	jang-gyo

comandante (m)	사령관	sa-ryeong-gwan
guardafronteras (m)	국경 수비대원	guk-gyeong su-bi-dae-won
radio-operador (m)	무선 기사	mu-seon gi-sa
explorador (m)	정찰병	jeong-chal-byeong
zapador (m)	공병대원	gong-byeong-dae-won
tirador (m)	사수	sa-su
navegador (m)	항법사	hang-beop-sa

127. Los oficiales. Los sacerdotes

rey (m)	왕	wang
reina (f)	여왕	yeo-wang
príncipe (m)	왕자	wang-ja
princesa (f)	공주	gong-ju
zar (m)	차르	cha-reu
zarina (f)	여황제	yeo-hwang-je
presidente (m)	대통령	dae-tong-nyeong
ministro (m)	장관	jang-gwan
primer ministro (m)	총리	chong-ni
senador (m)	상원의원	sang-won-ui-won
diplomático (m)	외교관	oe-gyo-gwan
cónsul (m)	영사	yeong-sa
embajador (m)	대사	dae-sa
consejero (m)	고문관	go-mun-gwan
funcionario (m)	공무원	gong-mu-won
prefecto (m)	도지사, 현감	do-ji-sa, hyeon-gam
alcalde (m)	시장	si-jang
juez (m)	판사	pan-sa
fiscal (m)	검사	geom-sa
misionero (m)	선교사	seon-gyo-sa
monje (m)	수도사	su-do-sa
abad (m)	수도원장	su-do-won-jang
rabino (m)	랍비	rap-bi
visir (m)	고관	go-gwan
sha (m)	샤	sya
jeque (m)	셰이크	sye-i-keu

128. Las profesiones agrícolas

apicultor (m)	양봉가	yang-bong-ga
pastor (m)	목동	mok-dong
agrónomo (m)	농학자	nong-hak-ja
ganadero (m)	목축업자	mok-chu-geop-ja
veterinario (m)	수의사	su-ui-sa

granjero (m)   농부   nong-bu
vinicultor (m)   포도주 제조자   po-do-ju je-jo-ja
zoólogo (m)   동물학자   dong-mul-hak-ja
vaquero (m)   카우보이   ka-u-bo-i

129. Las profesiones artísticas

actor (m)   배우   bae-u
actriz (f)   여배우   yeo-bae-u

cantante (m)   가수   ga-su
cantante (f)   여가수   yeo-ga-su

bailarín (m)   무용가   mu-yong-ga
bailarina (f)   여성 무용가   yeo-seong mu-yong-ga

artista (m)   공연자   gong-yeon-ja
artista (f)   여성 공연자   yeo-seong gong-yeon-ja

músico (m)   음악가   eum-ak-ga
pianista (m)   피아니스트   pi-a-ni-seu-teu
guitarrista (m)   기타 연주자   gi-ta yeon-ju-ja

director (m) de orquesta   지휘자   ji-hwi-ja
compositor (m)   작곡가   jak-gok-ga
empresario (m)   기획자   gi-hoek-ja

director (m) de cine 영화감독   yeong-hwa-gam-dok
productor (m)   제작자   je-jak-ja
guionista (m)   시나리오 작가   si-na-ri-o jak-ga
crítico (m)   미술 비평가   mi-sul bi-pyeong-ga

escritor (m)   작가   jak-ga
poeta (m)   시인   si-in
escultor (m)   조각가   jo-gak-ga
pintor (m)   화가   hwa-ga

malabarista (m)   저글러   jeo-geul-leo
payaso (m)   어릿광대   eo-rit-gwang-dae
acróbata (m)   곡예사   go-gye-sa
ilusionista (m)   마술사   ma-sul-sa

130. Profesiones diversas

médico (m)   의사   ui-sa
enfermera (f)   간호사   gan-ho-sa
psiquiatra (m)   정신과 의사   jeong-sin-gwa ui-sa
dentista (m)   치과 의사   chi-gwa ui-sa
cirujano (m)   외과 의사   oe-gwa ui-sa

astronauta (m)   우주비행사   u-ju-bi-haeng-sa
astrónomo (m)   천문학자   cheon-mun-hak-ja

conductor (m) (chófer)	운전 기사	un-jeon gi-sa
maquinista (m)	기관사	gi-gwan-sa
mecánico (m)	정비공	jeong-bi-gong

minero (m)	광부	gwang-bu
obrero (m)	노동자	no-dong-ja
cerrajero (m)	자물쇠공	ja-mul-soe-gong
carpintero (m)	목수	mok-su
tornero (m)	선반공	seon-ban-gong
albañil (m)	공사장 인부	gong-sa-jang in-bu
soldador (m)	용접공	yong-jeop-gong

profesor (m) (título)	교수	gyo-su
arquitecto (m)	건축가	geon-chuk-ga
historiador (m)	역사학자	yeok-sa-hak-ja
científico (m)	과학자	gwa-hak-ja
físico (m)	물리학자	mul-li-hak-ja
químico (m)	화학자	hwa-hak-ja

arqueólogo (m)	고고학자	go-go-hak-ja
geólogo (m)	지질학자	ji-jil-hak-ja
investigador (m)	연구원	yeon-gu-won

| niñera (f) | 애기보는 사람 | ae-gi-bo-neun sa-ram |
| pedagogo (m) | 교사 | gyo-sa |

redactor (m)	편집자	pyeon-jip-ja
redactor jefe (m)	편집장	pyeon-jip-jang
corresponsal (m)	통신원	tong-sin-won
mecanógrafa (f)	타이피스트	ta-i-pi-seu-teu

diseñador (m)	디자이너	di-ja-i-neo
especialista (m) en ordenadores	컴퓨터 전문가	keom-pyu-teo jeon-mun-ga
programador (m)	프로그래머	peu-ro-geu-rae-meo
ingeniero (m)	엔지니어	en-ji-ni-eo

marino (m)	선원	seon-won
marinero (m)	수부	su-bu
socorrista (m)	구조자	gu-jo-ja

bombero (m)	소방관	so-bang-gwan
policía (m)	경찰관	gyeong-chal-gwan
vigilante (m) nocturno	경비원	gyeong-bi-won
detective (m)	형사	hyeong-sa

aduanero (m)	세관원	se-gwan-won
guardaespaldas (m)	경호원	gyeong-ho-won
guardia (m) de prisiones	간수	gan-su
inspector (m)	감독관	gam-dok-gwan

deportista (m)	스포츠맨	seu-po-cheu-maen
entrenador (m)	코치	ko-chi
carnicero (m)	정육점 주인	jeong-yuk-jeom ju-in
zapatero (m)	구둣방	gu-dut-bang
comerciante (m)	상인	sang-in

cargador (m)	하역부	ha-yeok-bu
diseñador (m) de modas	패션 디자이너	pae-syeon di-ja-i-neo
modelo (f)	모델	mo-del

131. Los trabajos. El estatus social

escolar (m)	남학생	nam-hak-saeng
estudiante (m)	대학생	dae-hak-saeng
filósofo (m)	철학자	cheol-hak-ja
economista (m)	경제 학자	gyeong-je hak-ja
inventor (m)	발명가	bal-myeong-ga
desempleado (m)	실업자	si-reop-ja
jubilado (m)	은퇴자	eun-toe-ja
espía (m)	비밀요원	bi-mi-ryo-won
prisionero (m)	죄수	joe-su
huelguista (m)	파업자	pa-eop-ja
burócrata (m)	관료	gwal-lyo
viajero (m)	여행자	yeo-haeng-ja
homosexual (m)	동성애자	dong-seong-ae-ja
hacker (m)	해커	hae-keo
bandido (m)	산적	san-jeok
sicario (m)	살인 청부업자	sa-rin cheong-bu-eop-ja
drogadicto (m)	마약 중독자	ma-yak jung-dok-ja
narcotraficante (m)	마약 밀매자	ma-yak mil-mae-ja
prostituta (f)	매춘부	mae-chun-bu
chulo (m), proxeneta (m)	포주	po-ju
brujo (m)	마법사	ma-beop-sa
bruja (f)	여자 마법사	yeo-ja ma-beop-sa
pirata (m)	해적	hae-jeok
esclavo (m)	노예	no-ye
samurai (m)	사무라이	sa-mu-ra-i
salvaje (m)	야만인	ya-man-in

Los deportes

Tipos de deportes. Deportistas

deportista (m)	스포츠맨	seu-po-cheu-maen
tipo (m) de deporte	스포츠 종류	seu-po-cheu jong-nyu
baloncesto (m)	농구	nong-gu
baloncestista (m)	농구 선수	nong-gu seon-su
béisbol (m)	야구	ya-gu
beisbolista (m)	야구 선수	ya-gu seon-su
fútbol (m)	축구	chuk-gu
futbolista (m)	축구 선수	chuk-gu seon-su
portero (m)	골키퍼	gol-ki-peo
hockey (m)	하키	ha-ki
jugador (m) de hockey	하키 선수	ha-ki seon-su
voleibol (m)	배구	bae-gu
voleibolista (m)	배구 선수	bae-gu seon-su
boxeo (m)	권투	gwon-tu
boxeador (m)	권투 선수	gwon-tu seon-su
lucha (f)	레슬링	re-seul-ling
luchador (m)	레슬링 선수	re-seul-ling seon-su
kárate (m)	가라테	ga-ra-te
karateka (m)	가라테 선수	ga-ra-te seon-su
judo (m)	유도	yu-do
judoka (m)	유도 선수	yu-do seon-su
tenis (m)	테니스	te-ni-seu
tenista (m)	테니스 선수	te-ni-seu seon-su
natación (f)	수영	su-yeong
nadador (m)	수영 선수	su-yeong seon-su
esgrima (f)	펜싱	pen-sing
esgrimidor (m)	펜싱 선수	pen-sing seon-su
ajedrez (m)	체스	che-seu
ajedrecista (m)	체스 선수	che-seu seon-su
alpinismo (m)	등산	deung-san
alpinista (m)	등산가	deung-san-ga
carrera (f)	달리기	dal-li-gi

corredor (m)	달리기 선수	dal-li-gi seon-su
atletismo (m)	육상 경기	yuk-sang gyeong-gi
atleta (m)	선수	, seon-su

| deporte (m) hípico | 승마 | seung-ma |
| jinete (m) | 승마 선수 | seung-ma seon-su |

patinaje (m) artístico	피겨 스케이팅	pi-gyeo seu-ke-i-ting
patinador (m)	피겨 스케이팅 선수	pi-gyeo seu-ke-i-ting seon-su
patinadora (f)	피겨 스케이팅 선수	pi-gyeo seu-ke-i-ting seon-su

| levantamiento (m) de pesas | 역도 | yeok-do |
| levantador (m) de pesas | 역도 선수 | yeok-do seon-su |

| carreras (f pl) de coches | 자동차 경주 | ja-dong-cha gyeong-ju |
| piloto (m) de carreras | 카레이서 | ka-re-i-seo |

| ciclismo (m) | 자전거경기 | ja-jeon-geo-gyeong-gi |
| ciclista (m) | 자전거 선수 | ja-jeon-geo seon-su |

salto (m) de longitud	멀리뛰기	meol-li-ttwi-gi
salto (m) con pértiga	장대 높이뛰기	jang-dae no-pi-ttwi-gi
saltador (m)	뛰기선수	ttwi-gi-seon-su

133. Tipos de deportes. Miscelánea

fútbol (m) americano	미식 축구	mi-sik chuk-gu
bádminton (m)	배드민턴	bae-deu-min-teon
biatlón (m)	바이애슬론	ba-i-ae-seul-lon
billar (m)	당구	dang-gu

bobsleigh (m)	봅슬레이	bop-seul-le-i
culturismo (m)	보디빌딩	bo-di-bil-ding
waterpolo (m)	수구	su-gu
balonmano (m)	핸드볼	haen-deu-bol
golf (m)	골프	gol-peu

remo (m)	조정	jo-jeong
buceo (m)	스쿠버다이빙	seu-ku-beo-da-i-bing
esquí (m) de fondo	크로스컨트리 스키	keu-ro-seu-keon-teu-ri seu-ki
tenis (m) de mesa	탁구	tak-gu

vela (f)	요트타기	yo-teu-ta-gi
rally (m)	랠리	rael-li
rugby (m)	럭비	reok-bi
snowboarding (m)	스노보드	seu-no-bo-deu
tiro (m) con arco	양궁	yang-gung

134. El gimnasio

| barra (f) de pesas | 역기 | yeok-gi |
| pesas (f pl) | 아령 | a-ryeong |

aparato (m) de ejercicios	운동 기구	un-dong gi-gu
bicicleta (f) estática	헬스자전거	hel-seu-ja-jeon-geo
cinta (f) de correr	러닝 머신	reo-ning meo-sin
barra (f) fija	철봉	cheol-bong
barras (f pl) paralelas	평행봉	pyeong-haeng-bong
potro (m)	안마	an-ma
colchoneta (f)	매트	mae-teu
aeróbica (f)	에어로빅	e-eo-ro-bik
yoga (m)	요가	yo-ga

135. El hóckey

hockey (m)	하키	ha-ki
jugador (m) de hockey	하키 선수	ha-ki seon-su
jugar al hockey	하키를 하다	ha-ki-reul ha-da
hielo (m)	얼음	eo-reum
disco (m)	하키 퍽	ha-ki peok
palo (m) de hockey	하키 스틱	ha-ki seu-tik
patines (m pl)	스케이트	seu-ke-i-teu
muro (m)	사이드보드	sa-i-deu-bo-deu
tiro (m)	슛	syut
portero (m)	골키퍼	gol-ki-peo
gol (m)	득점	deuk-jeom
marcar un gol	골을 넣다	go-reul leo-ta
periodo (m)	피리어드	pi-ri-eo-deu
banquillo (m) de reserva	후보 선수 대기석	hu-bo seon-su dae-gi-seok

136. El fútbol

fútbol (m)	축구	chuk-gu
futbolista (m)	축구 선수	chuk-gu seon-su
jugar al fútbol	축구를 하다	chuk-gu-reul ha-da
liga (f) superior	메이저 리그	me-i-jeo ri-geu
club (m) de fútbol	축구클럽	chuk-gu-keul-leop
entrenador (m)	코치	ko-chi
propietario (m)	구단주	gu-dan-ju
equipo (m)	팀	tim
capitán (m) del equipo	주장	ju-jang
jugador (m)	선수	seon-su
reserva (m)	후보 선수	hu-bo seon-su
delantero (m)	포워드	po-wo-deu
delantero (m) centro	센터 포워드	sen-teo po-wo-deu
goleador (m)	득점자	deuk-jeom-ja

defensa (m)	수비수	su-bi-su
medio (m)	미드필더	mi-deu-pil-deo
match (m)	경기	gyeong-gi
encontrarse (vr)	만나다	man-na-da
final (f)	결승전	gyeol-seung-jeon
semifinal (f)	준결승전	jun-gyeol-seung-jeon
campeonato (m)	선수권	seon-su-gwon
tiempo (m)	경기 시간	gyeong-gi si-gan
primer tiempo (m)	전반전	jeon-ban-jeon
descanso (m)	하프 타임	ha-peu ta-im
puerta (f)	골	gol
portero (m)	골키퍼	gol-ki-peo
poste (m)	골대	gol-dae
larguero (m)	크로스바	keu-ro-seu-ba
red (f)	골망	gol-mang
recibir un gol	골을 내주다	go-reul lae-ju-da
balón (m)	공	gong
pase (m)	패스	pae-seu
tiro (m)	슛	syut
lanzar un tiro	슛을 하다	syus-eul ha-da
tiro (m) de castigo	프리킥	peu-ri-kik
saque (m) de esquina	코너킥	ko-neo-kik
ataque (m)	공격	gong-gyeok
contraataque (m)	반격	ban-gyeok
combinación (f)	조합	jo-hap
árbitro (m)	주심, 심판	ju-sim, sim-pan
silbar (vi)	휘슬을 불다	hwi-seu-reul bul-da
silbato (m)	휘슬, 호각	hwi-seul
infracción (f)	반칙	ban-chik
cometer una infracción	반칙을 하다	ban-chi-geul ha-da
expulsar del campo	퇴장시키다	toe-jang-si-ki-da
tarjeta (f) amarilla	옐로카드	yel-lo-ka-deu
tarjeta (f) roja	레드카드	re-deu-ka-deu
descalificación (f)	실격	sil-gyeok
descalificar (vt)	실격시키다	sil-gyeok-si-ki-da
penalti (m)	페널티킥	pe-neol-ti-kik
barrera (f)	수비벽	su-bi-byeok
meter un gol	득점하다	deuk-jeom-ha-da
gol (m)	득점	deuk-jeom
marcar un gol	득점하다	deuk-jeom-ha-da
reemplazo (m)	선수교체	seon-su-gyo-che
reemplazar (vt)	교체하다	gyo-che-ha-da
reglas (f pl)	규칙	gyu-chik
táctica (f)	전술	jeon-sul
estadio (m)	경기장	gyeong-gi-jang
gradería (f)	관람석	gwal-lam-seok

| hincha (m) | 서포터 | seo-po-teo |
| gritar (vi) | 소리 치다 | so-ri chi-da |

| tablero (m) | 스코어보드 | ho-gak |
| tanteo (m) | 점수 | jeom-su |

derrota (f)	패배	pae-bae
perder (vi)	지다	ji-da
empate (m)	무승부	mu-seung-bu
empatar (vi)	무승부로 끝나다	mu-seung-bu-ro kkeun-na-da

victoria (f)	승리	seung-ni
ganar (vi)	이기다	i-gi-da
campeón (m)	챔피언	chaem-pi-eon
mejor (adj)	최고의	choe-go-ui
felicitar (vt)	축하하다	chuk-a-ha-da

| comentarista (m) | 해설가 | hae-seol-ga |
| comentar (vt) | 실황 방송을 하다 | sil-hwang bang-song-eul ha-da |

| transmisión (f) | 방송 | bang-song |

137. El esquí

esquís (m pl)	스키	seu-ki
esquiar (vi)	스키를 타다	seu-ki-reul ta-da
estación (f) de esquí	스키 리조트	seu-ki ri-jo-teu
telesquí (m)	리프트	ri-peu-teu

bastones (m pl)	스키 폴	seu-ki pol
cuesta (f)	슬로프	seul-lo-peu
eslalon (m)	슬랄롬	seul-lal-lom

138. El tenis. El golf

golf (m)	골프	gol-peu
club (m) de golf	골프채	gol-peu-chae
jugador (m) de golf	골퍼	gol-peo

hoyo (m)	홀	hol
palo (m)	골프채	gol-peu-chae
carro (m) de golf	골프백카트	gol-peu-baek-ka-teu

| tenis (m) | 테니스 | te-ni-seu |
| cancha (f) de tenis | 테니스장 | te-ni-seu-jang |

| saque (m) | 서브 | seo-beu |
| sacar (servir) | 서브하다 | seo-beu-ha-da |

raqueta (f)	라켓	ra-ket
red (f)	네트	ne-teu
pelota (f)	공	gong

139. El ajedrez

ajedrez (m)	체스	che-seu
piezas (f pl)	체스의 말	che-seu-ui mal
ajedrecista (m)	체스 선수	che-seu seon-su
tablero (m) de ajedrez	체스판	che-seu-pan
pieza (f)	체스의 말	che-seu-ui mal
blancas (f pl)	백	baek
negras (f pl)	흑	heuk
peón (m)	폰	pon
alfil (m)	비숍	bi-syop
caballo (m)	나이트	na-i-teu
torre (f)	룩	ruk
reina (f)	퀸	kwin
rey (m)	킹	king
jugada (f)	두기	du-gi
jugar (mover una pieza)	말을 옮기다	ma-reul rom-gi-da
sacrificar (vt)	희생시키다	hui-saeng-si-ki-da
enroque (m)	캐슬링	kae-seul-ling
jaque (m)	체크	che-keu
mate (m)	체크메이트	che-keu-me-i-teu
torneo (m) de ajedrez	체스 토너먼트	che-seu to-neo-meon-teu
gran maestro (m)	그랜드 마스터	geu-raen-deu ma-seu-teo
combinación (f)	조합	jo-hap
partida (f)	판	pan
damas (f pl)	체커	che-keo

140. El boxeo

boxeo (m)	권투	gwon-tu
combate (m) (~ de boxeo)	회전	hoe-jeon
asalto (m)	라운드	ra-un-deu
cuadrilátero (m)	링	ring
campana (f)	공	gong
golpe (m)	펀치	peon-chi
knockdown (m)	녹다운	nok-da-un
nocaut (m)	녹아웃	no-ga-ut
noquear (vt)	녹아웃 시키다	no-ga-ut si-ki-da
guante (m) de boxeo	권투 글러브	gwon-tu geul-leo-beu
árbitro (m)	부심	bu-sim
peso (m) ligero	라이트급	ra-i-teu-geup
peso (m) medio	미들급	mi-deul-geup
peso (m) pesado	헤비급	he-bi-geup

141. Los deportes. Miscelánea

Juegos (m pl) Olímpicos	올림픽	ol-lim-pik
vencedor (m)	승리자	seung-ni-ja
vencer (vi)	이기고 있다	i-gi-go it-da
ganar (vi)	이기다	i-gi-da
líder (m)	선두	seon-du
liderar (vt)	선두를 달리다	seon-du-reul dal-li-da
primer puesto (m)	일등	il-deung
segundo puesto (m)	준우승	seu-ko-eo-bo-deu
tercer puesto (m)	3위	sam-wi
medalla (f)	메달	me-dal
trofeo (m)	트로피	teu-ro-pi
copa (f) (trofeo)	우승컵	u-seung-keop
premio (m)	상	sang
premio (m) principal	최고 상품	choe-go sang-pum
record (m)	기록	gi-rok
establecer un record	기록을 세우다	gi-ro-geul se-u-da
final (m)	결승전	gyeol-seung-jeon
de final (adj)	마지막의	ma-ji-ma-gui
campeón (m)	챔피언	chaem-pi-eon
campeonato (m)	선수권	seon-su-gwon
estadio (m)	경기장	gyeong-gi-jang
gradería (f)	관람석	gwal-lam-seok
hincha (m)	서포터	seo-po-teo
adversario (m)	상대	sang-dae
arrancadero (m)	출발점	chul-bal-jeom
línea (f) de meta	결승점	gyeol-seung-jeom
derrota (f)	패배	pae-bae
perder (vi)	지다	ji-da
árbitro (m)	심판	sim-pan
jurado (m)	배심원단	bae-si-mwon-dan
cuenta (f)	점수	jeom-su
empate (m)	무승부	mu-seung-bu
empatar (vi)	무승부로 끝나다	mu-seung-bu-ro kkeun-na-da
punto (m)	점수	jeom-su
resultado (m)	결과	gyeol-gwa
descanso (m)	하프 타임	ha-peu ta-im
droga (f), doping (m)	도핑	do-ping
penalizar (vt)	처벌하다	cheo-beol-ha-da
descalificar (vt)	실격시키다	sil-gyeok-si-ki-da
aparato (m)	기구	gi-gu
jabalina (f)	투창	tu-chang

| peso (m) (lanzamiento de ~) | 포환 | po-hwan |
| bola (f) (billar, etc.) | 공 | gong |

objetivo (m)	목표	mok-pyo
blanco (m)	과녁	gwa-nyeok
tirar (vi)	쏘다	sso-da
preciso (~ disparo)	정확한	jeong-hwak-an

entrenador (m)	코치	ko-chi
entrenar (vt)	훈련하다	hul-lyeon-ha-da
entrenarse (vr)	훈련하다	hul-lyeon-ha-da
entrenamiento (m)	훈련	hul-lyeon

gimnasio (m)	헬스장	hel-seu-jang
ejercicio (m)	운동, 연습	un-dong, yeon-seup
calentamiento (m)	워밍업	wo-ming-eop

La educación

escuela (f)	학교	hak-gyo
director (m) de escuela	교장	gyo-jang
alumno (m)	남학생	nam-hak-saeng
alumna (f)	여학생	yeo-hak-saeng
escolar (m)	남학생	nam-hak-saeng
escolar (f)	여학생	yeo-hak-saeng
enseñar (vt)	가르치다	ga-reu-chi-da
aprender (ingles, etc.)	배우다	bae-u-da
aprender de memoria	암기하다	am-gi-ha-da
aprender (a leer, etc.)	배우다	bae-u-da
estar en la escuela	재학 중이다	jae-hak jung-i-da
ir a la escuela	학교에 가다	hak-gyo-e ga-da
alfabeto (m)	알파벳	al-pa-bet
materia (f)	과목	gwa-mok
aula (f)	교실	gyo-sil
lección (f)	수업	su-eop
recreo (m)	쉬는 시간	swi-neun si-gan
campana (f)	수업종	su-eop-jong
pupitre (m)	학교 책상	hak-gyo chaek-sang
pizarra (f)	칠판	chil-pan
nota (f)	성적	seong-jeok
buena nota (f)	좋은 성적	jo-eun seong-jeok
mala nota (f)	나쁜 성적	na-ppeun seong-jeok
poner una nota	성적을 매기다	seong-jeo-geul mae-gi-da
falta (f)	실수	sil-su
hacer faltas	실수하다	sil-su-ha-da
corregir (un error)	고치다	go-chi-da
chuleta (f)	커닝 페이퍼	keo-ning pe-i-peo
deberes (m pl) de casa	숙제	suk-je
ejercicio (m)	연습 문제	yeon-seup mun-je
estar presente	출석하다	chul-seok-a-da
estar ausente	결석하다	gyeol-seok-a-da
castigar (vt)	처벌하다	cheo-beol-ha-da
castigo (m)	벌	beol
conducta (f)	처신	cheo-sin
libreta (f) de notas	성적표	seong-jeok-pyo

lápiz (m)	연필	yeon-pil
goma (f) de borrar	지우개	ji-u-gae
tiza (f)	분필	bun-pil
cartuchera (f)	필통	pil-tong

mochila (f)	책가방	chaek-ga-bang
bolígrafo (m)	펜	pen
cuaderno (m)	노트	no-teu

| manual (m) | 교과서 | gyo-gwa-seo |
| compás (m) | 컴퍼스 | keom-peo-seu |

| trazar (vi, vt) | 제도하다 | je-do-ha-da |
| dibujo (m) técnico | 건축 도면 | geon-chuk do-myeon |

poema (m), poesía (f)	시	si
de memoria (adv)	외워서	oe-wo-seo
aprender de memoria	암기하다	am-gi-ha-da

| vacaciones (f pl) | 학교 방학 | bang-hak |
| estar de vacaciones | 방학 중이다 | bang-hak jung-i-da |

prueba (f) escrita	필기 시험	pil-gi si-heom
composición (f)	논술	non-sul
dictado (m)	받아쓰기 시험	ba-da-sseu-gi si-heom

examen (m)	시험	si-heom
hacer un examen	시험을 보다	si-heo-meul bo-da
experimento (m)	실험	sil-heom

143. Los institutos. La Universidad

academia (f)	아카데미	a-ka-de-mi
universidad (f)	대학교	dae-hak-gyo
facultad (f)	교수진	gyo-su-jin

estudiante (m)	대학생	dae-hak-saeng
estudiante (f)	여대생	yeo-dae-saeng
profesor (m)	강사	gang-sa

| aula (f) | 교실 | gyo-sil |
| graduado (m) | 졸업생 | jo-reop-saeng |

| diploma (m) | 졸업증 | jo-reop-jeung |
| tesis (f) de grado | 학위 논문 | ha-gwi non-mun |

| estudio (m) | 연구 | yeon-gu |
| laboratorio (m) | 연구실 | yeon-gu-sil |

| clase (f) | 강의 | gang-ui |
| compañero (m) de curso | 대학 동급생 | dae-hak dong-geup-saeng |

| beca (f) | 장학금 | jang-hak-geum |
| grado (m) académico | 학위 | ha-gwi |

144. Las ciencias. Las disciplinas

matemáticas (f pl)	수학	su-hak
álgebra (f)	대수학	dae-su-hak
geometría (f)	기하학	gi-ha-hak
astronomía (f)	천문학	cheon-mun-hak
biología (f)	생물학	saeng-mul-hak
geografía (f)	지리학	ji-ri-hak
geología (f)	지질학	ji-jil-hak
historia (f)	역사학	yeok-sa-hak
medicina (f)	의학	ui-hak
pedagogía (f)	교육학	gyo-yuk-ak
derecho (m)	법학	beo-pak
física (f)	물리학	mul-li-hak
química (f)	화학	hwa-hak
filosofía (f)	철학	cheol-hak
psicología (f)	심리학	sim-ni-hak

145. Los sistemas de escritura. La ortografía

gramática (f)	문법	mun-beop
vocabulario (m)	어휘	eo-hwi
fonética (f)	음성학	eum-seong-hak
sustantivo (m)	명사	myeong-sa
adjetivo (m)	형용사	hyeong-yong-sa
verbo (m)	동사	dong-sa
adverbio (m)	부사	bu-sa
pronombre (m)	대명사	dae-myeong-sa
interjección (f)	감탄사	gam-tan-sa
preposición (f)	전치사	jeon-chi-sa
raíz (f), radical (m)	어근	eo-geun
desinencia (f)	어미	eo-mi
prefijo (m)	접두사	jeop-du-sa
sílaba (f)	음절	eum-jeol
sufijo (m)	접미사	jeom-mi-sa
acento (m)	강세	gang-se
apóstrofo (m)	아포스트로피	a-po-seu-teu-ro-pi
punto (m)	마침표	ma-chim-pyo
coma (m)	쉼표	swim-pyo
punto y coma	세미콜론	se-mi-kol-lon
dos puntos (m pl)	콜론	kol-lon
puntos (m pl) suspensivos	말줄임표	mal-ju-rim-pyo
signo (m) de interrogación	물음표	mu-reum-pyo
signo (m) de admiración	느낌표	neu-kkim-pyo

comillas (f pl)	따옴표	tta-om-pyo
entre comillas	따옴표 안에	tta-om-pyo a-ne
paréntesis (m)	괄호	gwal-ho
entre paréntesis	괄호 속에	gwal-ho so-ge

guión (m)	하이픈	ha-i-peun
raya (f)	대시	jul-pyo
blanco (m)	공백 문자	gong-baek mun-ja

| letra (f) | 글자 | geul-ja |
| letra (f) mayúscula | 대문자 | dae-mun-ja |

| vocal (f) | 모음 | mo-eum |
| consonante (m) | 자음 | ja-eum |

oración (f)	문장	mun-jang
sujeto (m)	주어	ju-eo
predicado (m)	서술어	seo-su-reo

línea (f)	줄	jul
en una nueva línea	줄을 바꾸어	ju-reul ba-kku-eo
párrafo (m)	단락	dal-lak

palabra (f)	단어	dan-eo
combinación (f) de palabras	문구	mun-gu
expresión (f)	표현	pyo-hyeon
sinónimo (m)	동의어	dong-ui-eo
antónimo (m)	반의어	ban-ui-eo

regla (f)	규칙	gyu-chik
excepción (f)	예외	ye-oe
correcto (adj)	맞는	man-neun

conjugación (f)	활용	hwa-ryong
declinación (f)	어형 변화	eo-hyeong byeon-hwa
caso (m)	격	gyeok
pregunta (f)	질문	jil-mun
subrayar (vt)	밑줄을 긋다	mit-ju-reul geut-da
línea (f) de puntos	점선	jeom-seon

146. Los idiomas extranjeros

lengua (f)	언어	eon-eo
lengua (f) extranjera	외국어	oe-gu-geo
estudiar (vt)	공부하다	gong-bu-ha-da
aprender (ingles, etc.)	배우다	bae-u-da

leer (vi, vt)	읽다	ik-da
hablar (vi, vt)	말하다	mal-ha-da
comprender (vt)	이해하다	i-hae-ha-da
escribir (vt)	쓰다	sseu-da

| rápidamente (adv) | 빨리 | ppal-li |
| lentamente (adv) | 천천히 | cheon-cheon-hi |

con fluidez (adv)	유창하게	yu-chang-ha-ge
reglas (f pl)	규칙	gyu-chik
gramática (f)	문법	mun-beop
vocabulario (m)	어휘	eo-hwi
fonética (f)	음성학	eum-seong-hak

manual (m)	교과서	gyo-gwa-seo
diccionario (m)	사전	sa-jeon
manual (m) autodidáctico	자습서	ja-seup-seo
guía (f) de conversación	회화집	hoe-hwa-jip

casete (m)	테이프	te-i-peu
videocasete (f)	비디오테이프	bi-di-o-te-i-peu
disco compacto, CD (m)	씨디	ssi-di
DVD (m)	디비디	di-bi-di

alfabeto (m)	알파벳	al-pa-bet
deletrear (vt)	… 의 철자이다	… ui cheol-ja-i-da
pronunciación (f)	발음	ba-reum

acento (m)	악센트	ak-sen-teu
con acento	사투리로	sa-tu-ri-ro
sin acento	억양 없이	eo-gyang eop-si

| palabra (f) | 단어 | dan-eo |
| significado (m) | 의미 | ui-mi |

cursos (m pl)	강좌	gang-jwa
inscribirse (vr)	등록하다	deung-nok-a-da
profesor (m) (~ de inglés)	강사	gang-sa

traducción (f) (proceso)	번역	beo-nyeok
traducción (f) (texto)	번역	beo-nyeok
traductor (m)	번역가	beo-nyeok-ga
intérprete (m)	통역가	tong-yeok-ga

| políglota (m) | 수개 국어를 말하는 사람 | su-gae gu-geo-reul mal-ha-neun sa-ram |
| memoria (f) | 기억력 | gi-eong-nyeok |

147. Los personajes de los cuentos de hadas

| Papá Noel (m) | 산타클로스 | san-ta-keul-lo-seu |
| sirena (f) | 인어 | in-eo |

mago (m)	마법사	ma-beop-sa
maga (f)	요정	yo-jeong
mágico (adj)	마법의	ma-beo-bui
varita (f) mágica	마술 지팡이	ma-sul ji-pang-i

cuento (m) de hadas	동화	dong-hwa
milagro (m)	기적	gi-jeok
enano (m)	난쟁이	nan-jaeng-i
transformarse en …	… 으로 변하다	… eu-ro byeon-ha-da

espíritu (m) (fantasma)	유령, 귀신	yu-ryeong, gwi-sin
fantasma (m)	유령	yu-ryeong
monstruo (m)	괴물	goe-mul
dragón (m)	용	yong
gigante (m)	거인	geo-in

148. Los signos de zodiaco

Aries (m)	양자리	yang-ja-ri
Tauro (m)	황소자리	hwang-so-ja-ri
Géminis (m pl)	쌍둥이자리	ssang-dung-i-ja-ri
Cáncer (m)	게자리	ge-ja-ri
Leo (m)	사자자리	sa-ja-ja-ri
Virgo (m)	처녀자리	cheo-nyeo-ja-ri

Libra (f)	천칭자리	cheon-ching-ja-ri
Escorpio (m)	전갈자리	jeon-gal-ja-ri
Sagitario (m)	궁수자리	gung-su-ja-ri
Capricornio (m)	염소자리	yeom-so-ja-ri
Acuario (m)	물병자리	mul-byeong-ja-ri
Piscis (m pl)	물고기자리	mul-go-gi-ja-ri

carácter (m)	성격	seong-gyeok
rasgos (m pl) de carácter	성격특성	seong-gyeok-teuk-seong
conducta (f)	행동	haeng-dong
decir la buenaventura	점치다	jeom-chi-da
adivinadora (f)	점쟁이	jeom-jaeng-i
horóscopo (m)	천궁도	cheon-gung-do

El arte

149. **El teatro**

teatro (m)	극장	geuk-jang
ópera (f)	오페라	o-pe-ra
opereta (f)	오페레타	o-pe-re-ta
ballet (m)	발레	bal-le
cartelera (f)	포스터, 벽보	po-seu-teo, byeok-bo
compañía (f) de teatro	공연단	gong-yeon-dan
gira (f) artística	순회	sun-hoe
hacer una gira artística	투어를 가다	tu-eo-reul ga-da
ensayar (vi, vt)	리허설 하다	ri-heo-seol ha-da
ensayo (m)	리허설	ri-heo-seol
repertorio (m)	레퍼토리	re-peo-to-ri
representación (f)	공연	gong-yeon
espectáculo (m)	연극 공연	yeon-geuk gong-yeon
pieza (f) de teatro	연극	yeon-geuk
billet (m)	표, 입장권	pyo, ip-jang-gwon
taquilla (f)	매표소	mae-pyo-so
vestíbulo (m)	로비	ro-bi
guardarropa (f)	휴대품 보관소	hyu-dae-pum bo-gwan-so
ficha (f) de guardarropa	보관소 꼬리표	bo-gwan-so kko-ri-pyo
gemelos (m pl)	오페라 글라스	o-pe-ra geul-la-seu
acomodador (m)	좌석 안내원	jwa-seok gan-nae-won
patio (m) de butacas	일반 객석	il-ban gaek-seok
balconcillo (m)	발코니석	bal-ko-ni-seok
entresuelo (m)	특등석	teuk-deung-seok
palco (m)	특별석	teuk-byeol-seok
fila (f)	열	yeol
asiento (m)	자리	ja-ri
público (m)	청중	cheong-jung
espectador (m)	관중	gwan-jung
aplaudir (vi, vt)	박수하다	bak-su-ha-da
aplausos (m pl)	박수	bak-su
ovación (f)	박수 갈채	bak-su gal-chae
escenario (m)	무대	mu-dae
telón (m)	커튼	keo-teun
decoración (f)	무대 배경	mu-dae bae-gyeong
bastidores (m pl)	백스테이지	baek-seu-te-i-ji
escena (f)	장면	jang-myeon
acto (m)	막	mak
entreacto (m)	막간	mak-gan

150. El cine

actor (m)	배우	bae-u
actriz (f)	여배우	yeo-bae-u
película (f)	영화	yeong-hwa
episodio (m)	부작	bu-jak
película (f) policíaca	탐정 영화	tam-jeong yeong-hwa
película (f) de acción	액션 영화	aek-syeon nyeong-hwa
película (f) de aventura	모험 영화	mo-heom myeong-hwa
película (f) de ciencia ficción	공상과학영화	SF yeong-hwa
película (f) de horror	공포 영화	gong-po yeong-hwa
película (f) cómica	코미디 영화	ko-mi-di yeong-hwa
melodrama (m)	멜로드라마	mel-lo-deu-ra-ma
drama (m)	드라마	deu-ra-ma
película (f) de ficción	극영화	geu-gyeong-hwa
documental (m)	다큐멘터리	da-kyu-men-teo-ri
dibujos (m pl) animados	만화영화	man-hwa-yeong-hwa
cine (m) mudo	무성영화	mu-seong-yeong-hwa
papel (m)	역할	yeok-al
papel (m) principal	주역	ju-yeok
interpretar (vt)	연기하다	yeon-gi-ha-da
estrella (f) de cine	영화 스타	yeong-hwa seu-ta
conocido (adj)	유명한	yu-myeong-han
famoso (adj)	유명한	yu-myeong-han
popular (adj)	인기 있는	in-gi in-neun
guión (m) de cine	시나리오	si-na-ri-o
guionista (m)	시나리오 작가	si-na-ri-o jak-ga
director (m) de cine	영화감독	yeong-hwa-gam-dok
productor (m)	제작자	je-jak-ja
asistente (m)	보조자	bo-jo-ja
operador (m) de cámara	카메라맨	ka-me-ra-maen
doble (m) de riesgo	스턴트 맨	seu-teon-teu maen
filmar una película	영화를 촬영하다	yeong-hwa-reul chwa-ryeong-ha-da
audición (f)	오디션	o-di-syeon
rodaje (m)	촬영	chwa-ryeong
equipo (m) de rodaje	영화 제작팀	yeong-hwa je-jak-tim
plató (m) de rodaje	영화 세트	yeong-hwa se-teu
cámara (f)	카메라	ka-me-ra
cine (m) (iremos al ~)	영화관	yeong-hwa-gwan
pantalla (f)	스크린	seu-keu-rin
mostrar la película	영화를 상영하다	yeong-hwa-reul sang-yeong-ha-da
pista (f) sonora	사운드트랙	sa-un-deu-teu-raek
efectos (m pl) especiales	특수 효과	teuk-su hyo-gwa

subtítulos (m pl)	자막	ja-mak
créditos (m pl)	엔딩 크레딧	en-ding keu-re-dit
traducción (f)	번역	beo-nyeok

151. La pintura

arte (m)	예술	ye-sul
bellas artes (f pl)	미술	mi-sul
galería (f) de arte	미술관	mi-sul-gwan
exposición (f) de arte	미술 전시회	mi-sul jeon-si-hoe

pintura (f) (tipo de arte)	회화	hoe-hwa
gráfica (f)	그래픽 아트	geu-rae-pik ga-teu
abstraccionismo (m)	추상파	chu-sang-pa
impresionismo (m)	인상파	in-sang-pa

pintura (f) (cuadro)	그림	geu-rim
dibujo (m)	선화	seon-hwa
pancarta (f)	포스터	po-seu-teo

ilustración (f)	삽화	sa-pwa
miniatura (f)	세밀화	se-mil-hwa
copia (f)	복제품	bok-je-pum
reproducción (f)	복사	bok-sa

mosaico (m)	모자이크	mo-ja-i-keu
vitral (m)	스테인드 글라스	seu-te-in-deu geul-la-seu
fresco (m)	프레스코화	peu-re-seu-ko-hwa
grabado (m)	판화	pan-hwa

busto (m)	흉상	hyung-sang
escultura (f)	조각	jo-gak
estatua (f)	조상	jo-sang
yeso (m)	석고	seok-go
en yeso (adj)	석고의	seok-go-ui

retrato (m)	초상화	cho-sang-hwa
autorretrato (m)	자화상	ja-hwa-sang
paisaje (m)	풍경화	pung-gyeong-hwa
naturaleza (f) muerta	정물화	jeong-mul-hwa
caricatura (f)	캐리커처	kae-ri-keo-cheo

pintura (f) (material)	물감	mul-gam
acuarela (f)	수채 물감	su-chae mul-gam
óleo (m)	유화 물감	yu-hwa mul-gam
lápiz (m)	연필	yeon-pil
tinta (f) china	먹물	meong-mul
carboncillo (m)	목탄	mok-tan

dibujar (vi, vt)	그리다	geu-ri-da
pintar (vi, vt)	그리다	geu-ri-da

posar (vi)	포즈를 취하다	po-jeu-reul chwi-ha-da
modelo (m)	화가의 모델	hwa-ga-ui mo-del

modelo (f)	화가의 모델	hwa-ga-ui mo-del
pintor (m)	화가	hwa-ga
obra (f) de arte	미술 작품	mi-sul jak-pum
obra (f) maestra	걸작	geol-jak
estudio (m) (de un artista)	작업실	ja-geop-sil

lienzo (m)	캔버스	kaen-beo-seu
caballete (m)	이젤	i-jel
paleta (f)	팔레트	pal-le-teu

marco (m)	액자	aek-ja
restauración (f)	복원	bo-gwon
restaurar (vt)	복원하다	bo-gwon-ha-da

152. La literatura y la poesía

literatura (f)	문학	mun-hak
autor (m) (escritor)	작가	jak-ga
seudónimo (m)	필명	pil-myeong

libro (m)	책	chaek
tomo (m)	권	gwon
tabla (f) de contenidos	목차	mok-cha
página (f)	페이지	pe-i-ji
héroe (m) principal	주인공	ju-in-gong
autógrafo (m)	사인	sa-in

relato (m) corto	단편 소설	dan-pyeon so-seol
cuento (m)	소설	so-seol
novela (f)	장편 소설	jang-pyeon so-seol
obra (f) literaria	작품	jak-pum
fábula (f)	우화	u-hwa
novela (f) policíaca	추리 소설	chu-ri so-seol

verso (m)	시	si
poesía (f)	시	si
poema (m)	서사시	seo-sa-si
poeta (m)	시인	si-in

bellas letras (f pl)	픽션	pik-syeon
ciencia ficción (f)	공상과학소설	gong-sang-gwa-hak-so-seol
aventuras (f pl)	모험 소설	mo-heom so-seol
literatura (f) didáctica	교육 문학	gyo-yuk mun-hak
literatura (f) infantil	아동 문학	a-dong mun-hak

153. El circo

circo (m)	서커스	seo-keo-seu
circo (m) ambulante	순회 서커스	sun-hoe seo-keo-seu
programa (m)	프로그램	peu-ro-geu-raem
representación (f)	공연	gong-yeon
número (m)	공연	gong-yeon

arena (f)	무대	mu-dae
pantomima (f)	판토마임	pan-to-ma-im
payaso (m)	어릿광대	eo-rit-gwang-dae
acróbata (m)	곡예사	go-gye-sa
acrobacia (f)	곡예	go-gye
gimnasta (m)	체조선수	che-jo-seon-su
gimnasia (f) acrobática	체조	che-jo
salto (m)	공중제비	gong-jung-je-bi
forzudo (m)	힘 자랑하는 사나이	him ja-rang-ha-neun sa-na-i
domador (m)	조련사	jo-ryeon-sa
caballista (m)	곡마사	gong-ma-sa
asistente (m)	조수	jo-su
truco (m)	묘기	myo-gi
truco (m) de magia	마술	ma-sul
ilusionista (m)	마술사	ma-sul-sa
malabarista (m)	저글러	jeo-geul-leo
malabarear (vt)	저글링 하다	jeo-geul-ling ha-da
amaestrador (m)	조련사	jo-ryeon-sa
amaestramiento (m)	조련	jo-ryeon
amaestrar (vt)	가르치다	ga-reu-chi-da

154. La música. La música popular

música (f)	음악	eum-ak
músico (m)	음악가	eum-ak-ga
instrumento (m) musical	악기	ak-gi
tocar …	… 을 연주하다	… eul ryeon-ju-ha-da
guitarra (f)	기타	gi-ta
violín (m)	바이올린	ba-i-ol-lin
violonchelo (m)	첼로	chel-lo
contrabajo (m)	콘트라베이스	kon-teu-ra-be-i-seu
arpa (f)	하프	ha-peu
piano (m)	피아노	pi-a-no
piano (m) de cola	그랜드 피아노	geu-raen-deu pi-a-no
órgano (m)	오르간	o-reu-gan
instrumentos (m pl) de viento	관악기	gwan-ak-gi
oboe (m)	오보에	o-bo-e
saxofón (m)	색소폰	saek-so-pon
clarinete (m)	클라리넷	keul-la-ri-net
flauta (f)	플루트	peul-lu-teu
trompeta (f)	트럼펫	teu-reom-pet
acordeón (m)	아코디언	a-ko-di-eon
tambor (m)	북	buk
dúo (m)	이중주	i-jung-ju
trío (m)	삼중주	sam-jung-ju

cuarteto (m)	사중주	sa-jung-ju
coro (m)	합창단	hap-chang-dan
orquesta (f)	오케스트라	o-ke-seu-teu-ra
música (f) pop	대중 음악	dae-jung eum-ak
música (f) rock	록 음악	rok geu-mak
grupo (m) de rock	록 그룹	rok geu-rup
jazz (m)	재즈	jae-jeu
ídolo (m)	아이돌	a-i-dol
admirador (m)	팬	paen
concierto (m)	콘서트	kon-seo-teu
sinfonía (f)	교향곡	gyo-hyang-gok
composición (f)	작품	jak-pum
escribir (vt)	작곡하다	jak-gok-a-da
canto (m)	노래	no-rae
canción (f)	노래	no-rae
melodía (f)	멜로디	mel-lo-di
ritmo (m)	리듬	ri-deum
blues (m)	블루스	beul-lu-seu
notas (f pl)	악보	ak-bo
batuta (f)	지휘봉	ji-hwi-bong
arco (m)	활	hwal
cuerda (f)	현	hyeon
estuche (m)	케이스	ke-i-seu

El descanso. El entretenimiento. El viaje

155. Las vacaciones. El viaje

turismo (m)	관광	gwan-gwang
turista (m)	관광객	gwan-gwang-gaek
viaje (m)	여행	yeo-haeng
aventura (f)	모험	mo-heom
viaje (m) (p.ej. ~ en coche)	여행	yeo-haeng
vacaciones (f pl)	휴가	hyu-ga
estar de vacaciones	휴가 중이다	hyu-ga jung-i-da
descanso (m)	휴양	hyu-yang
tren (m)	기차	gi-cha
en tren	기차로	gi-cha-ro
avión (m)	비행기	bi-haeng-gi
en avión	비행기로	bi-haeng-gi-ro
en coche	자동차로	ja-dong-cha-ro
en barco	배로	bae-ro
equipaje (m)	짐, 수하물	jim, su-ha-mul
maleta (f)	여행 가방	yeo-haeng ga-bang
carrito (m) de equipaje	수하물 카트	su-ha-mul ka-teu
pasaporte (m)	여권	yeo-gwon
visado (m)	비자	bi-ja
billete (m)	표	pyo
billete (m) de avión	비행기표	bi-haeng-gi-pyo
guía (f) (libro)	여행 안내서	yeo-haeng an-nae-seo
mapa (m)	지도	ji-do
área (f) (~ rural)	지역	ji-yeok
lugar (m)	곳	got
exotismo (m)	이국	i-guk
exótico (adj)	이국적인	i-guk-jeo-gin
asombroso (adj)	놀라운	nol-la-un
grupo (m)	무리	mu-ri
excursión (f)	견학, 관광	gyeon-hak, gwan-gwang
guía (m) (persona)	가이드	ga-i-deu

156. El hotel

hotel (m), motel (m)	호텔	ho-tel
motel (m)	모텔	mo-tel
de tres estrellas	3성급	sam-seong-geub

de cinco estrellas	5성급	o-seong-geub
hospedarse (vr)	머무르다	meo-mu-reu-da
habitación (f)	객실	gaek-sil
habitación (f) individual	일인실	i-rin-sil
habitación (f) doble	더블룸	deo-beul-lum
reservar una habitación	방을 예약하다	bang-eul rye-yak-a-da
media pensión (f)	하숙	ha-suk
pensión (f) completa	식사 제공	sik-sa je-gong
con baño	욕조가 있는	yok-jo-ga in-neun
con ducha	샤워가 있는	sya-wo-ga in-neun
televisión (f) satélite	위성 텔레비전	wi-seong tel-le-bi-jeon
climatizador (m)	에어컨	e-eo-keon
toalla (f)	수건	su-geon
llave (f)	열쇠	yeol-soe
administrador (m)	관리자	gwal-li-ja
camarera (f)	객실 청소부	gaek-sil cheong-so-bu
maletero (m)	포터	po-teo
portero (m)	도어맨	do-eo-maen
restaurante (m)	레스토랑	re-seu-to-rang
bar (m)	바	ba
desayuno (m)	아침식사	a-chim-sik-sa
cena (f)	저녁식사	jeo-nyeok-sik-sa
buffet (m) libre	뷔페	bwi-pe
vestíbulo (m)	로비	ro-bi
ascensor (m)	엘리베이터	el-li-be-i-teo
NO MOLESTAR	방해하지 마세요	bang-hae-ha-ji ma-se-yo
PROHIBIDO FUMAR	금연	geu-myeon

157. Los libros. La lectura

libro (m)	책	chaek
autor (m)	저자	jeo-ja
escritor (m)	작가	jak-ga
escribir (~ un libro)	쓰다	sseu-da
lector (m)	독자	dok-ja
leer (vi, vt)	읽다	ik-da
lectura (f)	독서	dok-seo
en silencio	묵독 (~을 하다)	muk-dok
en voz alta	큰소리로	keun-so-ri-ro
editar (vt)	발행하다	bal-haeng-ha-da
edición (f) (~ de libros)	발행	bal-haeng
editor (m)	출판인	chul-pan-in
editorial (f)	출판사	chul-pan-sa
salir (libro)	출간되다	chul-gan-doe-da

salida (f) (de un libro)	발표	bal-pyo
tirada (f)	인쇄 부수	in-swae bu-su
librería (f)	서점	seo-jeom
biblioteca (f)	도서관	do-seo-gwan
cuento (m)	소설	so-seol
relato (m) corto	단편 소설	dan-pyeon so-seol
novela (f)	장편 소설	jang-pyeon so-seol
novela (f) policíaca	추리 소설	chu-ri so-seol
memorias (f pl)	회상록	hoe-sang-nok
leyenda (f)	전설	jeon-seol
mito (m)	신화	sin-hwa
versos (m pl)	시	si
autobiografía (f)	자서전	ja-seo-jeon
obras (f pl) escogidas	선집	seon-jip
ciencia ficción (f)	공상과학소설	gong-sang-gwa-hak-so-seol
título (m)	제목	je-mok
introducción (f)	서문	seo-mun
portada (f)	속표지	sok-pyo-ji
capítulo (m)	장	jang
extracto (m)	발췌	bal-chwe
episodio (m)	장면	jang-myeon
sujeto (m)	줄거리	jul-geo-ri
contenido (m)	내용	nae-yong
tabla (f) de contenidos	목차	mok-cha
héroe (m) principal	주인공	ju-in-gong
tomo (m)	권	gwon
cubierta (f)	표지	pyo-ji
encuadernado (m)	장정	jang-jeong
marcador (m) de libro	서표	seo-pyo
página (f)	페이지	pe-i-ji
hojear (vt)	페이지를 넘기다	pe-i-ji-reul leom-gi-da
márgenes (m pl)	여백	yeo-baek
anotación (f)	주석	ju-seok
nota (f) a pie de página	각주	gak-ju
texto (m)	본문	bon-mun
fuente (f)	활자, 서체	hwal-ja, seo-che
errata (f)	오타	o-ta
traducción (f)	번역	beo-nyeok
traducir (vt)	번역하다	beo-nyeok-a-da
original (m)	원본	won-bon
famoso (adj)	유명한	yu-myeong-han
desconocido (adj)	잘 알려지지 않은	jal ral-lyeo-ji-ji a-neun
interesante (adj)	재미있는	jae-mi-in-neun
best-seller (m)	베스트셀러	be-seu-teu-sel-leo

diccionario (m)	사전	sa-jeon
manual (m)	교과서	gyo-gwa-seo
enciclopedia (f)	백과사전	baek-gwa-sa-jeon

158. La caza. La pesca

caza (f)	사냥	sa-nyang
cazar (vi, vt)	사냥하다	sa-nyang-ha-da
cazador (m)	사냥꾼	sa-nyang-kkun

tirar (vi)	쏘다	sso-da
fusil (m)	장총	jang-chong
cartucho (m)	탄환	tan-hwan
perdigón (m)	산탄	san-tan

cepo (m)	덫	deot
trampa (f)	덫	deot
poner un cepo	덫을 놓다	deo-cheul lo-ta

cazador (m) furtivo	밀렵자	mil-lyeop-ja
caza (f) menor	사냥감	sa-nyang-gam
perro (m) de caza	사냥개	sa-nyang-gae

| safari (m) | 사파리 | sa-pa-ri |
| animal (m) disecado | 박제 | bak-je |

pescador (m)	낚시꾼	nak-si-kkun
pesca (f)	낚시	nak-si
pescar (vi)	낚시질하다	nak-si-jil-ha-da

caña (f) de pescar	낚싯대	nak-sit-dae
sedal (m)	낚싯줄	nak-sit-jul
anzuelo (m)	바늘	ba-neul

| flotador (m) | 찌 | jji |
| cebo (m) | 미끼 | mi-kki |

| lanzar el anzuelo | 낚싯줄을 던지다 | nak-sit-ju-reul deon-ji-da |
| picar (vt) | 미끼를 물다 | mi-kki-reul mul-da |

| pesca (f) (lo pescado) | 어획고 | eo-hoek-go |
| agujero (m) en el hielo | 얼음구멍 | eo-reum-gu-meong |

red (f)	그물	geu-mul
barca (f)	보트	bo-teu
pescar con la red	그물로 잡다	geu-mul-lo jap-da

| tirar la red | 그물을 던지다 | geu-mu-reul deon-ji-da |
| sacar la red | 그물을 끌어당기다 | geu-mu-reul kkeu-reo-dang-gi-da |

ballenero (m) (persona)	포경선원	po-gyeong-seon-won
ballenero (m) (barco)	포경선	po-gyeong-seon
arpón (m)	작살	jak-sal

159. Los juegos. El billar

billar (m)	당구	dang-gu
sala (f) de billar	당구장	dang-gu-jang
bola (f) de billar	공	gong
entronerar la bola	공을 넣다	gong-eul leo-ta
taco (m)	큐	kyu
tronera (f)	구멍	gu-meong

160. Los juegos. Las cartas

carta (f)	카드	ka-deu
cartas (f pl)	카드	ka-deu
baraja (f)	카드 한 벌	ka-deu han beol
triunfo (m)	으뜸패	eu-tteum-pae
cuadrados (m pl)	스페이드	seu-pe-i-deu
picas (f pl)	스페이드	seu-pe-i-deu
corazones (m pl)	하트	ha-teu
tréboles (m pl)	클럽	keul-leop
as (m)	에이스	e-i-seu
rey (m)	왕	wang
dama (f)	퀸	kwin
sota (f)	잭	jaek
dar, distribuir (repartidor)	돌리다	dol-li-da
barajar (vt) (mezclar las cartas)	카드를 섞다	ka-deu-reul seok-da
jugada (f) (turno)	차례	cha-rye
fullero (m)	카드 판의 사기꾼	ka-deu pan-ui sa-gi-kkun

161. El casino. La ruleta

casino (m)	카지노	ka-ji-no
ruleta (f)	룰렛	rul-let
puesta (f)	내기	nae-gi
apostar (vt)	돈을 걸다	do-neul geol-da
rojo (m)	적색	jeok-saek
negro (m)	흑색	heuk-saek
apostar al rojo	레드에 돈을 걸다	re-deu-e do-neul geol-da
apostar al negro	블랙에 돈을 걸다	beul-lae-ge do-neul geol-da
crupier (m, f)	딜러	dil-leo
reglas (f pl) de juego	규칙	gyu-chik
ficha (f)	칩	chip
ganar (vi, vt)	돈을 따다	do-neul tta-da
ganancia (f)	딴 돈	ttan don

| perder (vi) | 잃다 | il-ta |
| pérdida (f) | 손해 | son-hae |

jugador (m)	플레이어	peul-le-i-eo
black jack (m)	블랙잭	beul-laek-jaek
juego (m) de dados	크랩 게임	keu-raep ge-im
tragaperras (f)	슬롯머신	seul-lon-meo-sin

162. El descanso. Los juegos. Miscelánea

pasear (vi)	산책하다	san-chaek-a-da
paseo (m) (caminata)	산책	san-chaek
paseo (m) (en coche)	드라이브	deu-ra-i-beu
aventura (f)	모험	mo-heom
picnic (m)	소풍, 피크닉	so-pung, pi-keu-nik

juego (m)	게임	ge-im
jugador (m)	선수	seon-su
partido (m)	게임	ge-im

coleccionista (m)	수집가	su-jip-ga
coleccionar (vt)	수집하다	su-ji-pa-da
colección (f)	수집	su-jip

crucigrama (m)	크로스워드	keu-ro-seu-wo-deu
hipódromo (m)	경마장	gyeong-ma-jang
discoteca (f)	클럽	keul-leop

| sauna (f) | 사우나 | sa-u-na |
| lotería (f) | 복권 | bok-gwon |

marcha (f)	캠핑	kaem-ping
campo (m)	캠프	kaem-peu
campista (m)	야영객	ya-yeong-gaek
tienda (f) de campaña	텐트	ten-teu
brújula (f)	나침반	na-chim-ban

ver (la televisión)	시청하다	si-cheong-ha-da
telespectador (m)	시청자	si-cheong-ja
programa (m) de televisión	방송 프로그램	bang-song peu-ro-geu-raem

163. La fotografía

| cámara (f) fotográfica | 카메라 | ka-me-ra |
| fotografía (f) (una foto) | 사진 | sa-jin |

fotógrafo (m)	사진 작가	sa-jin jak-ga
estudio (m) fotográfico	사진관	sa-jin-gwan
álbum (m) de fotos	사진 앨범	sa-jin ael-beom

| objetivo (m) | 카메라 렌즈 | ka-me-ra ren-jeu |
| teleobjetivo (m) | 망원 렌즈 | mang-won len-jeu |

143

| filtro (m) | 필터 | pil-teo |
| lente (m) | 렌즈 | ren-jeu |

óptica (f)	렌즈	ren-jeu
diafragma (m)	조리개	jo-ri-gae
tiempo (m) de exposición	셔터 속도	syeo-teo sok-do
visor (m)	파인더	pa-in-deo

cámara (f) digital	디지털 카메라	di-ji-teol ka-me-ra
trípode (m)	삼각대	sam-gak-dae
flash (m)	플래시	peul-lae-si

fotografiar (vt)	사진을 찍다	sa-ji-neul jjik-da
hacer fotos	사진을 찍다	sa-ji-neul jjik-da
fotografiarse (vr)	사진을 찍다	sa-ji-neul jjik-da

foco (m)	포커스	po-keo-seu
enfocar (vt)	초점을 맞추다	cho-jeo-meul mat-chu-da
nítido (adj)	선명한	seon-myeong-han
nitidez (f)	선명성	seon-myeong-seong

| contraste (m) | 대비 | dae-bi |
| de alto contraste (adj) | 대비의 | dae-bi-ui |

foto (f)	사진	sa-jin
negativo (m)	음화	eum-hwa
película (f) fotográfica	사진 필름	sa-jin pil-leum
fotograma (m)	한 장면	han jang-myeon
imprimir (vt)	인화하다	in-hwa-ha-da

164. La playa. La natación

playa (f)	해변, 바닷가	hae-byeon, ba-dat-ga
arena (f)	모래	mo-rae
desierto (playa ~a)	황량한	hwang-nyang-han

bronceado (m)	선탠	seon-taen
broncearse (vr)	선탠을 하다	seon-tae-neul ha-da
bronceado (adj)	햇볕에 탄	haet-byeo-te tan
protector (m) solar	자외선 차단제	ja-oe-seon cha-dan-je

bikini (m)	비키니	bi-ki-ni
traje (m) de baño	수영복	su-yeong-bok
bañador (m)	수영복	su-yeong-bok

piscina (f)	수영장	su-yeong-jang
nadar (vi)	수영하다	su-yeong-ha-da
ducha (f)	샤워	sya-wo
cambiarse (vr)	옷을 갈아입다	os-eul ga-ra-ip-da
toalla (f)	수건	su-geon

barca (f)	보트	bo-teu
lancha (f) motora	모터보트	mo-teo-bo-teu
esquís (m pl) acuáticos	수상 스키	su-sang seu-ki

bicicleta (f) acuática	수상 자전거	su-sang ja-jeon-geo
surf (m)	서핑	seo-ping
surfista (m)	서퍼	seo-peo
equipo (m) de buceo	스쿠버 장비	seu-ku-beo jang-bi
aletas (f pl)	오리발	o-ri-bal
máscara (f) de buceo	잠수마스크	jam-su-ma-seu-keu
buceador (m)	잠수부	jam-su-bu
bucear (vi)	잠수하다	jam-su-ha-da
bajo el agua (adv)	수중	su-jung
sombrilla (f)	파라솔	pa-ra-sol
tumbona (f)	선베드	seon-be-deu
gafas (f pl) de sol	선글라스	seon-geul-la-seu
colchoneta (f) inflable	에어 매트	e-eo mae-teu
jugar (divertirse)	놀다	nol-da
bañarse (vr)	수영하다	su-yeong-ha-da
pelota (f) de playa	비치볼	bi-chi-bol
inflar (vt)	부풀리다	bu-pul-li-da
inflable (colchoneta ~)	부풀릴 수 있는	bu-pul-lil su in-neun
ola (f)	파도	pa-do
boya (f)	부표	bu-pyo
ahogarse (vr)	익사하다	ik-sa-ha-da
salvar (vt)	구조하다	gu-jo-ha-da
chaleco (m) salvavidas	구명조끼	gu-myeong-jo-kki
observar (vt)	지켜보다	ji-kyeo-bo-da
socorrista (m)	구조원	gu-jo-won

EL EQUIPO TÉCNICO. EL TRANSPORTE

El equipo técnico

165. El computador

ordenador (m)	컴퓨터	keom-pyu-teo
ordenador (m) portátil	노트북	no-teu-buk
encender (vt)	켜다	kyeo-da
apagar (vt)	끄다	kkeu-da
teclado (m)	키보드	ki-bo-deu
tecla (f)	키	ki
ratón (m)	마우스	ma-u-seu
alfombrilla (f) para ratón	마우스 패드	ma-u-seu pae-deu
botón (m)	버튼	beo-teun
cursor (m)	커서	keo-seo
monitor (m)	모니터	mo-ni-teo
pantalla (f)	화면, 스크린	hwa-myeon
disco (m) duro	하드 디스크	ha-deu di-seu-keu
volumen (m) de disco duro	하드 디스크 용량	ha-deu di-seu-keu yong-nyang
memoria (f)	메모리	me-mo-ri
memoria (f) operativa	램	raem
archivo, fichero (m)	파일	pa-il
carpeta (f)	폴더	pol-deo
abrir (vt)	열다	yeol-da
cerrar (vt)	닫다	dat-da
guardar (un archivo)	저장하다	jeo-jang-ha-da
borrar (vt)	삭제하다	sak-je-ha-da
copiar (vt)	복사하다	bok-sa-ha-da
ordenar (vt) (~ de A a Z, etc.)	정렬하다	jeong-nyeol-ha-da
transferir (vt)	전송하다	jeon-song-ha-da
programa (m)	프로그램	peu-ro-geu-raem
software (m)	소프트웨어	so-peu-teu-we-eo
programador (m)	프로그래머	peu-ro-geu-rae-meo
programar (vt)	프로그램을 작성하다	peu-ro-geu-rae-meul jak-seong-ha-da
hacker (m)	해커	hae-keo
contraseña (f)	비밀번호	bi-mil-beon-ho
virus (m)	바이러스	ba-i-reo-seu

detectar (vt)	발견하다	bal-gyeon-ha-da
octeto, byte (m)	바이트	ba-i-teu
megaocteto (m)	메가바이트	me-ga-ba-i-teu

datos (m pl)	데이터	de-i-teo
base (f) de datos	데이터베이스	de-i-teo-be-i-seu

cable (m)	케이블	ke-i-beul
desconectar (vt)	연결해제하다	yeon-gyeol-hae-je-ha-da
conectar (vt)	연결하다	yeon-gyeol-ha-da

166. El internet. El correo electrónico

internet (m), red (f)	인터넷	in-teo-net
navegador (m)	브라우저	beu-ra-u-jeo
buscador (m)	검색 엔진	geom-saek gen-jin
proveedor (m)	인터넷 서비스 제공자	in-teo-net seo-bi-seu je-gong-ja

webmaster (m)	웹마스터	wem-ma-seu-teo
sitio (m) web	웹사이트	wep-sa-i-teu
página (f) web	웹페이지	wep-pe-i-ji

dirección (f)	주소	ju-so
libro (m) de direcciones	주소록	ju-so-rok

buzón (m)	우편함	u-pyeon-ham
correo (m)	메일	me-il

mensaje (m)	메시지	me-si-ji
expedidor (m)	발송인	bal-song-in
enviar (vt)	보내다	bo-nae-da
envío (m)	발송	bal-song
destinatario (m)	수신인	su-sin-in
recibir (vt)	받다	bat-da

correspondencia (f)	서신 교환	seo-sin gyo-hwan
escribirse con ...	편지를 주고 받다	pyeon-ji-reul ju-go bat-da

archivo, fichero (m)	파일	pa-il
descargar (vt)	다운받다	da-un-bat-da
crear (vt)	창조하다	chang-jo-ha-da
borrar (vt)	삭제하다	sak-je-ha-da
borrado (adj)	삭제된	sak-je-doen

conexión (f) (ADSL, etc.)	연결	yeon-gyeol
velocidad (f)	속도	sok-do
acceso (m)	접속	jeop-sok
puerto (m)	포트	po-teu

conexión (f) (establecer la ~)	연결	yeon-gyeol
conectarse a ...	… 에 연결하다	… e yeon-gyeol-ha-da
seleccionar (vt)	선택하다	seon-taek-a-da
buscar (vt)	… 를 검색하다	… reul geom-saek-a-da

167. La electricidad

electricidad (f)	전기	jeon-gi
eléctrico (adj)	전기의	jeon-gi-ui
central (f) eléctrica	발전소	bal-jeon-so
energía (f)	에너지	e-neo-ji
energía (f) eléctrica	전력	jeol-lyeok
bombilla (f)	전구	jeon-gu
linterna (f)	손전등	son-jeon-deung
farola (f)	가로등	ga-ro-deung
luz (f)	전깃불	jeon-git-bul
encender (vt)	켜다	kyeo-da
apagar (vt)	끄다	kkeu-da
apagar la luz	불을 끄다	bu-reul kkeu-da
quemarse (vr)	끊어지다	kkeu-neo-ji-da
circuito (m) corto	쇼트	syo-teu
ruptura (f)	절단	jeol-dan
contacto (m)	접촉	jeop-chok
interruptor (m)	스위치	seu-wi-chi
enchufe (m)	소켓	so-ket
clavija (f)	플러그	peul-leo-geu
alargador (m)	연장 코드	yeon-jang ko-deu
fusible (m)	퓨즈	pyu-jeu
cable, hilo (m)	전선	jeon-seon
instalación (f) eléctrica	배선	bae-seon
amperio (m)	암페어	am-pe-eo
amperaje (m)	암페어수	am-pe-eo-su
voltio (m)	볼트	bol-teu
voltaje (m)	전압	jeon-ap
aparato (m) eléctrico	전기기구	jeon-gi-gi-gu
indicador (m)	센서	sen-seo
electricista (m)	전기 기사	jeon-gi gi-sa
soldar (vt)	납땜하다	nap-ttaem-ha-da
soldador (m)	납땜인두	nap-ttaem-in-du
corriente (f)	전류	jeol-lyu

168. Las herramientas

instrumento (m)	공구	gong-gu
instrumentos (m pl)	공구	gong-gu
maquinaria (f)	장비	jang-bi
martillo (m)	망치	mang-chi
destornillador (m)	나사돌리개	na-sa-dol-li-gae
hacha (f)	도끼	do-kki

sierra (f)	톱	top
serrar (vt)	톱을 켜다	to-beul kyeo-da
cepillo (m)	대패	dae-pae
cepillar (vt)	대패질하다	dae-pae-jil-ha-da
soldador (m)	납땜인두	nap-ttaem-in-du
soldar (vt)	납땜하다	nap-ttaem-ha-da
lima (f)	줄	jul
tenazas (f pl)	집게	jip-ge
alicates (m pl)	펜치	pen-chi
escoplo (m)	끌	kkeul
broca (f)	드릴 비트	deu-ril bi-teu
taladro (m)	전동 드릴	jeon-dong deu-ril
taladrar (vi, vt)	뚫다	ttul-ta
cuchillo (m)	칼, 나이프	kal, na-i-peu
filo (m)	칼날	kal-lal
agudo (adj)	날카로운	nal-ka-ro-un
embotado (adj)	무딘	mu-din
embotarse (vr)	무뎌지다	mu-dyeo-ji-da
afilar (vt)	갈다	gal-da
perno (m)	볼트	bol-teu
tuerca (f)	너트	neo-teu
filete (m)	나사산	na-sa-san
tornillo (m)	나사못	na-sa-mot
clavo (m)	못	mot
cabeza (f) del clavo	못대가리	mot-dae-ga-ri
regla (f)	자	ja
cinta (f) métrica	줄자	jul-ja
nivel (m) de burbuja	수준기	su-jun-gi
lupa (f)	돋보기	dot-bo-gi
aparato (m) de medida	계측기	gye-cheuk-gi
medir (vt)	측정하다	cheuk-jeong-ha-da
escala (f) (~ métrica)	눈금	nun-geum
lectura (f)	판독값	pan-dok-gap
compresor (m)	컴프레서	keom-peu-re-seo
microscopio (m)	현미경	hyeon-mi-gyeong
bomba (f) (~ de agua)	펌프	peom-peu
robot (m)	로봇	ro-bot
láser (m)	레이저	re-i-jeo
llave (f) de tuerca	스패너	seu-pae-neo
cinta (f) adhesiva	스카치 테이프	seu-ka-chi te-i-peu
cola (f), pegamento (m)	접착제	jeop-chak-je
papel (m) de lija	사포	sa-po
imán (m)	자석	ja-seok
guantes (m pl)	장갑	jang-gap

cuerda (f)	밧줄	bat-jul
cordón (m)	끈	kkeun
hilo (m) (~ eléctrico)	전선	jeon-seon
cable (m)	케이블	ke-i-beul
almádana (f)	슬레지해머	seul-le-ji-hae-meo
barra (f)	쇠지레	soe-ji-re
escalera (f) portátil	사다리	sa-da-ri
escalera (f) de tijera	접사다리	jeop-sa-da-ri
atornillar (vt)	돌려서 조이다	dol-lyeo-seo jo-i-da
destornillar (vt)	열리다	yeol-li-da
apretar (vt)	조이다	jo-i-da
pegar (vt)	붙이다	bu-chi-da
cortar (vt)	자르다	ja-reu-da
fallo (m)	고장	go-jang
reparación (f)	수리	su-ri
reparar (vt)	보수하다	bo-su-ha-da
regular, ajustar (vt)	조절하다	jo-jeol-ha-da
verificar (vt)	확인하다	hwa-gin-ha-da
control (m)	확인	hwa-gin
lectura (f) (~ del contador)	판독값	pan-dok-gap
fiable (máquina)	믿을 만한	mi-deul man-han
complicado (adj)	복잡한	bok-ja-pan
oxidarse (vr)	녹이 슬다	no-gi seul-da
oxidado (adj)	녹이 슨	no-gi seun
óxido (m)	녹	nok

El transporte

avión (m)	비행기	bi-haeng-gi
billete (m) de avión	비행기표	bi-haeng-gi-pyo
compañía (f) aérea	항공사	hang-gong-sa
aeropuerto (m)	공항	gong-hang
supersónico (adj)	초음속의	cho-eum-so-gui
piloto (m)	비행사	bi-haeng-sa
azafata (f)	승무원	seung-mu-won
navegador (m)	항법사	hang-beop-sa
alas (f pl)	날개	nal-gae
cola (f)	꼬리	kko-ri
cabina (f)	조종석	jo-jong-seok
motor (m)	엔진	en-jin
tren (m) de aterrizaje	착륙 장치	chang-nyuk jang-chi
turbina (f)	터빈	teo-bin
hélice (f)	추진기	chu-jin-gi
caja (f) negra	블랙박스	beul-laek-bak-seu
timón (m)	조종간	jo-jong-gan
combustible (m)	연료	yeol-lyo
instructivo (m) de seguridad	안전 안내서	an-jeon an-nae-seo
respirador (m) de oxígeno	산소 마스크	san-so ma-seu-keu
uniforme (m)	제복	je-bok
chaleco (m) salvavidas	구명조끼	gu-myeong-jo-kki
paracaídas (m)	낙하산	nak-a-san
despegue (m)	이륙	i-ryuk
despegar (vi)	이륙하다	i-ryuk-a-da
pista (f) de despegue	활주로	hwal-ju-ro
visibilidad (f)	시계	si-gye
vuelo (m)	비행	bi-haeng
altura (f)	고도	go-do
pozo (m) de aire	에어 포켓	e-eo po-ket
asiento (m)	자리	ja-ri
auriculares (m pl)	헤드폰	he-deu-pon
mesita (f) plegable	접는 테이블	jeom-neun te-i-beul
ventana (f)	창문	chang-mun
pasillo (m)	통로	tong-no

170. El tren

tren (m)	기차, 열차	gi-cha, nyeol-cha
tren (m) de cercanías	통근 열차	tong-geun nyeol-cha
tren (m) rápido	급행 열차	geu-paeng yeol-cha
locomotora (f) diésel	디젤 기관차	di-jel gi-gwan-cha
tren (m) de vapor	증기 기관차	jeung-gi gi-gwan-cha
coche (m)	객차	gaek-cha
coche (m) restaurante	식당차	sik-dang-cha
rieles (m pl)	레일	re-il
ferrocarril (m)	철도	cheol-do
traviesa (f)	침목	chim-mok
plataforma (f)	플랫폼	peul-laet-pom
vía (f)	길	gil
semáforo (m)	신호기	sin-ho-gi
estación (f)	역	yeok
maquinista (m)	기관사	gi-gwan-sa
maletero (m)	포터	po-teo
mozo (m) del vagón	차장	cha-jang
pasajero (m)	승객	seung-gaek
revisor (m)	검표원	geom-pyo-won
corredor (m)	통로	tong-no
freno (m) de urgencia	비상 브레이크	bi-sang beu-re-i-keu
compartimiento (m)	침대차	chim-dae-cha
litera (f)	침대	chim-dae
litera (f) de arriba	윗침대	wit-chim-dae
litera (f) de abajo	아래 침대	a-rae chim-dae
ropa (f) de cama	침구	chim-gu
billete (m)	표	pyo
horario (m)	시간표	si-gan-pyo
pantalla (f) de información	안내 전광판	an-nae jeon-gwang-pan
partir (vi)	떠난다	tteo-na-da
partida (f) (del tren)	출발	chul-bal
llegar (tren)	도착하다	do-chak-a-da
llegada (f)	도착	do-chak
llegar en tren	기차로 도착하다	gi-cha-ro do-chak-a-da
tomar el tren	기차에 타다	gi-cha-e ta-da
bajar del tren	기차에서 내리다	gi-cha-e-seo nae-ri-da
descarrilamiento (m)	기차 사고	gi-cha sa-go
tren (m) de vapor	증기 기관차	jeung-gi gi-gwan-cha
fogonero (m)	화부	hwa-bu
hogar (m)	화실	hwa-sil
carbón (m)	석탄	seok-tan

171. El barco

| barco, buque (m) | 배 | bae |
| navío (m) | 배 | bae |

buque (m) de vapor	증기선	jeung-gi-seon
motonave (f)	강배	gang-bae
trasatlántico (m)	크루즈선	keu-ru-jeu-seon
crucero (m)	순양함	su-nyang-ham

| yate (m) | 요트 | yo-teu |
| remolcador (m) | 예인선 | ye-in-seon |

| velero (m) | 범선 | beom-seon |
| bergantín (m) | 쌍돛대 범선 | ssang-dot-dae beom-seon |

| rompehielos (m) | 쇄빙선 | swae-bing-seon |
| submarino (m) | 잠수함 | jam-su-ham |

bote (m) de remo	보트	bo-teu
bote (m)	종선	jong-seon
bote (m) salvavidas	구조선	gu-jo-seon
lancha (f) motora	모터보트	mo-teo-bo-teu

capitán (m)	선장	seon-jang
marinero (m)	수부	su-bu
marino (m)	선원	seon-won
tripulación (f)	승무원	seung-mu-won

contramaestre (m)	갑판장	gap-pan-jang
cocinero (m) de abordo	요리사	yo-ri-sa
médico (m) del buque	선의	seon-ui

cubierta (f)	갑판	gap-pan
mástil (m)	돛대	dot-dae
vela (f)	돛	dot

bodega (f)	화물칸	hwa-mul-kan
proa (f)	이물	i-mul
popa (f)	고물	go-mul
remo (m)	노	no
hélice (f)	스크루	seu-keu-ru

camarote (m)	선실	seon-sil
sala (f) de oficiales	사관실	sa-gwan-sil
sala (f) de máquinas	엔진실	en-jin-sil
sala (f) de radio	무전실	mu-jeon-sil
onda (f)	전파	jeon-pa

anteojo (m)	망원경	mang-won-gyeong
campana (f)	종	jong
bandera (f)	기	gi

| cabo (m) (maroma) | 밧줄 | bat-jul |
| nudo (m) | 매듭 | mae-deup |

pasamano (m)	난간	nan-gan
pasarela (f)	사다리	sa-da-ri
ancla (f)	닻	dat
levar ancla	닻을 올리다	da-cheul rol-li-da
echar ancla	닻을 내리다	da-cheul lae-ri-da
cadena (f) del ancla	닻줄	dat-jul
puerto (m)	항구	hang-gu
embarcadero (m)	부두	bu-du
amarrar (vt)	정박시키다	jeong-bak-si-ki-da
desamarrar (vt)	출항하다	chul-hang-ha-da
viaje (m)	여행	yeo-haeng
crucero (m) (viaje)	크루즈	keu-ru-jeu
derrota (f) (rumbo)	항로	hang-no
itinerario (m)	노선	no-seon
canal (m) navegable	항로	hang-no
bajío (m)	얕은 곳	ya-teun got
encallar (vi)	좌초하다	jwa-cho-ha-da
tempestad (f)	폭풍우	pok-pung-u
señal (f)	신호	sin-ho
hundirse (vr)	가라앉다	ga-ra-an-da
SOS	조난 신호	jo-nan sin-ho
aro (m) salvavidas	구명부환	gu-myeong-bu-hwan

172. El aeropuerto

aeropuerto (m)	공항	gong-hang
avión (m)	비행기	bi-haeng-gi
compañía (f) aérea	항공사	hang-gong-sa
controlador (m) aéreo	관제사	gwan-je-sa
despegue (m)	출발	chul-bal
llegada (f)	도착	do-chak
llegar (en avión)	도착하다	do-chak-a-da
hora (f) de salida	출발시간	chul-bal-si-gan
hora (f) de llegada	도착시간	do-chak-si-gan
retrasarse (vr)	연기되다	yeon-gi-doe-da
retraso (m) de vuelo	항공기 지연	hang-gong-gi ji-yeon
pantalla (f) de información	안내 전광판	an-nae jeon-gwang-pan
información (f)	정보	jeong-bo
anunciar (vt)	알리다	al-li-da
vuelo (m)	비행편	bi-haeng-pyeon
aduana (f)	세관	se-gwan
aduanero (m)	세관원	se-gwan-won
declaración (f) de aduana	세관신고서	se-gwan-sin-go-seo
rellenar la declaración	세관 신고서를 작성하다	se-gwan sin-go-seo-reul jak-seong-ha-da

control (m) de pasaportes	여권 검사	yeo-gwon geom-sa
equipaje (m)	짐, 수하물	jim, su-ha-mul
equipaje (m) de mano	휴대 가능 수하물	hyu-dae ga-neung su-ha-mul
carrito (m) de equipaje	수하물 카트	su-ha-mul ka-teu

aterrizaje (m)	착륙	chang-nyuk
pista (f) de aterrizaje	활주로	hwal-ju-ro
aterrizar (vi)	착륙하다	chang-nyuk-a-da
escaleras (f pl) (de avión)	승강계단	seung-gang-gye-dan

facturación (f) (check-in)	체크인	che-keu-in
mostrador (m) de facturación	체크인 카운터	che-keu-in ka-un-teo
hacer el check-in	체크인하다	che-keu-in-ha-da
tarjeta (f) de embarque	탑승권	tap-seung-gwon
puerta (f) de embarque	탑승구	tap-seung-gu

tránsito (m)	트랜싯, 환승	teu-raen-sit, hwan-seung
esperar (aguardar)	기다리다	gi-da-ri-da
zona (f) de preembarque	공항 라운지	gong-hang na-un-ji
despedir (vt)	배웅하다	bae-ung-ha-da
despedirse (vr)	작별인사를 하다	jak-byeo-rin-sa-reul ha-da

173. La bicicleta. La motocicleta

bicicleta (f)	자전거	ja-jeon-geo
scooter (m)	스쿠터	seu-ku-teo
motocicleta (f)	오토바이	o-to-ba-i

ir en bicicleta	자전거로 가다	ja-jeon-geo-ro ga-da
manillar (m)	핸들	haen-deul
pedal (m)	페달	pe-dal
frenos (m pl)	브레이크	beu-re-i-keu
sillín (m)	안장	an-jang

bomba (f)	펌프	peom-peu
portaequipajes (m)	짐 선반	jim seon-ban
faro (m)	라이트	ra-i-teu
casco (m)	헬멧	hel-met

rueda (f)	바퀴	ba-kwi
guardabarros (m)	펜더	pen-deo
llanta (f)	테	te
rayo (m)	바퀴살	ba-kwi-sal

Los coches

coche (m)	자동차	ja-dong-cha
coche (m) deportivo	스포츠카	seu-po-cheu-ka
limusina (f)	리무진	ri-mu-jin
todoterreno (m)	오프로드 카	o-peu-ro-deu ka
cabriolé (m)	오픈카	o-peun-ka
microbús (m)	승합차	seung-hap-cha
ambulancia (f)	응급차	eung-geup-cha
quitanieves (m)	제설차	je-seol-cha
camión (m)	트럭	teu-reok
camión (m) cisterna	유조차	yu-jo-cha
camioneta (f)	유개 화물차	yu-gae hwa-mul-cha
cabeza (f) tractora	트랙터	teu-raek-teo
remolque (m)	트레일러	teu-re-il-leo
confortable (adj)	편안한	pyeon-an-han
de ocasión (adj)	중고의	jung-go-ui

capó (m)	보닛	bo-nit
guardabarros (m)	펜더	pen-deo
techo (m)	지붕	ji-bung
parabrisas (m)	전면 유리	jeon-myeon nyu-ri
espejo (m) retrovisor	백미러	baeng-mi-reo
limpiador (m)	워셔	wo-syeo
limpiaparabrisas (m)	와이퍼	wa-i-peo
ventana (f) lateral	옆 유리창	yeop pyu-ri-chang
elevalunas (m)	파워윈도우	pa-wo-win-do-u
antena (f)	안테나	an-te-na
techo (m) solar	선루프	seol-lu-peu
parachoques (m)	범퍼	beom-peo
maletero (m)	트렁크	teu-reong-keu
puerta (f)	차문	cha-mun
tirador (m) de puerta	도어핸들	do-eo-haen-deul
cerradura (f)	도어락	do-eo-rak
matrícula (f)	번호판	beon-ho-pan
silenciador (m)	머플러	meo-peul-leo

tanque (m) de gasolina	연료 탱크	yeol-lyo taeng-keu
tubo (m) de escape	배기관	bae-gi-gwan
acelerador (m)	액셀	aek-sel
pedal (m)	페달	pe-dal
pedal (m) de acelerador	액셀 페달	aek-sel pe-dal
freno (m)	브레이크	beu-re-i-keu
pedal (m) de freno	브레이크 페달	beu-re-i-keu pe-dal
frenar (vi)	브레이크를 밟다	beu-re-i-keu-reul bap-da
freno (m) de mano	주차 브레이크	ju-cha beu-re-i-keu
embrague (m)	클러치	keul-leo-chi
pedal (m) de embrague	클러치 페달	keul-leo-chi pe-dal
disco (m) de embrague	클러치 디스크	keul-leo-chi di-seu-keu
amortiguador (m)	완충장치	wan-chung-jang-chi
rueda (f)	바퀴	ba-kwi
rueda (f) de repuesto	스페어 타이어	seu-pe-eo ta-i-eo
neumático (m)	타이어	ta-i-eo
tapacubo (m)	휠캡	hwil-kaep
ruedas (f pl) motrices	구동륜	gu-dong-nyun
de tracción delantera	전륜 구동의	jeol-lyun gu-dong-ui
de tracción trasera	후륜 구동의	hu-ryun gu-dong-ui
de tracción integral	사륜 구동의	sa-ryun gu-dong-ui
caja (f) de cambios	변속기	byeon-sok-gi
automático (adj)	자동의	ja-dong-ui
mecánico (adj)	기계식의	gi-gye-si-gui
palanca (f) de cambios	기어	gi-eo
faro (m) delantero	헤드라이트	he-deu-ra-i-teu
faros (m pl)	헤드라이트	he-deu-ra-i-teu
luz (f) de cruce	하향등	ha-hyang-deung
luz (f) de carretera	상향등	sang-hyang-deung
luz (f) de freno	브레이크 등	beu-re-i-keu deung
luz (f) de posición	미등	mi-deung
luces (f pl) de emergencia	비상등	bi-sang-deung
luces (f pl) antiniebla	안개등	an-gae-deung
intermitente (m)	방향지시등	bang-hyang-ji-si-deung
luz (f) de marcha atrás	후미등	hu-mi-deung

176. El coche. El compartimiento de pasajeros

habitáculo (m)	내부	nae-bu
de cuero (adj)	가죽의	ga-ju-gui
de felpa (adj)	벨루어의	bel-lu-eo-ui
tapizado (m)	커버	keo-beo
instrumento (m)	계기	gye-gi
salpicadero (m)	계기반	gye-gi-ban

| velocímetro (m) | 속도계 | sok-do-gye |
| aguja (f) | 지침 | ji-chim |

cuentakilómetros (m)	주행기록계	ju-haeng-gi-rok-gye
indicador (m)	센서	sen-seo
nivel (m)	레벨	re-bel
testigo (m) (~ luminoso)	경고등	gyeong-go-deung

volante (m)	핸들	haen-deul
bocina (f)	경적	gyeong-jeok
botón (m)	버튼	beo-teun
interruptor (m)	스위치	seu-wi-chi

asiento (m)	좌석	jwa-seok
respaldo (m)	등받이	deung-ba-ji
reposacabezas (m)	머리 받침	meo-ri bat-chim
cinturón (m) de seguridad	안전 벨트	an-jeon bel-teu
abrocharse el cinturón	안전 벨트를 매다	an-jeon bel-teu-reul mae-da
reglaje (m)	조절	jo-jeol

| bolsa (f) de aire (airbag) | 에어백 | e-eo-baek |
| climatizador (m) | 에어컨 | e-eo-keon |

radio (m)	라디오	ra-di-o
reproductor (m) de CD	씨디 플레이어	ssi-di peul-le-i-eo
encender (vt)	켜다	kyeo-da
antena (f)	안테나	an-te-na
guantera (f)	글러브 박스	geul-leo-beu bak-seu
cenicero (m)	재떨이	jae-tteo-ri

177. El coche. El motor

motor (m)	엔진	en-jin
motor (m)	모터	mo-teo
diésel (adj)	디젤의	di-je-rui
a gasolina (adj)	가솔린	ga-sol-lin

volumen (m) del motor	배기량	bae-gi-ryang
potencia (f)	출력	chul-lyeok
caballo (m) de fuerza	마력	ma-ryeok
pistón (m)	피스톤	pi-seu-ton
cilindro (m)	실린더	sil-lin-deo
válvula (f)	밸브	bael-beu

inyector (m)	연료 분사기	yeol-lyo bun-sa-gi
generador (m)	발전기	bal-jeon-gi
carburador (m)	카뷰레터	ka-byu-re-teo
aceite (m) de motor	엔진 오일	en-jin o-il

radiador (m)	라디에이터	ra-di-e-i-teo
liquido (m) refrigerante	냉매	naeng-mae
ventilador (m)	냉각팬	paen
estárter (m)	시동기	si-dong-gi
encendido (m)	점화 장치	jeom-hwa jang-chi

| bujía (f) | 점화플러그 | jeom-hwa-peul-leo-geu |
| fusible (m) | 퓨즈 | pyu-jeu |

batería (f)	배터리	bae-teo-ri
terminal (m)	전극	jeon-geuk
terminal (m) positivo	플러스	peul-leo-seu
terminal (m) negativo	마이너스	ma-i-neo-seu

filtro (m) de aire	공기 필터	gong-gi pil-teo
filtro (m) de aceite	오일 필터	o-il pil-teo
filtro (m) de combustible	연료 필터	yeol-lyo pil-teo

178. El coche. Accidente de tráfico. La reparación

accidente (m)	사고	sa-go
accidente (m) de tráfico	교통 사고	gyo-tong sa-go
chocar contra ...	들이받다	deu-ri-bat-da
tener un accidente	부서지다	bu-seo-ji-da
daño (m)	피해	pi-hae
intacto (adj)	손상 없는	son-sang eom-neun

| averiarse (vr) | 고장 나다 | go-jang na-da |
| remolque (m) (cuerda) | 견인줄 | gyeon-in-jul |

pinchazo (m)	펑크	peong-keu
desinflarse (vr)	펑크 나다	peong-keu na-da
inflar (vt)	타이어 부풀리다	ta-i-eo bu-pul-li-da
presión (f)	압력	am-nyeok
verificar (vt)	확인하다	hwa-gin-ha-da

reparación (f)	수리	su-ri
taller (m)	정비소	jeong-bi-so
parte (f) de repuesto	예비 부품	ye-bi bu-pum
parte (f)	부품	bu-pum

perno (m)	볼트	bol-teu
tornillo (m)	나사	na-sa
tuerca (f)	너트	neo-teu
arandela (f)	와셔	wa-syeo
rodamiento (m)	베어링	be-eo-ring

tubo (m)	파이프	pa-i-peu
junta (f)	개스킷	gae-seu-kit
cable, hilo (m)	전선	jeon-seon

gato (m)	잭	jaek
llave (f) de tuerca	스패너	seu-pae-neo
martillo (m)	망치	mang-chi
bomba (f)	펌프	peom-peu
destornillador (m)	나사돌리개	na-sa-dol-li-gae

extintor (m)	소화기	so-hwa-gi
triángulo (m) de avería	안전 삼각대	an-jeon sam-gak-dae
pararse, calarse (vr)	멎다	meot-da

| parada (f) (del motor) | 정지 | jeong-ji |
| estar averiado | 부서지다 | bu-seo-ji-da |

recalentarse (vr)	과열되다	gwa-yeol-doe-da
estar atascado	막히다	mak-i-da
congelarse (vr)	얼다	eol-da
reventar (vi)	터지다	teo-ji-da

presión (f)	압력	am-nyeok
nivel (m)	레벨	re-bel
flojo (correa ~a)	느슨한	neu-seun-han

abolladura (f)	덴트	den-teu
ruido (m) (en el motor)	똑똑거리는 소음	ttok-ttok-geo-ri-neun so-eum
grieta (f)	균열	gyu-nyeol
rozadura (f)	긁힘	geuk-him

179. El coche. El camino

camino (m)	도로	do-ro
autovía (f)	고속도로	go-sok-do-ro
carretera (f)	고속도로	go-sok-do-ro
dirección (f)	방향	bang-hyang
distancia (f)	거리	geo-ri

puente (m)	다리	da-ri
aparcamiento (m)	주차장	ju-cha-jang
plaza (f)	광장	gwang-jang
intercambiador (m)	인터체인지	in-teo-che-in-ji
túnel (m)	터널	teo-neol

gasolinera (f)	주유소	ju-yu-so
aparcamiento (m)	주차장	ju-cha-jang
surtidor (m)	가솔린 펌프	ga-sol-lin peom-peu
taller (m)	정비소	jeong-bi-so
cargar gasolina	기름을 넣다	gi-reu-meul leo-ta
combustible (m)	연료	yeol-lyo
bidón (m) de gasolina	통	tong

asfalto (m)	아스팔트	a-seu-pal-teu
señalización (f) vial	노면 표지	no-myeon pyo-ji
bordillo (m)	도로 경계석	do-ro gyeong-gye-seok
barrera (f) de seguridad	가드레일	ga-deu-re-il
cuneta (f)	도랑	do-rang
borde (m) de la carretera	길가	gil-ga
farola (f)	가로등	ga-ro-deung

conducir (vi, vt)	운전하다	un-jeon-ha-da
girar (~ a la izquierda)	돌다	dol-da
girar en U	유턴하다	yu-teon-ha-da
marcha (f) atrás	후진 기어	hu-jin gi-eo

| tocar la bocina | 경적을 울리다 | gyeong-jeo-geul rul-li-da |
| bocinazo (m) | 경적 | gyeong-jeok |

atascarse (vr)	빠지다	ppa-ji-da
patinar (vi)	미끄러지다	mi-kkeu-reo-ji-da
parar (el motor)	멈추다	meom-chu-da

velocidad (f)	속도	sok-do
exceder la velocidad	과속으로 달리다	gwa-so-geu-ro dal-li-da
multar (vt)	딱지를 떼다	ttak-ji-reul tte-da
semáforo (m)	신호등	sin-ho-deung
permiso (m) de conducir	운전 면허증	un-jeon myeon-heo-jeung

paso (m) a nivel	십자로	sip-ja-ro
cruce (m)	교차로	gyo-cha-ro
paso (m) de peatones	횡단 보도	hoeng-dan bo-do
zona (f) de peatones	보행자 공간	bo-haeng-ja gong-gan

180. Las señales de tráfico

reglas (f pl) de tránsito	교통 규칙	gyo-tong gyu-chik
señal (m) de tráfico	도로 표지	do-ro pyo-ji
adelantamiento (m)	추월	chu-wol
curva (f)	커브	keo-beu
vuelta (f) en U	유턴	yu-teon
rotonda (f)	로터리	ro-teo-ri

Prohibido el paso	진입 금지	ji-nip geum-ji
Circulación prohibida	통행금지	tong-haeng-geum-ji
Prohibido adelantar	추월 금지	chu-wol geum-ji
Prohibido aparcar	주차금지	ju-cha-geum-ji
Prohibido parar	정차 금지	jeong-cha geum-ji

curva (f) peligrosa	급커브	geup-keo-beu
bajada con fuerte pendiente	내리막경사	nae-ri-mak-gyeong-sa
sentido (m) único	일방통행	il-bang-tong-haeng
paso (m) de peatones	횡단 보도	hoeng-dan bo-do
pavimento (m) deslizante	미끄러운 도로	mi-kkeu-reo-un do-ro
ceda el paso	양보	yang-bo

LA GENTE. ACONTECIMIENTOS DE LA VIDA

fiesta (f)	휴일	hyu-il
fiesta (f) nacional	국경일	guk-gyeong-il
día (m) de fiesta	공휴일	gong-hyu-il
celebrar (vt)	기념하다	gi-nyeom-ha-da
evento (m)	사건	sa-geon
medida (f)	이벤트	i-ben-teu
banquete (m)	연회	yeon-hoe
recepción (f)	리셉션	ri-sep-syeon
festín (m)	연회	yeon-hoe
aniversario (m)	기념일	gi-nyeom-il
jubileo (m)	기념일	gi-nyeom-il
Año (m) Nuevo	새해	sae-hae
¡Feliz Año Nuevo!	새해 복 많이 받으세요!	sae-hae bok ma-ni ba-deu-se-yo!
Papá Noel (m)	산타클로스	san-ta-keul-lo-seu
Navidad (f)	크리스마스	keu-ri-seu-ma-seu
¡Feliz Navidad!	성탄을 축하합니다!	seong-ta-neul chuk-a-ham-ni-da!
árbol (m) de Navidad	크리스마스트리	keu-ri-seu-ma-seu-teu-ri
fuegos (m pl) artificiales	불꽃놀이	bul-kkon-no-ri
boda (f)	결혼식	gyeol-hon-sik
novio (m)	신랑	sil-lang
novia (f)	신부	sin-bu
invitar (vt)	초대하다	cho-dae-ha-da
tarjeta (f) de invitación	초대장	cho-dae-jang
invitado (m)	손님	son-nim
visitar (vt) (a los amigos)	방문하다	bang-mun-ha-da
recibir a los invitados	손님을 맞이하다	son-ni-meul ma-ji-ha-da
regalo (m)	선물	seon-mul
regalar (vt)	선물 하다	seon-mul ha-da
recibir regalos	선물 받다	seon-mul bat-da
ramo (m) de flores	꽃다발	kkot-da-bal
felicitación (f)	축하를	chuk-a-reul
felicitar (vt)	축하하다	chuk-a-ha-da
tarjeta (f) de felicitación	축하 카드	chuk-a ka-deu
enviar una tarjeta	카드를 보내다	ka-deu-reul bo-nae-da

recibir una tarjeta	카드 받다	ka-deu bat-da
brindis (m)	축배	chuk-bae
ofrecer (~ una copa)	대접하다	dae-jeo-pa-da
champaña (f)	샴페인	syam-pe-in

divertirse (vr)	즐기다	jeul-gi-da
diversión (f)	즐거움	jeul-geo-um
alegría (f) (emoción)	기쁜, 즐거움	gi-ppeun, jeul-geo-um

| baile (m) | 춤 | chum |
| bailar (vi, vt) | 춤추다 | chum-chu-da |

| vals (m) | 왈츠 | wal-cheu |
| tango (m) | 탱고 | taeng-go |

182. Los funerales. El entierro

cementerio (m)	묘지	myo-ji
tumba (f)	무덤	mu-deom
cruz (f)	십자가	sip-ja-ga
lápida (f)	묘석	myo-seok
verja (f)	울타리	ul-ta-ri
capilla (f)	채플	chae-peul

muerte (f)	죽음	ju-geum
morir (vi)	죽다	juk-da
difunto (m)	고인	go-in
luto (m)	상	sang

enterrar (vt)	묻다	mut-da
funeraria (f)	장례식장	jang-nye-sik-jang
entierro (m)	장례식	jang-nye-sik

corona (f) funeraria	화환	hwa-hwan
ataúd (m)	관	gwan
coche (m) fúnebre	영구차	yeong-gu-cha
mortaja (f)	수의	su-ui

| urna (f) funeraria | 유골 단지 | yu-gol dan-ji |
| crematorio (m) | 화장장 | hwa-jang-jang |

necrología (f)	부고	bu-go
llorar (vi)	울다	ul-da
sollozar (vi)	흐느껴 울다	heu-neu-kkyeo ul-da

183. La guerra. Los soldados

sección (f)	소대	so-dae
compañía (f)	중대	jung-dae
regimiento (m)	연대	yeon-dae
ejército (m)	군대	gun-dae
división (f)	사단	sa-dan

destacamento (m)	분대	bun-dae
hueste (f)	군대	gun-dae
soldado (m)	군인	gun-in
oficial (m)	장교	jang-gyo
soldado (m) raso	일병	il-byeong
sargento (m)	병장	byeong-jang
teniente (m)	중위	jung-wi
capitán (m)	대위	dae-wi
mayor (m)	소령	so-ryeong
coronel (m)	대령	dae-ryeong
general (m)	장군	jang-gun
marino (m)	선원	seon-won
capitán (m)	대위	dae-wi
contramaestre (m)	갑판장	gap-pan-jang
artillero (m)	포병	po-byeong
paracaidista (m)	낙하산 부대원	nak-a-san bu-dae-won
piloto (m)	조종사	jo-jong-sa
navegador (m)	항법사	hang-beop-sa
mecánico (m)	정비공	jeong-bi-gong
zapador (m)	공병대원	gong-byeong-dae-won
paracaidista (m)	낙하산병	nak-a-san-byeong
explorador (m)	정찰대	jeong-chal-dae
francotirador (m)	저격병	jeo-gyeok-byeong
patrulla (f)	순찰	sun-chal
patrullar (vi, vt)	순찰하다	sun-chal-ha-da
centinela (m)	경비병	gyeong-bi-byeong
guerrero (m)	전사	jeon-sa
patriota (m)	애국자	ae-guk-ja
héroe (m)	영웅	yeong-ung
heroína (f)	여걸	yeo-geol
traidor (m)	매국노	mae-gung-no
desertor (m)	탈영병	ta-ryeong-byeong
desertar (vi)	탈영하다	ta-ryeong-ha-da
mercenario (m)	용병	yong-byeong
recluta (m)	훈련병	hul-lyeon-byeong
voluntario (m)	지원병	ji-won-byeong
muerto (m)	사망자	sa-mang-ja
herido (m)	부상자	bu-sang-ja
prisionero (m)	포로	po-ro

184. La guerra. El ámbito militar. Unidad 1

guerra (f)	전쟁	jeon-jaeng
estar en guerra	참전하다	cham-jeon-ha-da

guerra (f) civil	내전	nae-jeon
pérfidamente (adv)	비겁하게	bi-geo-pa-ge
declaración (f) de guerra	선전 포고	seon-jeon po-go
declarar (~ la guerra)	선포하다	seon-po-ha-da
agresión (f)	침략	chim-nyak
atacar (~ a un país)	공격하다	gong-gyeo-ka-da
invadir (vt)	침략하다	chim-nyak-a-da
invasor (m)	침략자	chim-nyak-ja
conquistador (m)	정복자	jeong-bok-ja
defensa (f)	방어	bang-eo
defender (vt)	방어하다	bang-eo-ha-da
defenderse (vr)	… 를 방어하다	… reul bang-eo-ha-da
enemigo (m)	적	jeok
adversario (m)	원수	won-su
enemigo (adj)	적의	jeo-gui
estrategia (f)	전략	jeol-lyak
táctica (f)	전술	jeon-sul
orden (f)	명령	myeong-nyeong
comando (m)	명령	myeong-nyeong
ordenar (vt)	명령하다	myeong-nyeong-ha-da
misión (f)	임무	im-mu
secreto (adj)	비밀의	bi-mi-rui
batalla (f)	전투	jeon-tu
batalla (f)	전투	jeon-tu
combate (m)	전투	jeon-tu
ataque (m)	공격	gong-gyeok
asalto (m)	돌격	dol-gyeok
tomar por asalto	습격하다	seup-gyeok-a-da
asedio (m), sitio (m)	포위 공격	po-wi gong-gyeok
ofensiva (f)	공세	gong-se
tomar la ofensiva	공격하다	gong-gyeo-ka-da
retirada (f)	퇴각	toe-gak
retirarse (vr)	퇴각하다	toe-gak-a-da
envolvimiento (m)	포위	po-wi
cercar (vt)	둘러싸다	dul-leo-ssa-da
bombardeo (m)	폭격	pok-gyeok
lanzar una bomba	폭탄을 투하하다	pok-ta-neul tu-ha-ha-da
bombear (vt)	폭격하다	pok-gyeok-a-da
explosión (f)	폭발	pok-bal
tiro (m), disparo (m)	발포	bal-po
disparar (vi)	쏘다	sso-da
tiro (m) (de artillería)	사격	sa-gyeok
apuntar a …	겨냥대다	gyeo-nyang-dae-da
encarar (apuntar)	총을 겨누다	chong-eul gyeo-nu-da

alcanzar (el objetivo)	맞히다	ma-chi-da
hundir (vt)	가라앉히다	ga-ra-an-chi-da
brecha (f) (~ en el casco)	구멍	gu-meong
hundirse (vr)	가라앉히다	ga-ra-an-chi-da
frente (m)	전선	jeon-seon
evacuación (f)	철수	cheol-su
evacuar (vt)	대피시키다	dae-pi-si-ki-da
trinchera (f)	참호	cham-ho
alambre (m) de púas	가시철사	ga-si-cheol-sa
barrera (f) (~ antitanque)	장애물	jang-ae-mul
torre (f) de vigilancia	감시탑	gam-si-tap
hospital (m)	군 병원	gun byeong-won
herir (vt)	부상을 입히다	bu-sang-eul ri-pi-da
herida (f)	부상	bu-sang
herido (m)	부상자	bu-sang-ja
recibir una herida	부상을 입다	bu-sang-eul rip-da
grave (herida)	심각한	sim-gak-an

185. La guerra. El ámbito militar. Unidad 2

cautiverio (m)	사로잡힘	sa-ro-ja-pim
capturar (vt)	포로로 하다	po-ro-ro ha-da
estar en cautiverio	사로잡히어	sa-ro-ja-pi-eo
caer prisionero	포로가 되다	po-ro-ga doe-da
campo (m) de concentración	강제 수용소	gang-je su-yong-so
prisionero (m)	포로	po-ro
escapar (de cautiverio)	탈출하다	tal-chul-ha-da
traicionar (vt)	팔아먹다	pa-ra-meok-da
traidor (m)	배반자	bae-ban-ja
traición (f)	배반	bae-ban
fusilar (vt)	총살하다	chong-sal-ha-da
fusilamiento (m)	총살형	chong-sal-hyeong
equipo (m) (uniforme, etc.)	군장	gun-jang
hombrera (f)	계급 견장	gye-geup gyeon-jang
máscara (f) antigás	가스 마스크	ga-seu ma-seu-keu
radio transmisor (m)	군용무전기	gu-nyong-mu-jeon-gi
cifra (f) (código)	암호	am-ho
conspiración (f)	비밀 유지	bi-mil ryu-ji
contraseña (f)	비밀번호	bi-mil-beon-ho
mina (f) terrestre	지뢰	ji-roe
minar (poner minas)	지뢰를 매설하다	ji-roe-reul mae-seol-ha-da
campo (m) minado	지뢰밭	ji-roe-bat
alarma (f) aérea	공습 경보	gong-seup gyeong-bo
alarma (f)	경보	gyeong-bo

señal (f)	신호	sin-ho
cohete (m) de señales	신호탄	sin-ho-tan
estado (m) mayor	본부	bon-bu
reconocimiento (m)	정찰	jeong-chal
situación (f)	정세	jeong-se
informe (m)	보고	bo-go
emboscada (f)	기습	gi-seup
refuerzo (m)	강화	gang-hwa
blanco (m)	과녁	gwa-nyeok
terreno (m) de prueba	성능 시험장	seong-neung si-heom-jang
maniobras (f pl)	군사 훈련	gun-sa hul-lyeon
pánico (m)	공황	gong-hwang
devastación (f)	파멸	pa-myeol
destrucciones (f pl)	파괴	pa-goe
destruir (vt)	파괴하다	pa-goe-ha-da
sobrevivir (vi, vt)	살아남다	sa-ra-nam-da
desarmar (vt)	무장해제하다	mu-jang-hae-je-ha-da
manejar (un arma)	다루다	da-ru-da
¡Firmes!	차려!	cha-ryeo!
¡Descanso!	쉬어!	swi-eo!
hazaña (f)	무훈	mu-hun
juramento (m)	맹세	maeng-se
jurar (vt)	맹세하다	maeng-se-ha-da
condecoración (f)	훈장	hun-jang
condecorar (vt)	훈장을 주다	hun-jang-eul ju-da
medalla (f)	메달	me-dal
orden (m) (~ de Merito)	훈장	hun-jang
victoria (f)	승리	seung-ni
derrota (f)	패배	pae-bae
armisticio (m)	휴전	hyu-jeon
bandera (f)	기	gi
gloria (f)	영광	yeong-gwang
desfile (m) militar	퍼레이드	peo-re-i-deu
marchar (desfilar)	행진하다	haeng-jin-ha-da

186. Las armas

arma (f)	무기	mu-gi
arma (f) de fuego	화기	hwa-gi
arma (f) química	화학 병기	hwa-hak byeong-gi
nuclear (adj)	핵의	hae-gui
arma (f) nuclear	핵무기	haeng-mu-gi
bomba (f)	폭탄	pok-tan
bomba (f) atómica	원자폭탄	won-ja-pok-tan

pistola (f)	권총	gwon-chong
fusil (m)	장총	jang-chong
metralleta (f)	기관단총	gi-gwan-dan-chong
ametralladora (f)	기관총	gi-gwan-chong
boca (f)	총구	chong-gu
cañón (m) (del arma)	총열	chong-yeol
calibre (m)	구경	gu-gyeong
gatillo (m)	방아쇠	bang-a-soe
alza (f)	가늠자	ga-neum-ja
culata (f)	개머리	gae-meo-ri
granada (f) de mano	수류탄	su-ryu-tan
explosivo (m)	폭약	po-gyak
bala (f)	총알	chong-al
cartucho (m)	탄약통	ta-nyak-tong
carga (f)	화약	hwa-yak
pertrechos (m pl)	탄약	ta-nyak
bombardero (m)	폭격기	pok-gyeok-gi
avión (m) de caza	전투기	jeon-tu-gi
helicóptero (m)	헬리콥터	hel-li-kop-teo
antiaéreo (m)	대공포	dae-gong-po
tanque (m)	전차	jeon-cha
artillería (f)	대포	dae-po
cañón (m) (arma)	대포	dae-po
dirigir (un misil, etc.)	총을 겨누다	chong-eul gyeo-nu-da
mortero (m)	박격포	bak-gyeok-po
bomba (f) de mortero	박격포탄	bak-gyeok-po-tan
obús (m)	탄피	tan-pi
trozo (m) de obús	포탄파편	po-tan-pa-pyeon
submarino (m)	잠수함	jam-su-ham
torpedo (m)	어뢰	eo-roe
misil (m)	미사일	mi-sa-il
cargar (pistola)	장탄하다	jang-tan-ha-da
tirar (vi)	쏘다	sso-da
apuntar a ...	총을 겨누다	chong-eul gyeo-nu-da
bayoneta (f)	총검	chong-geom
espada (f) (duelo a ~)	레이피어	re-i-pi-eo
sable (m)	군도	gun-do
lanza (f)	창	chang
arco (m)	활	hwal
flecha (f)	화살	hwa-sal
mosquete (m)	머스킷	meo-seu-kit
ballesta (f)	석궁	seok-gung

187. Los pueblos antiguos

primitivo (adj)	원시적인	won-si-jeo-gin
prehistórico (adj)	선사시대의	seon-sa-si-dae-ui
antiguo (adj)	고대의	go-dae-ui
Edad (f) de Piedra	석기 시대	seok-gi si-dae
Edad (f) de Bronce	청동기 시대	cheong-dong-gi si-dae
Edad (f) de Hielo	빙하 시대	bing-ha si-dae
tribu (f)	부족	bu-jok
caníbal (m)	식인종	si-gin-jong
cazador (m)	사냥꾼	sa-nyang-kkun
cazar (vi, vt)	사냥하다	sa-nyang-ha-da
mamut (m)	매머드	mae-meo-deu
caverna (f)	동굴	dong-gul
fuego (m)	불	bul
hoguera (f)	모닥불	mo-dak-bul
pintura (f) rupestre	동굴 벽화	dong-gul byeok-wa
herramienta (f), útil (m)	도구	do-gu
lanza (f)	창	chang
hacha (f) de piedra	돌도끼	dol-do-kki
estar en guerra	참전하다	cham-jeon-ha-da
domesticar (vt)	길들이다	gil-deu-ri-da
ídolo (m)	우상	u-sang
adorar (vt)	숭배하다	sung-bae-ha-da
superstición (f)	미신	mi-sin
evolución (f)	진화	jin-hwa
desarrollo (m)	개발	gae-bal
desaparición (f)	멸종	myeol-jong
adaptarse (vr)	적응하다	jeo-geung-ha-da
arqueología (f)	고고학	go-go-hak
arqueólogo (m)	고고학자	go-go-hak-ja
arqueológico (adj)	고고학의	go-go-ha-gui
sitio (m) de excavación	발굴 현장	bal-gul hyeon-jang
excavaciones (f pl)	발굴	bal-gul
hallazgo (m)	발견물	bal-gyeon-mul
fragmento (m)	파편	pa-pyeon

188. La Edad Media

pueblo (m)	민족	min-jok
pueblos (m pl)	민족	min-jok
tribu (f)	부족	bu-jok
tribus (f pl)	부족들	bu-jok-deul
bárbaros (m pl)	오랑캐	o-rang-kae
galos (m pl)	갈리아인	gal-li-a-in

godos (m pl)	고트족	go-teu-jok
eslavos (m pl)	슬라브족	seul-la-beu-jok
vikingos (m pl)	바이킹	ba-i-king
romanos (m pl)	로마 사람	ro-ma sa-ram
romano (adj)	로마의	ro-ma-ui
bizantinos (m pl)	비잔티움 사람들	bi-jan-ti-um sa-ram-deul
Bizancio (m)	비잔티움	bi-jan-ti-um
bizantino (adj)	비잔틴의	bi-jan-tin-ui
emperador (m)	황제	hwang-je
jefe (m)	추장	chu-jang
poderoso (adj)	강력한	gang-nyeo-kan
rey (m)	왕	wang
gobernador (m)	통치자	tong-chi-ja
caballero (m)	기사	gi-sa
señor (m) feudal	봉건 영주	bong-geon nyeong-ju
feudal (adj)	봉건적인	bong-geon-jeo-gin
vasallo (m)	봉신	bong-sin
duque (m)	공작	gong-jak
conde (m)	백작	baek-jak
barón (m)	남작	nam-jak
obispo (m)	주교	ju-gyo
armadura (f)	갑옷	ga-bot
escudo (m)	방패	bang-pae
espada (f) (danza de ~s)	검	geom
visera (f)	얼굴 가리개	eol-gul ga-ri-gae
cota (f) de malla	미늘 갑옷	mi-neul ga-bot
cruzada (f)	십자군	sip-ja-gun
cruzado (m)	십자군 전사	sip-ja-gun jeon-sa
territorio (m)	영토	yeong-to
atacar (~ a un país)	공격하다	gong-gyeo-ka-da
conquistar (vt)	정복하다	jeong-bok-a-da
ocupar (invadir)	점령하다	jeom-nyeong-ha-da
asedio (m), sitio (m)	포위 공격	po-wi gong-gyeok
sitiado (adj)	포위당한	po-wi-dang-han
asediar, sitiar (vt)	포위하다	po-wi-ha-da
inquisición (f)	이단심문	i-dan-sim-mun
inquisidor (m)	종교 재판관	jong-gyo jae-pan-gwan
tortura (f)	고문	go-mun
cruel (adj)	잔혹한	jan-hok-an
hereje (m)	이단자	i-dan-ja
herejía (f)	이단으로	i-da-neu-ro
navegación (f) marítima	항해	hang-hae
pirata (m)	해적	hae-jeok
piratería (f)	해적 행위	hae-jeok aeng-wi
abordaje (m)	널판장	neol-pan-jang

botín (m)	노획물	no-hoeng-mul
tesoros (m pl)	보물	bo-mul
descubrimiento (m)	발견	bal-gyeon
descubrir (tierras nuevas)	발견하다	bal-gyeon-ha-da
expedición (f)	탐험	tam-heom
mosquetero (m)	총병	chong-byeong
cardenal (m)	추기경	chu-gi-gyeong
heráldica (f)	문장학	mun-jang-hak
heráldico (adj)	문장학의	mun-jang-ha-gui

189. El líder. El jefe. Las autoridades

rey (m)	왕	wang
reina (f)	여왕	yeo-wang
real (adj)	왕족의	wang-jo-gui
reino (m)	왕국	wang-guk
príncipe (m)	왕자	wang-ja
princesa (f)	공주	gong-ju
presidente (m)	대통령	dae-tong-nyeong
vicepresidente (m)	부통령	bu-tong-nyeong
senador (m)	상원의원	sang-won-ui-won
monarca (m)	군주	gun-ju
gobernador (m)	통치자	tong-chi-ja
dictador (m)	독재자	dok-jae-ja
tirano (m)	폭군	pok-gun
magnate (m)	거물	geo-mul
director (m)	사장	sa-jang
jefe (m)	추장	chu-jang
gerente (m)	지배인	ji-bae-in
amo (m)	상사	sang-sa
dueño (m)	소유자	so-yu-ja
jefe (m) (~ de delegación)	책임자	chae-gim-ja
autoridades (f pl)	당국	dang-guk
superiores (m pl)	상사	sang-sa
gobernador (m)	주지사	ju-ji-sa
cónsul (m)	영사	yeong-sa
diplomático (m)	외교관	oe-gyo-gwan
alcalde (m)	시장	si-jang
sheriff (m)	보안관	bo-an-gwan
emperador (m)	황제	hwang-je
zar (m)	황제	hwang-je
faraón (m)	파라오	pa-ra-o
jan (m), kan (m)	칸	kan

190. La calle. El camino. Las direcciones

camino (m)	도로	do-ro
vía (f)	길	gil
carretera (f)	고속도로	go-sok-do-ro
autovía (f)	고속도로	go-sok-do-ro
camino (m) nacional	광역	gwang-yeok
camino (m) principal	대로	dae-ro
camino (m) de tierra	비포장도로	bi-po-jang-do-ro
sendero (m)	길	gil
senda (f)	오솔길	o-sol-gil
¿Dónde?	어디?	eo-di?
¿A dónde?	어디로?	eo-di-ro?
¿De dónde?	어디로부터?	eo-di-ro-bu-teo?
dirección (f)	방향	bang-hyang
mostrar (~ el camino)	가리키다	ga-ri-ki-da
a la izquierda (girar ~)	왼쪽으로	oen-jjo-geu-ro
a la derecha (girar)	오른쪽으로	o-reun-jjo-geu-ro
todo recto (adv)	똑바로	ttok-ba-ro
atrás (adv)	뒤로	dwi-ro
curva (f)	커브	keo-beu
girar (~ a la izquierda)	돌다	dol-da
girar en U	유턴하다	yu-teon-ha-da
divisarse (vr)	보이다	bo-i-da
aparecer (vi)	나타나다	na-ta-na-da
alto (m)	정지	jeong-ji
descansar (vi)	쉬다	swi-da
reposo (m)	휴양	hyu-yang
perderse (vr)	길을 잃다	gi-reul ril-ta
llevar a ... (el camino)	… 로 이어지다	... ro i-eo-ji-da
llegar a ...	나가다	na-ga-da
tramo (m) (~ del camino)	구간	gu-gan
asfalto (m)	아스팔트	a-seu-pal-teu
bordillo (m)	도로 경계석	do-ro gyeong-gye-seok
cuneta (f)	도랑	do-rang
pozo (m) de alcantarillado	맨홀	maen-hol
arcén (m)	길가	gil-ga
bache (m)	패인 곳	pae-in got
ir (a pie)	가다	ga-da
adelantar (vt)	추월하다	chu-wol-ha-da
paso (m)	걸음	geo-reum
a pie	도보로	do-bo-ro

bloquear (vt)	길을 막다	gi-reul mak-da
barrera (f) (~ automática)	차단기	cha-dan-gi
callejón (m) sin salida	막다른길	mak-da-reun-gil

191. Violar la ley. Los criminales. Unidad 1

bandido (m)	산적	san-jeok
crimen (m)	범죄	beom-joe
criminal (m)	범죄자	beom-joe-ja
ladrón (m)	도둑	do-duk
robar (vt)	훔치다	hum-chi-da
robo (m) (actividad)	절도	jeol-do
robo (m) (hurto)	도둑질	do-duk-jil
secuestrar (vt)	납치하다	nap-chi-ha-da
secuestro (m)	유괴	yu-goe
secuestrador (m)	유괴범	yu-goe-beom
rescate (m)	몸값	mom-gap
exigir un rescate	몸값을 요구하다	mom-gap-seul ryo-gu-ha-da
robar (vt)	뺏다	ppaet-da
atracador (m)	강도	gang-do
extorsionar (vt)	갈취하다	gal-chwi-ha-da
extorsionista (m)	갈취자	gal-chwi-ja
extorsión (f)	갈취	gal-chwi
matar, asesinar (vt)	죽이다	ju-gi-da
asesinato (m)	살인	sa-rin
asesino (m)	살인자	sa-rin-ja
tiro (m), disparo (m)	발포	bal-po
disparar (vi)	쏘다	sso-da
matar (a tiros)	쏘아 죽이다	sso-a ju-gi-da
tirar (vi)	쏘다	sso-da
tiroteo (m)	발사	bal-sa
incidente (m)	사건	sa-geon
pelea (f)	몸싸움	mom-ssa-um
víctima (f)	희생자	hui-saeng-ja
perjudicar (vt)	해치다	hae-chi-da
daño (m)	피해	pi-hae
cadáver (m)	시신	si-sin
grave (un delito ~)	중대한	jung-dae-han
atacar (vt)	공격하다	gong-gyeo-ka-da
pegar (golpear)	때리다	ttae-ri-da
apporear (vt)	조지다	jo-ji-da
quitar (robar)	훔치다	hum-chi-da
acuchillar (vt)	찔러 죽이다	jjil-leo ju-gi-da
mutilar (vt)	불구로 만들다	bul-gu-ro man-deul-da

herir (vt)	부상을 입히다	bu-sang-eul ri-pi-da
chantaje (m)	공갈	gong-gal
hacer chantaje	공갈하다	gong-gal-ha-da
chantajista (m)	공갈범	gong-gal-beom

extorsión (f)	폭력단의 갈취 행위	pong-nyeok-dan-ui gal-chwi haeng-wi
extorsionador (m)	모리배	mo-ri-bae
gángster (m)	갱	gaeng
mafia (f)	마피아	ma-pi-a

carterista (m)	소매치기	so-mae-chi-gi
ladrón (m) de viviendas	빈집털이범	bin-jip-teo-ri-beom
contrabandismo (m)	밀수입	mil-su-ip
contrabandista (m)	밀수입자	mil-su-ip-ja

falsificación (f)	위조	wi-jo
falsificar (vt)	위조하다	wi-jo-ha-da
falso (falsificado)	가짜의	ga-jja-ui

192. Violar la ley. Los criminales. Unidad 2

violación (f)	강간	gang-gan
violar (vt)	강간하다	gang-gan-ha-da
violador (m)	강간범	gang-gan-beom
maniaco (m)	미치광이	mi-chi-gwang-i

prostituta (f)	매춘부	mae-chun-bu
prostitución (f)	매춘	mae-chun
chulo (m), proxeneta (m)	포주	po-ju

| drogadicto (m) | 마약 중독자 | ma-yak jung-dok-ja |
| narcotraficante (m) | 마약 밀매자 | ma-yak mil-mae-ja |

hacer explotar	폭발하다	pok-bal-ha-da
explosión (f)	폭발	pok-bal
incendiar (vt)	방화하다	bang-hwa-ha-da
incendiario (m)	방화범	bang-hwa-beom

terrorismo (m)	테러리즘	te-reo-ri-jeum
terrorista (m)	테러리스트	te-reo-ri-seu-teu
rehén (m)	볼모	bol-mo

estafar (vt)	속이다	so-gi-da
estafa (f)	사기	sa-gi
estafador (m)	사기꾼	sa-gi-kkun

sobornar (vt)	뇌물을 주다	noe-mu-reul ju-da
soborno (m) (delito)	뇌물 수수	noe-mul su-su
soborno (m) (dinero, etc.)	뇌물	noe-mul

veneno (m)	독	dok
envenenar (vt)	독살하다	dok-sal-ha-da
envenenarse (vr)	음독하다	eum-dok-a-da

| suicidio (m) | 자살 | ja-sal |
| suicida (m, f) | 자살자 | ja-sal-ja |

amenazar (vt)	협박하다	hyeop-bak-a-da
amenaza (f)	협박	hyeop-bak
atentar (vi)	살해를 꾀하다	sal-hae-reul kkoe-ha-da
atentado (m)	미수	mi-su

| robar (un coche) | 훔치는 | hum-chi-da |
| secuestrar (un avión) | 납치하다 | nap-chi-ha-da |

| venganza (f) | 복수 | bok-su |
| vengar (vt) | 복수하다 | bok-su-ha-da |

torturar (vt)	고문하다	go-mun-ha-da
tortura (f)	고문	go-mun
atormentar (vt)	괴롭히다	goe-ro-pi-da

pirata (m)	해적	hae-jeok
gamberro (m)	난동꾼	nan-dong-kkun
armado (adj)	무장한	mu-jang-han
violencia (f)	폭력	pong-nyeok

| espionaje (m) | 간첩행위 | gan-cheo-paeng-wi |
| espiar (vi, vt) | 간첩 행위를 하다 | gan-cheop paeng-wi-reul ha-da |

193. La policía. La ley. Unidad 1

| justicia (f) | 정의 | jeong-ui |
| tribunal (m) | 법정 | beop-jeong |

juez (m)	판사	pan-sa
jurados (m pl)	배심원	bae-sim-won
tribunal (m) de jurados	배심 재판	bae-sim jae-pan
juzgar (vt)	재판에 부치다	jae-pan-e bu-chi-da

abogado (m)	변호사	byeon-ho-sa
acusado (m)	피고	pi-go
banquillo (m) de los acusados	피고인석	pi-go-in-seok

| inculpación (f) | 혐의 | hyeom-ui |
| inculpado (m) | 형사 피고인 | pi-go-in |

| sentencia (f) | 형량 | hyeong-nyang |
| sentenciar (vt) | 선고하다 | seon-go-ha-da |

culpable (m)	유죄	yu-joe
castigar (vt)	처벌하다	cheo-beol-ha-da
castigo (m)	벌	beol

multa (f)	벌금	beol-geum
cadena (f) perpetua	종신형	jong-sin-hyeong
pena (f) de muerte	사형	sa-hyeong

silla (f) eléctrica	전기 의자	jeon-gi ui-ja
horca (f)	교수대	gyo-su-dae
ejecutar (vt)	집행하다	ji-paeng-ha-da
ejecución (f)	처형	cheo-hyeong
prisión (f)	교도소	gyo-do-so
celda (f)	감방	gam-bang
escolta (f)	호송	ho-song
guardia (m) de prisiones	간수	gan-su
prisionero (m)	죄수	joe-su
esposas (f pl)	수갑	su-gap
esposar (vt)	수갑을 채우다	su-ga-beul chae-u-da
escape (m)	탈옥	ta-rok
escaparse (vr)	탈옥하다	ta-rok-a-da
desaparecer (vi)	사라지다	sa-ra-ji-da
liberar (vt)	출옥하다	chu-rok-a-da
amnistía (f)	사면	sa-myeon
policía (f) (~ nacional)	경찰	gyeong-chal
policía (m)	경찰관	gyeong-chal-gwan
comisaría (f) de policía	경찰서	gyeong-chal-seo
porra (f)	경찰봉	gyeong-chal-bong
megáfono (m)	메가폰	me-ga-pon
coche (m) patrulla	순찰차	sun-chal-cha
sirena (f)	사이렌	sa-i-ren
poner la sirena	사이렌을 켜다	sa-i-re-neul kyeo-da
sonido (m) de sirena	사이렌 소리	sa-i-ren so-ri
escena (f) del delito	범죄현장	beom-joe-hyeon-jang
testigo (m)	목격자	mok-gyeok-ja
libertad (f)	자유	ja-yu
cómplice (m)	공범자	gong-beom-ja
escapar de …	달아나다	da-ra-na-da
rastro (m)	흔적	heun-jeok

194. La policía. La ley. Unidad 2

búsqueda (f)	조사	jo-sa
buscar (~ el criminal)	… 를 찾다	… reul chat-da
sospecha (f)	혐의	hyeom-ui
sospechoso (adj)	의심스러운	ui-sim-seu-reo-un
parar (~ en la calle)	멈추다	meom-chu-da
retener (vt)	구류하다	gu-ryu-ha-da
causa (f) (~ penal)	판례	pal-lye
investigación (f)	조사	jo-sa
detective (m)	형사	hyeong-sa
investigador (m)	조사관	jo-sa-gwan
versión (f)	가설	ga-seol

motivo (m)	동기	dong-gi
interrogatorio (m)	심문	sim-mun
interrogar (vt)	신문하다	sin-mun-ha-da
interrogar (al testigo)	심문하다	sim-mun-ha-da
control (m) (de vehículos, etc.)	확인	hwa-gin
redada (f)	일제 검거	il-je geom-geo
registro (m) (~ de la casa)	수색	su-saek
persecución (f)	추적	chu-jeok
perseguir (vt)	추적하다	chu-jeok-a-da
rastrear (~ al criminal)	추적하다	chu-jeok-a-da
arresto (m)	체포	che-po
arrestar (vt)	체포하다	che-po-ha-da
capturar (vt)	붙잡다	but-jap-da
captura (f)	체포	che-po
documento (m)	서류	seo-ryu
prueba (f)	증거	jeung-geo
probar (vt)	증명하다	jeung-myeong-ha-da
huella (f) (pisada)	발자국	bal-ja-guk
huellas (f pl) digitales	지문	ji-mun
elemento (m) de prueba	증거물	jeung-geo-mul
coartada (f)	알리바이	al-li-ba-i
inocente (no culpable)	무죄인	mu-joe-in
injusticia (f)	부정	bu-jeong
injusto (adj)	부당한	bu-dang-han
criminal (adj)	범죄의	beom-joe-ui
confiscar (vt)	몰수하다	mol-su-ha-da
narcótico (m)	마약	ma-yak
arma (f)	무기	mu-gi
desarmar (vt)	무장해제하다	mu-jang-hae-je-ha-da
ordenar (vt)	명령하다	myeong-nyeong-ha-da
desaparecer (vi)	사라지다	sa-ra-ji-da
ley (f)	법률	beom-nyul
legal (adj)	합법적인	hap-beop-jeo-gin
ilegal (adj)	불법적인	bul-beop-jeo-gin
responsabilidad (f)	책임	chae-gim
responsable (adj)	책임 있는	chae-gim in-neun

LA NATURALEZA

La tierra. Unidad 1

195. El espacio

cosmos (m)	우주	u-ju
espacial, cósmico (adj)	우주의	u-ju-ui
espacio (m) cósmico	우주 공간	u-ju gong-gan
mundo (m)	세계	se-gye
universo (m)	우주	u-ju
galaxia (f)	은하	eun-ha
estrella (f)	별, 항성	byeol, hang-seong
constelación (f)	별자리	byeol-ja-ri
planeta (m)	행성	haeng-seong
satélite (m)	인공위성	in-gong-wi-seong
meteorito (m)	운석	un-seok
cometa (m)	혜성	hye-seong
asteroide (m)	소행성	so-haeng-seong
órbita (f)	궤도	gwe-do
girar (vi)	회전한다	hoe-jeon-han-da
atmósfera (f)	대기	dae-gi
Sol (m)	태양	tae-yang
sistema (m) solar	태양계	tae-yang-gye
eclipse (m) de Sol	일식	il-sik
Tierra (f)	지구	ji-gu
Luna (f)	달	dal
Marte (m)	화성	hwa-seong
Venus (f)	금성	geum-seong
Júpiter (m)	목성	mok-seong
Saturno (m)	토성	to-seong
Mercurio (m)	수성	su-seong
Urano (m)	천왕성	cheon-wang-seong
Neptuno (m)	해왕성	hae-wang-seong
Plutón (m)	명왕성	myeong-wang-seong
la Vía Láctea	은하수	eun-ha-su
la Osa Mayor	큰곰자리	keun-gom-ja-ri
la Estrella Polar	북극성	buk-geuk-seong
marciano (m)	화성인	hwa-seong-in
extraterrestre (m)	외계인	oe-gye-in

planetícola (m)	외계인	oe-gye-in
platillo (m) volante	비행 접시	bi-haeng jeop-si
nave (f) espacial	우주선	u-ju-seon
estación (f) orbital	우주 정거장	u-ju jeong-nyu-jang
motor (m)	엔진	en-jin
tobera (f)	노즐	no-jeul
combustible (m)	연료	yeol-lyo
carlinga (f)	조종석	jo-jong-seok
antena (f)	안테나	an-te-na
ventana (f)	현창	hyeon-chang
batería (f) solar	태양 전지	tae-yang jeon-ji
escafandra (f)	우주복	u-ju-bok
ingravidez (f)	무중력	mu-jung-nyeok
oxígeno (m)	산소	san-so
atraque (m)	도킹	do-king
realizar el atraque	도킹하다	do-king-ha-da
observatorio (m)	천문대	cheon-mun-dae
telescopio (m)	망원경	mang-won-gyeong
observar (vt)	관찰하다	gwan-chal-ha-da
explorar (~ el universo)	탐험하다	tam-heom-ha-da

196. La tierra

Tierra (f)	지구	ji-gu
globo (m) terrestre	지구	ji-gu
planeta (m)	행성	haeng-seong
atmósfera (f)	대기	dae-gi
geografía (f)	지리학	ji-ri-hak
naturaleza (f)	자연	ja-yeon
globo (m) terráqueo	지구의	ji-gu-ui
mapa (m)	지도	ji-do
atlas (m)	지도첩	ji-do-cheop
Europa (f)	유럽	yu-reop
Asia (f)	아시아	a-si-a
África (f)	아프리카	a-peu-ri-ka
Australia (f)	호주	ho-ju
América (f)	아메리카 대륙	a-me-ri-ka dae-ryuk
América (f) del Norte	북아메리카	bu-ga-me-ri-ka
América (f) del Sur	남아메리카	nam-a-me-ri-ka
Antártida (f)	남극 대륙	nam-geuk dae-ryuk
Ártico (m)	극지방	geuk-ji-bang

197. Los puntos cardinales

norte (m)	북쪽	buk-jjok
al norte	북쪽으로	buk-jjo-geu-ro
en el norte	북쪽에	buk-jjo-ge
del norte (adj)	북쪽의	buk-jjo-gui
sur (m)	남쪽	nam-jjok
al sur	남쪽으로	nam-jjo-geu-ro
en el sur	남쪽에	nam-jjo-ge
del sur (adj)	남쪽의	nam-jjo-gui
oeste (m)	서쪽	seo-jjok
al oeste	서쪽으로	seo-jjo-geu-ro
en el oeste	서쪽에	seo-jjo-ge
del oeste (adj)	서쪽의	seo-jjo-gui
este (m)	동쪽	dong-jjok
al este	동쪽으로	dong-jjo-geu-ro
en el este	동쪽에	dong-jjo-ge
del este (adj)	동쪽의	dong-jjo-gui

198. El mar. El océano

mar (m)	바다	ba-da
océano (m)	대양	dae-yang
golfo (m)	만	man
estrecho (m)	해협	hae-hyeop
continente (m)	대륙	dae-ryuk
isla (f)	섬	seom
península (f)	반도	ban-do
archipiélago (m)	군도	gun-do
bahía (f)	만	man
ensenada, bahía (f)	항구	hang-gu
laguna (f)	석호	seok-o
cabo (m)	곶	got
atolón (m)	환초	hwan-cho
arrecife (m)	암초	am-cho
coral (m)	산호	san-ho
arrecife (m) de coral	산호초	san-ho-cho
profundo (adj)	깊은	gi-peun
profundidad (f)	깊이	gi-pi
fosa (f) oceánica	해구	hae-gu
corriente (f)	해류	hae-ryu
bañar (rodear)	둘러싸다	dul-leo-ssa-da
orilla (f)	해변	hae-byeon
costa (f)	바닷가	ba-dat-ga

flujo (m)	밀물	mil-mul
reflujo (m)	썰물	sseol-mul
banco (m) de arena	모래톱	mo-rae-top
fondo (m)	해저	hae-jeo
ola (f)	파도	pa-do
cresta (f) de la ola	물마루	mul-ma-ru
espuma (f)	거품	geo-pum
huracán (m)	허리케인	heo-ri-ke-in
tsunami (m)	해일	hae-il
bonanza (f)	고요함	go-yo-ham
calmo, tranquilo	고요한	go-yo-han
polo (m)	극	geuk
polar (adj)	극지의	geuk-ji-ui
latitud (f)	위도	wi-do
longitud (f)	경도	gyeong-do
paralelo (m)	위도선	wi-do-seon
ecuador (m)	적도	jeok-do
cielo (m)	하늘	ha-neul
horizonte (m)	수평선	su-pyeong-seon
aire (m)	공기	gong-gi
faro (m)	등대	deung-dae
bucear (vi)	뛰어들다	ttwi-eo-deul-da
hundirse (vr)	가라앉다	ga-ra-an-da
tesoros (m pl)	보물	bo-mul

199. Los nombres de los mares y los océanos

océano (m) Atlántico	대서양	dae-seo-yang
océano (m) Índico	인도양	in-do-yang
océano (m) Pacífico	태평양	tae-pyeong-yang
océano (m) Glacial Ártico	북극해	buk-geuk-ae
mar (m) Negro	흑해	heuk-ae
mar (m) Rojo	홍해	hong-hae
mar (m) Amarillo	황해	hwang-hae
mar (m) Blanco	백해	baek-ae
mar (m) Caspio	카스피 해	ka-seu-pi hae
mar (m) Muerto	사해	sa-hae
mar (m) Mediterráneo	지중해	ji-jung-hae
mar (m) Egeo	에게 해	e-ge hae
mar (m) Adriático	아드리아 해	a-deu-ri-a hae
mar (m) Arábigo	아라비아 해	a-ra-bi-a hae
mar (m) del Japón	동해	dong-hae
mar (m) de Bering	베링 해	be-ring hae
mar (m) de la China Meridional	남중국해	nam-jung-guk-ae

mar (m) del Coral	산호해	san-ho-hae
mar (m) de Tasmania	태즈먼 해	tae-jeu-meon hae
mar (m) Caribe	카리브 해	ka-ri-beu hae
mar (m) de Barents	바렌츠 해	ba-ren-cheu hae
mar (m) de Kara	카라 해	ka-ra hae
mar (m) del Norte	북해	buk-ae
mar (m) Báltico	발트 해	bal-teu hae
mar (m) de Noruega	노르웨이 해	no-reu-we-i hae

200. Las montañas

montaña (f)	산	san
cadena (f) de montañas	산맥	san-maek
cresta (f) de montañas	능선	neung-seon
cima (f)	정상	jeong-sang
pico (m)	봉우리	bong-u-ri
pie (m)	기슭	gi-seuk
cuesta (f)	경사면	gyeong-sa-myeon
volcán (m)	화산	hwa-san
volcán (m) activo	활화산	hwal-hwa-san
volcán (m) apagado	사화산	sa-hwa-san
erupción (f)	폭발	pok-bal
cráter (m)	분화구	bun-hwa-gu
magma (m)	마그마	ma-geu-ma
lava (f)	용암	yong-am
fundido (lava ~a)	녹은	no-geun
cañón (m)	협곡	hyeop-gok
desfiladero (m)	협곡	hyeop-gok
grieta (f)	갈라진	gal-la-jin
puerto (m) (paso)	산길	san-gil
meseta (f)	고원	go-won
roca (f)	절벽	jeol-byeok
colina (f)	언덕, 작은 산	eon-deok, ja-geun san
glaciar (m)	빙하	bing-ha
cascada (f)	폭포	pok-po
geiser (m)	간헐천	gan-heol-cheon
lago (m)	호수	ho-su
llanura (f)	평원	pyeong-won
paisaje (m)	경관	gyeong-gwan
eco (m)	메아리	me-a-ri
alpinista (m)	등산가	deung-san-ga
escalador (m)	암벽 등반가	am-byeok deung-ban-ga
conquistar (vt)	정복하다	jeong-bok-a-da
ascensión (f)	등반	deung-ban

201. Los nombres de las montañas

Alpes (m pl)	알프스 산맥	al-peu-seu san-maek
Montblanc (m)	몽블랑 산	mong-beul-lang san
Pirineos (m pl)	피레네 산맥	pi-re-ne san-maek
Cárpatos (m pl)	카르파티아 산맥	ka-reu-pa-ti-a san-maek
Urales (m pl)	우랄 산맥	u-ral san-maek
Cáucaso (m)	코카서스 산맥	ko-ka-seo-seu san-maek
Elbrus (m)	엘브루스 산	el-beu-ru-seu san
Altai (m)	알타이 산맥	al-ta-i san-maek
Tian-Shan (m)	톈샨 산맥	ten-syan san-maek
Pamir (m)	파미르 고원	pa-mi-reu go-won
Himalayos (m pl)	히말라야 산맥	hi-mal-la-ya san-maek
Everest (m)	에베레스트 산	e-be-re-seu-teu san
Andes (m pl)	안데스 산맥	an-de-seu san-maek
Kilimanjaro (m)	킬리만자로 산	kil-li-man-ja-ro san

202. Los ríos

río (m)	강	gang
manantial (m)	샘	saem
lecho (m) (curso de agua)	강바닥	gang-ba-dak
cuenca (f) fluvial	유역	yu-yeok
desembocar en ...	… 로 흘러가다	… ro heul-leo-ga-da
afluente (m)	지류	ji-ryu
ribera (f)	둑	duk
corriente (f)	흐름	heu-reum
río abajo (adv)	하류로	gang ha-ryu-ro
río arriba (adv)	상류로	sang-nyu-ro
inundación (f)	홍수	hong-su
riada (f)	홍수	hong-su
desbordarse (vr)	범람하다	beom-nam-ha-da
inundar (vt)	범람하다	beom-nam-ha-da
bajo (m) arenoso	얕은 곳	ya-teun got
rápido (m)	여울	yeo-ul
presa (f)	댐	daem
canal (m)	운하	un-ha
lago (m) artificiale	저수지	jeo-su-ji
esclusa (f)	수문	su-mun
cuerpo (m) de agua	저장 수량	jeo-jang su-ryang
pantano (m)	늪, 소택지	neup, so-taek-ji
ciénaga (f)	수렁	su-reong
remolino (m)	소용돌이	so-yong-do-ri
arroyo (m)	개울, 시내	gae-ul, si-nae

potable (adj)	마실 수 있는	ma-sil su in-neun
dulce (agua ~)	민물의	min-mu-rui
hielo (m)	얼음	eo-reum
helarse (el lago, etc.)	얼다	eol-da

203. Los nombres de los ríos

Sena (m)	센 강	sen gang
Loira (m)	루아르 강	ru-a-reu gang
Támesis (m)	템스 강	tem-seu gang
Rin (m)	라인 강	ra-in gang
Danubio (m)	도나우 강	do-na-u gang
Volga (m)	볼가 강	bol-ga gang
Don (m)	돈 강	don gang
Lena (m)	레나 강	re-na gang
Río (m) Amarillo	황허강	hwang-heo-gang
Río (m) Azul	양자강	yang-ja-gang
Mekong (m)	메콩 강	me-kong gang
Ganges (m)	갠지스 강	gaen-ji-seu gang
Nilo (m)	나일 강	na-il gang
Congo (m)	콩고 강	kong-go gang
Okavango (m)	오카방고 강	o-ka-bang-go gang
Zambeze (m)	잠베지 강	jam-be-ji gang
Limpopo (m)	림포포 강	rim-po-po gang

204. El bosque

bosque (m)	숲	sup
de bosque (adj)	산림의	sal-li-mui
espesura (f)	밀림	mil-lim
bosquecillo (m)	작은 숲	ja-geun sup
claro (m)	빈터	bin-teo
maleza (f)	덤불	deom-bul
matorral (m)	관목지	gwan-mok-ji
senda (f)	오솔길	o-sol-gil
barranco (m)	도랑	do-rang
árbol (m)	나무	na-mu
hoja (f)	잎	ip
follaje (m)	나뭇잎	na-mun-nip
caída (f) de hojas	낙엽	na-gyeop
caer (las hojas)	떨어지다	tteo-reo-ji-da
rama (f)	가지	ga-ji

rama (f) (gruesa)	큰 가지	keun ga-ji
brote (m)	잎눈	im-nun
aguja (f)	바늘	ba-neul
piña (f)	솔방울	sol-bang-ul

| agujero (m) | 구멍 | gu-meong |
| nido (m) | 둥지 | dung-ji |

tronco (m)	몸통	mom-tong
raíz (f)	뿌리	ppu-ri
corteza (f)	껍질	kkeop-jil
musgo (m)	이끼	i-kki

extirpar (vt)	수목을 통째 뽑다	su-mo-geul tong-jjae ppop-da
talar (vt)	자르다	ja-reu-da
deforestar (vt)	삼림을 없애다	sam-ni-meul reop-sae-da
tocón (m)	그루터기	geu-ru-teo-gi

hoguera (f)	모닥불	mo-dak-bul
incendio (m) forestal	산불	san-bul
apagar (~ el incendio)	끄다	kkeu-da

guarda (m) forestal	산림경비원	sal-lim-gyeong-bi-won
protección (f)	보호	bo-ho
proteger (vt)	보호하다	bo-ho-ha-da
cazador (m) furtivo	밀렵자	mil-lyeop-ja
cepo (m)	덫	deot

| recoger (setas, bayas) | 따다 | tta-da |
| perderse (vr) | 길을 잃다 | gi-reul ril-ta |

205. Los recursos naturales

recursos (m pl) naturales	천연 자원	cheo-nyeon ja-won
depósitos (m pl)	매장량	mae-jang-nyang
yacimiento (m)	지역	ji-yeok

extraer (vt)	채광하다	chae-gwang-ha-da
extracción (f)	막장일	mak-jang-il
mena (f)	광석	gwang-seok
mina (f)	광산	gwang-san
pozo (m) de mina	갱도	gaeng-do
minero (m)	광부	gwang-bu

| gas (m) | 가스 | ga-seu |
| gasoducto (m) | 가스관 | ga-seu-gwan |

petróleo (m)	석유	seo-gyu
oleoducto (m)	석유 파이프라인	seo-gyu pa-i-peu-ra-in
pozo (m) de petróleo	유정	yu-jeong
torre (f) de sondeo	유정탑	yu-jeong-tap
petrolero (m)	유조선	yu-jo-seon
arena (f)	모래	mo-rae
caliza (f)	석회석	seok-oe-seok

grava (f)	자갈	ja-gal
turba (f)	토탄	to-tan
arcilla (f)	점토	jeom-to
carbón (m)	석탄	seok-tan

hierro (m)	철	cheol
oro (m)	금	geum
plata (f)	은	eun
níquel (m)	니켈	ni-kel
cobre (m)	구리	gu-ri

zinc (m)	아연	a-yeon
manganeso (m)	망간	mang-gan
mercurio (m)	수은	su-eun
plomo (m)	납	nap

mineral (m)	광물	gwang-mul
cristal (m)	수정	su-jeong
mármol (m)	대리석	dae-ri-seok
uranio (m)	우라늄	u-ra-nyum

La tierra. Unidad 2

tiempo (m)	날씨	nal-ssi
previsión (f) del tiempo	일기 예보	il-gi ye-bo
temperatura (f)	온도	on-do
termómetro (m)	온도계	on-do-gye
barómetro (m)	기압계	gi-ap-gye
humedad (f)	습함, 습기	seu-pam, seup-gi
bochorno (m)	더위	deo-wi
tórrido (adj)	더운	deo-un
hace mucho calor	덥다	deop-da
hace calor (templado)	따뜻하다	tta-tteu-ta-da
templado (adj)	따뜻한	tta-tteu-tan
hace frío	춥다	chup-da
frío (adj)	추운	chu-un
sol (m)	해	hae
brillar (vi)	빛나다	bin-na-da
soleado (un día ~)	화창한	hwa-chang-han
elevarse (el sol)	뜨다	tteu-da
ponerse (vr)	지다	ji-da
nube (f)	구름	gu-reum
nuboso (adj)	구름의	gu-reum-ui
nublado (adj)	흐린	heu-rin
lluvia (f)	비	bi
está lloviendo	비가 오다	bi-ga o-da
lluvioso (adj)	비가 오는	bi-ga o-neun
lloviznar (vi)	이슬비가 내리다	i-seul-bi-ga nae-ri-da
aguacero (m)	억수	eok-su
chaparrón (m)	호우	ho-u
fuerte (la lluvia ~)	심한	sim-han
charco (m)	웅덩이	ung-deong-i
mojarse (vr)	젖다	jeot-da
niebla (f)	안개	an-gae
nebuloso (adj)	안개가 자욱한	an-gae-ga ja-uk-an
nieve (f)	눈	nun
está nevando	눈이 오다	nun-i o-da

207. Los eventos climáticos severos. Los desastres naturales

tormenta (f)	뇌우	noe-u
relámpago (m)	번개	beon-gae
relampaguear (vi)	번쩍이다	beon-jjeo-gi-da
trueno (m)	천둥	cheon-dung
tronar (vi)	천둥이 치다	cheon-dung-i chi-da
está tronando	천둥이 치다	cheon-dung-i chi-da
granizo (m)	싸락눈	ssa-rang-nun
está granizando	싸락눈이 내리다	ssa-rang-nun-i nae-ri-da
inundar (vt)	범람하다	beom-nam-ha-da
inundación (f)	홍수	hong-su
terremoto (m)	지진	ji-jin
sacudida (f)	진동	jin-dong
epicentro (m)	진앙	jin-ang
erupción (f)	폭발	pok-bal
lava (f)	용암	yong-am
torbellino (m)	회오리바람	hoe-o-ri-ba-ram
tornado (m)	토네이도	to-ne-i-do
tifón (m)	태풍	tae-pung
huracán (m)	허리케인	heo-ri-ke-in
tempestad (f)	폭풍우	pok-pung-u
tsunami (m)	해일	hae-il
incendio (m)	불	bul
catástrofe (f)	재해	jae-hae
meteorito (m)	운석	un-seok
avalancha (f)	눈사태	nun-sa-tae
alud (m) de nieve	눈사태	nun-sa-tae
ventisca (f)	눈보라	nun-bo-ra
nevasca (f)	눈보라	nun-bo-ra

208. Los ruidos. Los sonidos

silencio (m)	고요함	go-yo-ham
sonido (m)	소리	so-ri
ruido (m)	소음	so-eum
hacer ruido	소리를 내다	so-ri-reul lae-da
ruidoso (adj)	시끄러운	si-kkeu-reo-un
alto (adv)	큰 소리로	keun so-ri-ro
fuerte (~ voz)	시끄러운	si-kkeu-reo-un
constante (ruido, etc.)	끊임없는	kkeu-nim-eom-neun
grito (m)	고함을	go-ha-meul
gritar (vi)	소리를 치다	so-ri-reul chi-da

| susurro (m) | 속삭임 | sok-sa-gim |
| susurrar (vi, vt) | 속삭이다 | sok-sa-gi-da |

| ladrido (m) | 짖는 소리 | jin-neun so-ri |
| ladrar (vi) | 짖다 | jit-da |

gemido (m)	신음 소리	si-neum so-ri
gemir (vi)	신음하다	si-neum-ha-da
tos (f)	기침	gi-chim
toser (vi)	기침을 하다	gi-chi-meul ha-da

silbido (m)	휘파람	hwi-pa-ram
silbar (vi)	휘파람을 불다	hwi-pa-ra-meul bul-da
toque (m) en la puerta	노크	no-keu
golpear (la puerta)	두드리다	du-deu-ri-da

| crepitar (vi) | 날카로운 소리가 나다 | nal-ka-ro-un so-ri-ga na-da |
| crepitación (f) | 딱딱 튀는 소리 | ttak-ttak twi-neun so-ri |

sirena (f)	사이렌	sa-i-ren
pito (m) (de la fábrica)	경적	gyeong-jeok
pitar (un tren, etc.)	기적을 울리다	gi-jeo-geul rul-li-da
bocinazo (m)	경적	gyeong-jeok
tocar la bocina	경적을 울리다	gyeong-jeo-geul rul-li-da

209. El invierno

invierno (m)	겨울	gyeo-ul
de invierno (adj)	겨울의	gyeo-ul
en invierno	겨울에	gyeo-u-re

nieve (f)	눈	nun
está nevando	눈이 오다	nun-i o-da
nevada (f)	강설	gang-seol
montón (m) de nieve	눈더미	nun-deo-mi

copo (m) de nieve	눈송이	nun-song-i
bola (f) de nieve	눈뭉치	nun-mung-chi
monigote (m) de nieve	눈사람	nun-sa-ram
carámbano (m)	고드름	go-deu-reum

diciembre (m)	십이월	si-bi-wol
enero (m)	일월	i-rwol
febrero (m)	이월	i-wol

| helada (f) | 지독한 서리 | ji-dok-an seo-ri |
| helado (~a noche) | 서리가 내리는 | seo-ri-ga nae-ri-neun |

| bajo cero (adv) | 영하 | yeong-ha |
| escarcha (f) | 서리 | seo-ri |

frío (m)	추위	chu-wi
hace frío	춥다	chup-da
abrigo (m) de piel	모피 외투	mo-pi oe-tu

manoplas (f pl)	벙어리장갑	beong-eo-ri-jang-gap
enfermarse (vr)	병에 걸리다	byeong-e geol-li-da
resfriado (m)	감기	gam-gi
resfriarse (vr)	감기에 걸리다	gam-gi-e geol-li-da

hielo (m)	얼음	eo-reum
hielo (m) negro	빙판	bing-pan
helarse (el lago, etc.)	얼다	eol-da
bloque (m) de hielo	부빙	bu-bing

esquís (m pl)	스키	seu-ki
esquiador (m)	스키 타는 사람	seu-ki ta-neun sa-ram
esquiar (vi)	스키를 타다	seu-ki-reul ta-da
patinar (vi)	스케이트를 타다	seu-ke-i-teu-reul ta-da

La fauna

carnívoro (m)	육식 동물	yuk-sik dong-mul
tigre (m)	호랑이	ho-rang-i
león (m)	사자	sa-ja
lobo (m)	이리	i-ri
zorro (m)	여우	yeo-u
jaguar (m)	재규어	jae-gyu-eo
leopardo (m)	표범	pyo-beom
guepardo (m)	치타	chi-ta
puma (f)	퓨마	pyu-ma
leopardo (m) de las nieves	눈표범	nun-pyo-beom
lince (m)	스라소니	seu-ra-so-ni
coyote (m)	코요테	ko-yo-te
chacal (m)	재칼	jae-kal
hiena (f)	하이에나	ha-i-e-na

animal (m)	동물	dong-mul
bestia (f)	짐승	jim-seung
ardilla (f)	다람쥐	da-ram-jwi
erizo (m)	고슴도치	go-seum-do-chi
liebre (f)	토끼	to-kki
conejo (m)	굴토끼	gul-to-kki
tejón (m)	오소리	o-so-ri
mapache (m)	너구리	neo-gu-ri
hámster (m)	햄스터	haem-seu-teo
marmota (f)	마멋	ma-meot
topo (m)	두더지	du-deo-ji
ratón (m)	생쥐	saeng-jwi
rata (f)	시궁쥐	si-gung-jwi
murciélago (m)	박쥐	bak-jwi
armiño (m)	북방족제비	buk-bang-jok-je-bi
cebellina (f)	검은담비	geo-meun-dam-bi
marta (f)	담비	dam-bi
visón (m)	밍크	ming-keu
castor (m)	비버	bi-beo
nutria (f)	수달	su-dal

caballo (m)	말	mal
alce (m)	엘크, 무스	el-keu, mu-seu
ciervo (m)	사슴	sa-seum
camello (m)	낙타	nak-ta
bisonte (m)	미국들소	mi-guk-deul-so
uro (m)	유럽들소	yu-reop-deul-so
búfalo (m)	물소	mul-so
cebra (f)	얼룩말	eol-lung-mal
antílope (m)	영양	yeong-yang
corzo (m)	노루	no-ru
gamo (m)	다마사슴	da-ma-sa-seum
gamuza (f)	샤모아	sya-mo-a
jabalí (m)	멧돼지	met-dwae-ji
ballena (f)	고래	go-rae
foca (f)	바다표범	ba-da-pyo-beom
morsa (f)	바다코끼리	ba-da-ko-kki-ri
oso (m) marino	물개	mul-gae
delfín (m)	돌고래	dol-go-rae
oso (m)	곰	gom
oso (m) blanco	북극곰	buk-geuk-gom
panda (f)	판다	pan-da
mono (m)	원숭이	won-sung-i
chimpancé (m)	침팬지	chim-paen-ji
orangután (m)	오랑우탄	o-rang-u-tan
gorila (m)	고릴라	go-ril-la
macaco (m)	마카크	ma-ka-keu
gibón (m)	긴팔원숭이	gin-pa-rwon-sung-i
elefante (m)	코끼리	ko-kki-ri
rinoceronte (m)	코뿔소	ko-ppul-so
jirafa (f)	기린	gi-rin
hipopótamo (m)	하마	ha-ma
canguro (m)	캥거루	kaeng-geo-ru
koala (f)	코알라	ko-al-la
mangosta (f)	몽구스	mong-gu-seu
chinchilla (f)	친칠라	chin-chil-la
mofeta (f)	스컹크	seu-keong-keu
espín (m)	호저	ho-jeo

212. Los animales domésticos

gata (f)	고양이	go-yang-i
gato (m)	수고양이	su-go-yang-i
caballo (m)	말	mal
garañón (m)	수말, 종마	su-mal, jong-ma
yegua (f)	암말	am-mal

vaca (f)	암소	am-so
toro (m)	황소	hwang-so
buey (m)	수소	su-so
oveja (f)	양, 암양	yang, a-myang
carnero (m)	수양	su-yang
cabra (f)	염소	yeom-so
cabrón (m)	숫염소	sun-nyeom-so
asno (m)	당나귀	dang-na-gwi
mulo (m)	노새	no-sae
cerdo (m)	돼지	dwae-ji
cerdito (m)	돼지 새끼	dwae-ji sae-kki
conejo (m)	집토끼	jip-to-kki
gallina (f)	암탉	am-tak
gallo (m)	수탉	su-tak
pato (m)	집오리	ji-bo-ri
ánade (m)	수오리	su-o-ri
ganso (m)	집거위	jip-geo-wi
pavo (m)	수칠면조	su-chil-myeon-jo
pava (f)	칠면조	chil-myeon-jo
animales (m pl) domésticos	가축	ga-chuk
domesticado (adj)	길들여진	gil-deu-ryeo-jin
domesticar (vt)	길들이다	gil-deu-ri-da
criar (vt)	사육하다, 기르다	sa-yuk-a-da, gi-reu-da
granja (f)	농장	nong-jang
aves (f pl) de corral	가금	ga-geum
ganado (m)	가축	ga-chuk
rebaño (m)	떼	tte
caballeriza (f)	마구간	ma-gu-gan
porqueriza (f)	돼지 우리	dwae-ji u-ri
vaquería (f)	외양간	oe-yang-gan
conejal (m)	토끼장	to-kki-jang
gallinero (m)	닭장	dak-jang

213. Los perros. Las razas de perros

perro (m)	개	gae
perro (m) pastor	양치기 개	yang-chi-gi gae
caniche (m)	푸들	pu-deul
teckel (m)	닥스훈트	dak-seu-hun-teu
bulldog (m)	불독	bul-dok
bóxer (m)	복서	bok-seo
mastín (m) inglés	매스티프	mae-seu-ti-peu
rottweiler (m)	로트와일러	ro-teu-wa-il-leo
doberman (m)	도베르만	do-be-reu-man

basset hound (m)	바셋 하운드	ba-set ta-un-deu
bobtail (m)	밥테일	bap-te-il
dálmata (m)	달마시안	dal-ma-si-an
cocker spaniel (m)	코커 스패니얼	ko-keo seu-pae-ni-eol
terranova (m)	뉴펀들랜드	nyu-peon-deul-laen-deu
san bernardo (m)	세인트버나드	se-in-teu-beo-na-deu
husky (m)	허스키	heo-seu-ki
pomerania (m)	스피츠	seu-pi-cheu
pug (m), carlino (m)	퍼그	peo-geu

214. Los sonidos de los animales

ladrido (m)	짖는 소리	jin-neun so-ri
ladrar (vi)	짖다	jit-da
maullar (vi)	야옹 하고 울다	ya-ong ha-go ul-da
ronronear (vi)	목을 가르랑거리다	mo-geul ga-reu-rang-geo-ri-da
mugir (vi)	음매 울다	eum-mae ul-da
bramar (toro)	우렁찬 소리를 내다	u-reong-chan so-ri-reul lae-da
rugir (vi)	으르렁거리다	eu-reu-reong-geo-ri-da
aullido (m)	울부짖음	ul-bu-ji-jeum
aullar (vi)	울다	ul-da
gañir (vi)	낑낑거리다	kking-kking-geo-ri-da
balar (vi)	매애하고 울다	mae-ae-ha-go ul-da
gruñir (cerdo)	꿀꿀거리다	kkul-kkul-geo-ri-da
chillar (vi)	하는 소리를 내다	ha-neun so-ri-reul lae-da
croar (vi)	개골개골하다	gae-gol-gae-gol-ha-da
zumbar (vi)	윙윙거리다	wing-wing-geo-ri-da
chirriar (vi)	찌르찌르 울다	jji-reu-jji-reu ul-da

215. Los animales jóvenes

cría (f)	새끼	sae-kki
gatito (m)	새끼고양이	sae-kki-go-yang-i
ratoncillo (m)	아기 생쥐	a-gi saeng-jwi
cachorro (m)	강아지	gang-a-ji
lebrato (m)	토끼의 새끼	to-kki-ui sae-kki
gazapo (m)	집토끼의 새끼	jip-to-kki-ui sae-kki
lobato (m)	이리 새끼	i-ri sae-kki
cachorro (m) de zorro	여우 새끼	yeo-u sae-kki
osito (m)	곰 새끼	gom sae-kki
cachorro (m) de león	사자의 새끼	sa-ja-ui sae-kki
cachorro (m) de tigre	호랑이 새끼	ho-rang-i sae-kki

elefante bebé (m)	코끼리의 새끼	ko-kki-ri-ui sae-kki
cerdito (m)	돼지 새끼	dwae-ji sae-kki
ternero (m)	송아지	song-a-ji
cabrito (m)	염소의 새끼	yeom-so-ui sae-kki
cordero (m)	어린 양	eo-rin nyang
cervato (m)	새끼 사슴	sae-kki sa-seum
cría (f) de camello	낙타새끼	nak-ta-sae-kki
serpiente (f) joven	새끼 뱀	sae-kki baem
rana (f) juvenil	새끼 개구리	sae-kki gae-gu-ri
polluelo (m)	새 새끼	sae sae-kki
pollito (m)	병아리	byeong-a-ri
patito (m)	오리새끼	o-ri-sae-kki

216. Los pájaros

pájaro (m)	새	sae
paloma (f)	비둘기	bi-dul-gi
gorrión (m)	참새	cham-sae
carbonero (m)	박새	bak-sae
urraca (f)	까치	kka-chi
cuervo (m)	갈가마귀	gal-ga-ma-gwi
corneja (f)	까마귀	kka-ma-gwi
chova (f)	갈가마귀	gal-ga-ma-gwi
grajo (m)	떼까마귀	ttae-kka-ma-gwi
pato (m)	오리	o-ri
ganso (m)	거위	geo-wi
faisán (m)	꿩	kkwong
águila (f)	독수리	dok-su-ri
azor (m)	매	mae
halcón (m)	매	mae
buitre (m)	독수리, 콘도르	dok-su-ri, kon-do-reu
cóndor (m)	콘도르	kon-do-reu
cisne (m)	백조	baek-jo
grulla (f)	두루미	du-ru-mi
cigüeña (f)	황새	hwang-sae
loro (m), papagayo (m)	앵무새	aeng-mu-sae
colibrí (m)	벌새	beol-sae
pavo (m) real	공작	gong-jak
avestruz (m)	타조	ta-jo
garza (f)	왜가리	wae-ga-ri
flamenco (m)	플라밍고	peul-la-ming-go
pelícano (m)	펠리컨	pel-li-keon
ruiseñor (m)	나이팅게일	na-i-ting-ge-il
golondrina (f)	제비	je-bi
tordo (m)	지빠귀	ji-ppa-gwi

| zorzal (m) | 노래지빠귀 | no-rae-ji-ppa-gwi |
| mirlo (m) | 대륙검은지빠귀 | dae-ryuk-geo-meun-ji-ppa-gwi |

vencejo (m)	칼새	kal-sae
alondra (f)	종다리	jong-da-ri
codorniz (f)	메추라기	me-chu-ra-gi

pájaro carpintero (m)	딱따구리	ttak-tta-gu-ri
cuco (m)	뻐꾸기	ppeo-kku-gi
lechuza (f)	올빼미	ol-ppae-mi
búho (m)	수리부엉이	su-ri-bu-eong-i
urogallo (m)	큰뇌조	keun-noe-jo
gallo lira (m)	멧닭	met-dak
perdiz (f)	자고	ja-go

estornino (m)	찌르레기	jji-reu-re-gi
canario (m)	카나리아	ka-na-ri-a
pinzón (m)	되새	doe-sae
camachuelo (m)	피리새	pi-ri-sae

gaviota (f)	갈매기	gal-mae-gi
albatros (m)	신천옹	sin-cheon-ong
pingüino (m)	펭귄	peng-gwin

217. Los pájaros. El canto y los sonidos

cantar (vi)	노래하다	no-rae-ha-da
gritar, llamar (vi)	울다	ul-da
cantar (el gallo)	꼬끼오 하고 울다	kko-kki-o ha-go ul-da
quiquiriquí (m)	꼬끼오	kko-kki-o

cloquear (vi)	꼬꼬댁거리다	kko-kko-daek-geo-ri-da
graznar (vi)	까악까악 울다	kka-ak-kka-ak gul-da
graznar, parpar (vi)	꽥꽥 울다	kkwaek-kkwaek gul-da
piar (vi)	삐약삐약 울다	ppi-yak-ppi-yak gul-da
gorjear (vi)	짹짹 울다	jjaek-jjaek gul-da

218. Los peces. Los animales marinos

brema (f)	도미류	do-mi-ryu
carpa (f)	잉어	ing-eo
perca (f)	농어의 일종	nong-eo-ui il-jong
siluro (m)	메기	me-gi
lucio (m)	북부민물꼬치고기	buk-bu-min-mul-kko-chi-go-gi

| salmón (m) | 연어 | yeon-eo |
| esturión (m) | 철갑상어 | cheol-gap-sang-eo |

arenque (m)	청어	cheong-eo
salmón (m) del Atlántico	대서양 연어	dae-seo-yang yeon-eo
caballa (f)	고등어	go-deung-eo

lenguado (m)	넙치	neop-chi
bacalao (m)	대구	dae-gu
atún (m)	참치	cham-chi
trucha (f)	송어	song-eo
anguila (f)	뱀장어	baem-jang-eo
raya (f) eléctrica	시끈가오리	si-kkeun-ga-o-ri
morena (f)	곰치	gom-chi
piraña (f)	피라니아	pi-ra-ni-a
tiburón (m)	상어	sang-eo
delfín (m)	돌고래	dol-go-rae
ballena (f)	고래	go-rae
centolla (f)	게	ge
medusa (f)	해파리	hae-pa-ri
pulpo (m)	낙지	nak-ji
estrella (f) de mar	불가사리	bul-ga-sa-ri
erizo (m) de mar	성게	seong-ge
caballito (m) de mar	해마	hae-ma
ostra (f)	굴	gul
camarón (m)	새우	sae-u
bogavante (m)	바닷가재	ba-dat-ga-jae
langosta (f)	대하	dae-ha

219. Los anfibios. Los reptiles

serpiente (f)	뱀	baem
venenoso (adj)	독이 있는	do-gi in-neun
víbora (f)	살무사	sal-mu-sa
cobra (f)	코브라	ko-beu-ra
pitón (m)	비단뱀	bi-dan-baem
boa (f)	보아	bo-a
culebra (f)	풀뱀	pul-baem
serpiente (m) de cascabel	방울뱀	bang-ul-baem
anaconda (f)	아나콘다	a-na-kon-da
lagarto (m)	도마뱀	do-ma-baem
iguana (f)	이구아나	i-gu-a-na
salamandra (f)	도롱뇽	do-rong-nyong
camaleón (m)	카멜레온	ka-mel-le-on
escorpión (m)	전갈	jeon-gal
tortuga (f)	거북	geo-buk
rana (f)	개구리	gae-gu-ri
sapo (m)	두꺼비	du-kkeo-bi
cocodrilo (m)	악어	a-geo

220. Los insectos

insecto (m)	곤충	gon-chung
mariposa (f)	나비	na-bi
hormiga (f)	개미	gae-mi
mosca (f)	파리	pa-ri
mosquito (m) (picadura de ~)	모기	mo-gi
escarabajo (m)	딱정벌레	ttak-jeong-beol-le
avispa (f)	말벌	mal-beol
abeja (f)	꿀벌	kkul-beol
abejorro (m)	호박벌	ho-bak-beol
moscardón (m)	쇠파리	soe-pa-ri
araña (f)	거미	geo-mi
telaraña (f)	거미줄	geo-mi-jul
libélula (f)	잠자리	jam-ja-ri
saltamontes (m)	메뚜기	me-ttu-gi
mariposa (f) nocturna	나방	na-bang
cucaracha (f)	바퀴벌레	ba-kwi-beol-le
garrapata (f)	진드기	jin-deu-gi
pulga (f)	벼룩	byeo-ruk
mosca (f) negra	깔따구	kkal-tta-gu
langosta (f)	메뚜기	me-ttu-gi
caracol (m)	달팽이	dal-paeng-i
grillo (m)	귀뚜라미	gwi-ttu-ra-mi
luciérnaga (f)	개똥벌레	gae-ttong-beol-le
mariquita (f)	무당벌레	mu-dang-beol-le
sanjuanero (m)	왕풍뎅이	wang-pung-deng-i
sanguijuela (f)	거머리	geo-meo-ri
oruga (f)	애벌레	ae-beol-le
lombriz (m) de tierra	지렁이	ji-reong-i
larva (f)	애벌레	ae-beol-le

221. Los animales. Las partes del cuerpo

pico (m)	부리	bu-ri
alas (f pl)	날개	nal-gae
pata (f)	다리	da-ri
plumaje (m)	깃털	git-teol
pluma (f)	깃털	git-teol
penacho (m)	볏	byeot
branquias (f pl)	아가미	a-ga-mi
huevas (f pl)	알을 낳다	a-reul la-ta
larva (f)	애벌레	ae-beol-le
aleta (f)	지느러미	ji-neu-reo-mi
escamas (f pl)	비늘	bi-neul
colmillo (m)	송곳니	song-gon-ni

garra (f), pata (f)	발	bal
hocico (m)	주둥이	ju-dung-i
boca (f)	입	ip
cola (f)	꼬리	kko-ri
bigotes (m pl)	수염	su-yeom

| casco (m) (pezuña) | 발굽 | bal-gup |
| cuerno (m) | 뿔 | ppul |

caparazón (m)	등딱지	deung-ttak-ji
concha (f) (de moluscos)	조개 껍질	jo-gae kkeop-jil
cáscara (f) (de huevo)	달걀 껍질	dal-gyal kkeop-jil

| pelo (m) (de perro) | 털 | teol |
| piel (f) (de vaca, etc.) | 가죽 | ga-juk |

222. Los animales. Acciones. Conducta.

volar (vi)	날다	nal-da
dar vueltas	선회하다	seon-hoe-ha-da
echar a volar	날아가버리다	na-ra-ga-beo-ri-da
batir las alas	날개를 치다	nal-gae-reul chi-da

picotear (vt)	쪼다	jjo-da
empollar (vt)	알을 품다	a-reul pum-da
salir del cascarón	까다	kka-da
hacer el nido	보금자리를 짓다	bo-geum-ja-ri-reul jit-da

reptar (serpiente)	기다	gi-da
picar (vt)	물다	mul-da
morder (animal)	물다	mul-da

olfatear (vt)	냄새맡다	naem-sae-mat-da
ladrar (vi)	짖다	jit-da
sisear (culebra)	쉬익하는 소리를 내다	swi-ik-a-neun so-ri-reul lae-da

| asustar (vt) | 겁주다 | geop-ju-da |
| atacar (vt) | 공격하다 | gong-gyeo-ka-da |

roer (vt)	쏠다	ssol-da
arañar (vt)	할퀴다	hal-kwi-da
esconderse (vr)	숨기다	sum-gi-da

jugar (gatitos, etc.)	놀다	nol-da
cazar (vi, vt)	사냥하다	sa-nyang-ha-da
hibernar (vi)	동면하다	dong-myeon-ha-da
extinguirse (vr)	멸종하다	myeol-jong-ha-da

223. Los animales. El hábitat

| hábitat (m) | 서식지 | seo-sik-ji |
| migración (f) | 이동 | i-dong |

montaña (f)	산	san
arrecife (m)	암초	am-cho
roca (f)	절벽	jeol-byeok

bosque (m)	숲	sup
jungla (f)	정글	jeong-geul
sabana (f)	대초원	dae-cho-won
tundra (f)	툰드라	tun-deu-ra

estepa (f)	스텝 지대	seu-tep ji-dae
desierto (m)	사막	sa-mak
oasis (m)	오아시스	o-a-si-seu

mar (m)	바다	ba-da
lago (m)	호수	ho-su
océano (m)	대양	dae-yang

pantano (m)	늪, 소택지	neup, so-taek-ji
de agua dulce (adj)	민물의	min-mu-rui
estanque (m)	연못	yeon-mot
río (m)	강	gang

cubil (m)	굴	gul
nido (m)	둥지	dung-ji
agujero (m)	구멍	gu-meong
madriguera (f)	굴	gul
hormiguero (m)	개미탑	gae-mi-tap

224. El cuidado de los animales

| zoológico (m) | 동물원 | dong-mu-rwon |
| reserva (f) natural | 자연 보호구역 | ja-yeon bo-ho-gu-yeok |

criadero (m)	사육장	sa-yuk-jang
jaula (f) al aire libre	야외 사육장	ya-oe sa-yuk-jang
jaula (f)	우리	u-ri
perrera (f)	개집	gae-jip

| palomar (m) | 비둘기장 | bi-dul-gi-jang |
| acuario (m) | 어항 | eo-hang |

criar (~ animales)	사육하다, 기르다	sa-yuk-a-da, gi-reu-da
crías (f pl)	한 배 새끼	han bae sae-kki
domesticar (vt)	길들이다	gil-deu-ri-da
adiestrar (~ animales)	가르치다	ga-reu-chi-da

| pienso (m), comida (f) | 먹이 | meo-gi |
| dar de comer | 먹이다 | meo-gi-da |

tienda (f) de animales	애완 동물 상점	ae-wan dong-mul sang-jeom
bozal (m) de perro	입마개	im-ma-gae
collar (m)	개목걸이	gae-mok-geo-ri
nombre (m) (de perro, etc.)	이름	i-reum
pedigrí (m)	족보	gye-tong yeon-gu

225. Los animales. Miscelánea

manada (f) (de lobos)	떼	tte
bandada (f) (de pájaros)	새 떼	sae tte
banco (m) de peces	떼	tte
caballada (f)	무리	mu-ri
macho (m)	수컷	su-keot
hembra (f)	암컷	am-keot
hambriento (adj)	배고픈	bae-go-peun
salvaje (adj)	야생의	ya-saeng-ui
peligroso (adj)	위험한	wi-heom-han

226. Los caballos

raza (f)	품종	pum-jong
potro (m)	망아지	mang-a-ji
yegua (f)	암말	am-mal
mustang (m)	무스탕	mu-seu-tang
poni (m)	조랑말	jo-rang-mal
caballo (m) de tiro	짐수레말	jim-su-re-mal
crin (f)	갈기	gal-gi
cola (f)	꼬리	kko-ri
casco (m) (pezuña)	발굽	bal-gup
herradura (f)	편자	pyeon-ja
herrar (vt)	편자를 박다	pyeon-ja-reul bak-da
herrero (m)	편자공	pyeon-ja-gong
silla (f)	안장	an-jang
estribo (m)	등자	deung-ja
bridón (m)	굴레	gul-le
riendas (f pl)	고삐	go-ppi
fusta (f)	채찍	chae-jjik
jinete (m)	기수는	gi-su-neun
ensillar (vt)	안장을 얹다	an-jang-eul reon-da
montar al caballo	말에 타다	ma-re ta-da
galope (m)	갤럽	gael-leop
ir al galope	전속력으로 달리다	jeon-song-nyeo-geu-ro dal-li-da
trote (m)	속보	sok-bo
al trote (adv)	속보로	sok-bo-ro
caballo (m) de carreras	경마용 말	gyeong-ma-yong mal
carreras (f pl)	경마	gyeong-ma
caballeriza (f)	마구간	ma-gu-gan
dar de comer	먹이다	meo-gi-da

heno (m)	건초	geon-cho
dar de beber	물을 먹이다	mu-reul meo-gi-da
limpiar (el caballo)	씻기다	ssit-gi-da

pastar (vi)	풀을 뜯다	pu-reul tteut-da
relinchar (vi)	울다	ul-da
cocear (vi)	걷어차다	geo-deo-cha-da

La flora

árbol (m)	나무	na-mu
foliáceo (adj)	낙엽수의	na-gyeop-su-ui
conífero (adj)	침엽수의	chi-myeop-su-ui
de hoja perenne	상록의	sang-no-gui
manzano (m)	사과나무	sa-gwa-na-mu
peral (m)	배나무	bae-na-mu
cerezo (m), guindo (m)	벚나무	beon-na-mu
ciruelo (m)	자두나무	ja-du-na-mu
abedul (m)	자작나무	ja-jang-na-mu
roble (m)	오크	o-keu
tilo (m)	보리수	bo-ri-su
pobo (m)	사시나무	sa-si-na-mu
arce (m)	단풍나무	dan-pung-na-mu
pícea (f)	가문비나무	ga-mun-bi-na-mu
pino (m)	소나무	so-na-mu
alerce (m)	낙엽송	na-gyeop-song
abeto (m)	전나무	jeon-na-mu
cedro (m)	시다	si-da
álamo (m)	포플러	po-peul-leo
serbal (m)	마가목	ma-ga-mok
sauce (m)	버드나무	beo-deu-na-mu
aliso (m)	오리나무	o-ri-na-mu
haya (f)	너도밤나무	neo-do-bam-na-mu
olmo (m)	느릅나무	neu-reum-na-mu
fresno (m)	물푸레나무	mul-pu-re-na-mu
castaño (m)	밤나무	bam-na-mu
magnolia (f)	목련	mong-nyeon
palmera (f)	야자나무	ya-ja-na-mu
ciprés (m)	사이프러스	sa-i-peu-reo-seu
mangle (m)	맹그로브	maeng-geu-ro-beu
baobab (m)	바오밥나무	ba-o-bam-na-mu
eucalipto (m)	유칼립투스	yu-kal-lip-tu-seu
secoya (f)	세쿼이아	se-kwo-i-a

| mata (f) | 덤불 | deom-bul |
| arbusto (m) | 관목 | gwan-mok |

vid (f)	포도 덩굴	po-do deong-gul
viñedo (m)	포도밭	po-do-bat
frambueso (m)	라즈베리	ra-jeu-be-ri
grosellero (m) rojo	레드커런트 나무	re-deu-keo-reon-teu na-mu
grosellero (m) espinoso	구스베리 나무	gu-seu-be-ri na-mu
acacia (f)	아카시아	a-ka-si-a
berberís (m)	매자나무	mae-ja-na-mu
jazmín (m)	재스민	jae-seu-min
enebro (m)	두송	du-song
rosal (m)	장미 덤불	jang-mi deom-bul
escaramujo (m)	찔레나무	jjil-le-na-mu

229. Los hongos

seta (f)	버섯	beo-seot
seta (f) comestible	식용 버섯	si-gyong beo-seot
seta (f) venenosa	독버섯	dok-beo-seot
sombrerete (m)	버섯의 갓	beo-seos-ui gat
estipe (m)	줄기	jul-gi
boleto (m) castaño	등색껄껄이그물버섯	deung-saek-kkeol-kkeo-ri-geu-mul-beo-seot
boleto (m) áspero	거친껄껄이그물버섯	geo-chin-kkeol-kkeo-ri-geu-mul-beo-seot
rebozuelo (m)	살구버섯	sal-gu-beo-seot
rúsula (f)	무당버섯	mu-dang-beo-seot
colmenilla (f)	곰보버섯	gom-bo-beo-seot
matamoscas (m)	광대버섯	gwang-dae-beo-seot
oronja (f) verde	알광대버섯	al-gwang-dae-beo-seot

230. Las frutas. Las bayas

manzana (f)	사과	sa-gwa
pera (f)	배	bae
ciruela (f)	자두	ja-du
fresa (f)	딸기	ttal-gi
guinda (f)	신양	si-nyang
cereza (f)	양벗나무	yang-beon-na-mu
uva (f)	포도	po-do
frambuesa (f)	라즈베리	ra-jeu-be-ri
grosella (f) negra	블랙커렌트	beul-laek-keo-ren-teu
grosella (f) roja	레드커렌트	re-deu-keo-ren-teu
grosella (f) espinosa	구스베리	gu-seu-be-ri
arándano (m) agrio	크랜베리	keu-raen-be-ri
naranja (f)	오렌지	o-ren-ji
mandarina (f)	귤	gyul

piña (f)	파인애플	pa-in-ae-peul
banana (f)	바나나	ba-na-na
dátil (m)	대추야자	dae-chu-ya-ja

limón (m)	레몬	re-mon
albaricoque (m)	살구	sal-gu
melocotón (m)	복숭아	bok-sung-a
kiwi (m)	키위	ki-wi
toronja (f)	자몽	ja-mong

baya (f)	장과	jang-gwa
bayas (f pl)	장과류	jang-gwa-ryu
arándano (m) rojo	월귤나무	wol-gyul-la-mu
fresa (f) silvestre	야생딸기	ya-saeng-ttal-gi
arándano (m)	빌베리	bil-be-ri

231. Las flores. Las plantas

| flor (f) | 꽃 | kkot |
| ramo (m) de flores | 꽃다발 | kkot-da-bal |

rosa (f)	장미	jang-mi
tulipán (m)	튤립	tyul-lip
clavel (m)	카네이션	ka-ne-i-syeon
gladiolo (m)	글라디올러스	geul-la-di-ol-leo-seu

aciano (m)	수레국화	su-re-guk-wa
campanilla (f)	실잔대	sil-jan-dae
diente (m) de león	민들레	min-deul-le
manzanilla (f)	캐모마일	kae-mo-ma-il

áloe (m)	알로에	al-lo-e
cacto (m)	선인장	seon-in-jang
ficus (m)	고무나무	go-mu-na-mu

azucena (f)	백합	baek-ap
geranio (m)	제라늄	je-ra-nyum
jacinto (m)	히아신스	hi-a-sin-seu

mimosa (f)	미모사	mi-mo-sa
narciso (m)	수선화	su-seon-hwa
capuchina (f)	한련	hal-lyeon

orquídea (f)	난초	nan-cho
peonía (f)	모란	mo-ran
violeta (f)	바이올렛	ba-i-ol-let

trinitaria (f)	팬지	paen-ji
nomeolvides (f)	물망초	mul-mang-cho
margarita (f)	데이지	de-i-ji

amapola (f)	양귀비	yang-gwi-bi
cáñamo (m)	삼	sam
menta (f)	박하	bak-a

muguete (m)	은방울꽃	eun-bang-ul-kkot
campanilla (f) de las nieves	스노드롭	seu-no-deu-rop
ortiga (f)	쐐기풀	sswae-gi-pul
acedera (f)	수영	su-yeong
nenúfar (m)	수련	su-ryeon
helecho (m)	고사리	go-sa-ri
liquen (m)	이끼	i-kki
invernadero (m) tropical	온실	on-sil
césped (m)	잔디	jan-di
macizo (m) de flores	꽃밭	kkot-bat
planta (f)	식물	sing-mul
hierba (f)	풀	pul
hoja (f) de hierba	풀잎	pu-rip
hoja (f)	잎	ip
pétalo (m)	꽃잎	kko-chip
tallo (m)	줄기	jul-gi
tubérculo (m)	구근	gu-geun
retoño (m)	새싹	sae-ssak
espina (f)	가시	ga-si
florecer (vi)	피우다	pi-u-da
marchitarse (vr)	시들다	si-deul-da
olor (m)	향기	hyang-gi
cortar (vt)	자르다	ja-reu-da
coger (una flor)	따다	tta-da

232. Los cereales, los granos

grano (m)	곡물	gong-mul
cereales (m pl) (plantas)	곡류	gong-nyu
espiga (f)	이삭	i-sak
trigo (m)	밀	mil
centeno (m)	호밀	ho-mil
avena (f)	귀리	gwi-ri
mijo (m)	수수, 기장	su-su, gi-jang
cebada (f)	보리	bo-ri
maíz (m)	옥수수	ok-su-su
arroz (m)	쌀	ssal
alforfón (m)	메밀	me-mil
guisante (m)	완두	wan-du
fréjol (m)	강낭콩	gang-nang-kong
soya (f)	콩	kong
lenteja (f)	렌즈콩	ren-jeu-kong
habas (f pl)	콩	kong

233. Los vegetales. Las verduras

legumbres (f pl)	채소	chae-so
verduras (f pl)	녹황색 채소	nok-wang-saek chae-so
tomate (m)	토마토	to-ma-to
pepino (m)	오이	o-i
zanahoria (f)	당근	dang-geun
patata (f)	감자	gam-ja
cebolla (f)	양파	yang-pa
ajo (m)	마늘	ma-neul
col (f)	양배추	yang-bae-chu
coliflor (f)	컬리플라워	keol-li-peul-la-wo
col (f) de Bruselas	방울다다기 양배추	bang-ul-da-da-gi yang-bae-chu
remolacha (f)	비트	bi-teu
berenjena (f)	가지	ga-ji
calabacín (m)	애호박	ae-ho-bak
calabaza (f)	호박	ho-bak
nabo (m)	순무	sun-mu
perejil (m)	파슬리	pa-seul-li
eneldo (m)	딜	dil
lechuga (f)	양상추	yang-sang-chu
apio (m)	셀러리	sel-leo-ri
espárrago (m)	아스파라거스	a-seu-pa-ra-geo-seu
espinaca (f)	시금치	si-geum-chi
guisante (m)	완두	wan-du
habas (f pl)	콩	kong
maíz (m)	옥수수	ok-su-su
fréjol (m)	강낭콩	gang-nang-kong
pimentón (m)	피망	pi-mang
rábano (m)	무	mu
alcachofa (f)	아티초크	a-ti-cho-keu

GEOGRAFÍA REGIONAL

234. Europa occidental

Europa (f)	유럽	yu-reop
Unión (f) Europea	유럽 연합	yu-reop byeon-hap
europeo (m)	유럽 사람	yu-reop sa-ram
europeo (adj)	유럽의	yu-reo-bui
Austria (f)	오스트리아	o-seu-teu-ri-a
austriaco (m)	오스트리아 사람	o-seu-teu-ri-a sa-ram
austriaca (f)	오스트리아 사람	o-seu-teu-ri-a sa-ram
austriaco (adj)	오스트리아의	o-seu-teu-ri-a-ui
Gran Bretaña (f)	영국	yeong-guk
Inglaterra (f)	잉글랜드	ing-geul-laen-deu
inglés (m)	영국 남자	yeong-guk nam-ja
inglesa (f)	영국 여성	yeong-guk gyeo-ja
inglés (adj)	영국의	yeong-gu-gui
Bélgica (f)	벨기에	bel-gi-e
belga (m)	벨기에 사람	bel-gi-e sa-ram
belga (f)	벨기에 사람	bel-gi-e sa-ram
belga (adj)	벨기에의	bel-gi-e-ui
Alemania (f)	독일	do-gil
alemán (m)	독일 사람	do-gil sa-ram
alemana (f)	독일 사람	do-gil sa-ram
alemán (adj)	독일의	do-gi-rui
Países Bajos (m pl)	네덜란드	ne-deol-lan-deu
Holanda (f)	네덜란드	ne-deol-lan-deu
holandés (m)	네덜란드 사람	ne-deol-lan-deu sa-ram
holandesa (f)	네덜란드 사람	ne-deol-lan-deu sa-ram
holandés (adj)	네덜란드의	ne-deol-lan-deu-ui
Grecia (f)	그리스	geu-ri-seu
griego (m)	그리스 사람	geu-ri-seu sa-ram
griega (f)	그리스 사람	geu-ri-seu sa-ram
griego (adj)	그리스의	geu-ri-seu-ui
Dinamarca (f)	덴마크	den-ma-keu
danés (m)	덴마크 사람	den-ma-keu sa-ram
danesa (f)	덴마크 사람	den-ma-keu sa-ram
danés (adj)	덴마크의	den-ma-keu-ui
Irlanda (f)	아일랜드	a-il-laen-deu
irlandés (m)	아일랜드 사람	a-il-laen-deu sa-ram
irlandesa (f)	아일랜드 사람	a-il-laen-deu sa-ram
irlandés (adj)	아일랜드의	a-il-laen-deu-ui

Islandia (f)	아이슬란드	a-i-seul-lan-deu
islandés (m)	아이슬란드 사람	a-i-seul-lan-deu sa-ram
islandesa (f)	아이슬란드 사람	a-i-seul-lan-deu sa-ram
islandés (adj)	아이슬란드의	a-i-seul-lan-deu-ui
España (f)	스페인	seu-pe-in
español (m)	스페인 사람	seu-pe-in sa-ram
española (f)	스페인 사람	seu-pe-in sa-ram
español (adj)	스페인의	seu-pe-in-ui
Italia (f)	이탈리아	i-tal-li-a
italiano (m)	이탈리아 사람	i-tal-li-a sa-ram
italiana (f)	이탈리아 사람	i-tal-li-a sa-ram
italiano (adj)	이탈리아의	i-tal-li-a-ui
Chipre (m)	키프로스	ki-peu-ro-seu
chipriota (m)	키프로스 사람	ki-peu-ro-seu sa-ram
chipriota (f)	키프로스 사람	ki-peu-ro-seu sa-ram
chipriota (adj)	키프로스의	ki-peu-ro-seu-ui
Malta (f)	몰타	mol-ta
maltés (m)	몰타 사람	mol-ta sa-ram
maltesa (f)	몰타 사람	mol-ta sa-ram
maltés (adj)	몰타의	mol-ta-ui
Noruega (f)	노르웨이	no-reu-we-i
noruego (m)	노르웨이 사람	no-reu-we-i sa-ram
noruega (f)	노르웨이사람	no-reu-we-i sa-ram
noruego (adj)	노르웨이의	no-reu-we-i-ui
Portugal (m)	포르투갈	po-reu-tu-gal
portugués (m)	포르투갈 사람	po-reu-tu-gal sa-ram
portuguesa (f)	포르투갈 사람	po-reu-tu-gal sa-ram
portugués (adj)	포르투갈의	po-reu-tu-ga-rui
Finlandia (f)	핀란드	pil-lan-deu
finlandés (m)	핀란드 사람	pil-lan-deu sa-ram
finlandesa (f)	핀란드사람	pil-lan-deu-sa-ram
finlandés (adj)	핀란드의	pil-lan-deu-ui
Francia (f)	프랑스	peu-rang-seu
francés (m)	프랑스 사람	peu-rang-seu sa-ram
francesa (f)	프랑스 사람	peu-rang-seu sa-ram
francés (adj)	프랑스의	peu-rang-seu-ui
Suecia (f)	스웨덴	seu-we-den
sueco (m)	스웨덴 사람	seu-we-den sa-ram
sueca (f)	스웨덴 사람	seu-we-den sa-ram
sueco (adj)	스웨덴의	seu-we-den-ui
Suiza (f)	스위스	seu-wi-seu
suizo (m)	스위스 사람	seu-wi-seu sa-ram
suiza (f)	스위스 사람	seu-wi-seu sa-ram
suizo (adj)	스위스의	seu-wi-seu-ui
Escocia (f)	스코틀랜드	seu-ko-teul-laen-deu
escocés (m)	스코틀랜드 사람	seu-ko-teul-laen-deu sa-ram

| escocesa (f) | 스코틀랜드 사람 | seu-ko-teul-laen-deu sa-ram |
| escocés (adj) | 스코틀랜드의 | seu-ko-teul-laen-deu-ui |

Vaticano (m)	바티칸	ba-ti-kan
Liechtenstein (m)	리히텐슈타인	ri-hi-ten-syu-ta-in
Luxemburgo (m)	룩셈부르크	ruk-sem-bu-reu-keu
Mónaco (m)	모나코	mo-na-ko

235. Europa central y oriental

Albania (f)	알바니아	al-ba-ni-a
albanés (m)	알바니아 사람	al-ba-ni-a sa-ram
albanesa (f)	알바니아 사람	al-ba-ni-a sa-ram
albanés (adj)	알바니아의	al-ba-ni-a-ui

Bulgaria (f)	불가리아	bul-ga-ri-a
búlgaro (m)	불가리아 사람	bul-ga-ri-a sa-ram
búlgara (f)	불가리아 사람	bul-ga-ri-a sa-ram
búlgaro (adj)	불가리아의	bul-ga-ri-a-ui

Hungría (f)	헝가리	heong-ga-ri
húngaro (m)	헝가리 사람	heong-ga-ri sa-ram
húngara (f)	헝가리 사람	heong-ga-ri sa-ram
húngaro (adj)	헝가리의	heong-ga-ri-ui

Letonia (f)	라트비아	ra-teu-bi-a
letón (m)	라트비아 사람	ra-teu-bi-a sa-ram
letona (f)	라트비아 사람	ra-teu-bi-a sa-ram
letón (adj)	라트비아의	ra-teu-bi-a-ui

Lituania (f)	리투아니아	ri-tu-a-ni-a
lituano (m)	리투아니아 사람	ri-tu-a-ni-a sa-ram
lituana (f)	리투아니아 사람	ri-tu-a-ni-a sa-ram
lituano (adj)	리투아니아의	ri-tu-a-ni-a-ui

Polonia (f)	폴란드	pol-lan-deu
polaco (m)	폴란드 사람	pol-lan-deu sa-ram
polaca (f)	폴란드 사람	pol-lan-deu sa-ram
polaco (adj)	폴란드의	pol-lan-deu-ui

Rumania (f)	루마니아	ru-ma-ni-a
rumano (m)	루마니아 사람	ru-ma-ni-a sa-ram
rumana (f)	루마니아 사람	ru-ma-ni-a sa-ram
rumano (adj)	루마니아의	ru-ma-ni-a-ui

Serbia (f)	세르비아	se-reu-bi-a
serbio (m)	세르비아 사람	se-reu-bi-a sa-ram
serbia (f)	세르비아 사람	se-reu-bi-a sa-ram
serbio (adj)	세르비아의	se-reu-bi-a-ui

Eslovaquia (f)	슬로바키아	seul-lo-ba-ki-a
eslovaco (m)	슬로바키아 사람	seul-lo-ba-ki-a sa-ram
eslovaca (f)	슬로바키아 사람	seul-lo-ba-ki-a sa-ram
eslovaco (adj)	슬로바키아의	seul-lo-ba-ki-a-ui

Croacia (f)	크로아티아	keu-ro-a-ti-a
croata (m)	크로아티아 사람	keu-ro-a-ti-a sa-ram
croata (f)	크로아티아 사람	keu-ro-a-ti-a sa-ram
croata (adj)	크로아티아의	keu-ro-a-ti-a-ui
Chequia (f)	체코	che-ko
checo (m)	체코 사람	che-ko sa-ram
checa (f)	체코 사람	che-ko sa-ram
checo (adj)	체코의	che-ko-ui
Estonia (f)	에스토니아	e-seu-to-ni-a
estonio (m)	에스토니아 사람	e-seu-to-ni-a sa-ram
estonia (f)	에스토니아 사람	e-seu-to-ni-a sa-ram
estonio (adj)	에스토니아의	e-seu-to-ni-a-ui
Bosnia y Herzegovina	보스니아 헤르체코비나	bo-seu-ni-a he-reu-che-ko-bi-na
Macedonia	마케도니아	ma-ke-do-ni-a
Eslovenia	슬로베니아	seul-lo-be-ni-a
Montenegro (m)	몬테네그로	mon-te-ne-geu-ro

236. Los países de la antes Unión Soviética

Azerbaiyán (m)	아제르바이잔	a-je-reu-ba-i-jan
azerbaiyano (m)	아제르바이잔 사람	a-je-reu-ba-i-jan sa-ram
azerbaiyana (f)	아제르바이잔 사람	a-je-reu-ba-i-jan sa-ram
azerbaiyano (adj)	아제르바이잔의	a-je-reu-ba-i-jan-ui
Armenia (f)	아르메니아	a-reu-me-ni-a
armenio (m)	아르메니아 사람	a-reu-me-ni-a sa-ram
armenia (f)	아르메니아 사람	a-reu-me-ni-a sa-ram
armenio (adj)	아르메니아의	a-reu-me-ni-a-ui
Bielorrusia (f)	벨로루시	bel-lo-ru-si
bielorruso (m)	벨로루시 사람	bel-lo-ru-si sa-ram
bielorrusa (f)	벨로루시 사람	bel-lo-ru-si sa-ram
bielorruso (adj)	벨로루시의	bel-lo-ru-si-ui
Georgia (f)	그루지야	geu-ru-ji-ya
georgiano (m)	그루지야 사람	geu-ru-ji-ya sa-ram
georgiana (f)	그루지야 사람	geu-ru-ji-ya sa-ram
georgiano (adj)	그루지야의	geu-ru-ji-ya-ui
Kazajstán (m)	카자흐스탄	ka-ja-heu-seu-tan
kazajo (m)	카자흐스탄 사람	ka-ja-heu-seu-tan sa-ram
kazaja (f)	카자흐스탄 사람	ka-ja-heu-seu-tan sa-ram
kazajo (adj)	카자흐스탄의	ka-ja-heu-seu-tan-ui
Kirguizistán (m)	키르기스스탄	ki-reu-gi-seu-seu-tan
kirguís (m)	키르기스스탄 사람	ki-reu-gi-seu-seu-tan sa-ram
kirguisa (f)	키르기스스탄 사람	ki-reu-gi-seu-seu-tan sa-ram
kirguís (adj)	키르기스스탄의	ki-reu-gi-seu-seu-tan-ui
Moldavia (f)	몰도바	mol-do-ba
moldavo (m)	몰도바 사람	mol-do-ba sa-ram

moldava (f)	몰도바 사람	mol-do-ba sa-ram
moldavo (adj)	몰도바의	mol-do-ba-ui
Rusia (f)	러시아	reo-si-a
ruso (m)	러시아 사람	reo-si-a sa-ram
rusa (f)	러시아 사람	reo-si-a sa-ram
ruso (adj)	러시아의	reo-si-a-ui
Tayikistán (m)	타지키스탄	ta-ji-ki-seu-tan
tayiko (m)	타지키스탄 사람	ta-ji-ki-seu-tan sa-ram
tayika (f)	타지키스탄 사람	ta-ji-ki-seu-tan sa-ram
tayiko (adj)	타지키스탄의	ta-ji-ki-seu-tan-ui
Turkmenistán (m)	투르크메니스탄	tu-reu-keu-me-ni-seu-tan
turkmeno (m)	투르크메니스탄 사람	tu-reu-keu-me-ni-seu-tan sa-ram
turkmena (f)	투르크메니스탄 사람	tu-reu-keu-me-ni-seu-tan sa-ram
turkmeno (adj)	투르크메니스탄의	tu-reu-keu-me-ni-seu-tan-ui
Uzbekistán (m)	우즈베키스탄	u-jeu-be-ki-seu-tan
uzbeko (m)	우즈베키스탄 사람	u-jeu-be-ki-seu-tan sa-ram
uzbeka (f)	우즈베키스탄 사람	u-jeu-be-ki-seu-tan sa-ram
uzbeko (adj)	우즈베키스탄의	u-jeu-be-ki-seu-tan-ui
Ucrania (f)	우크라이나	u-keu-ra-i-na
ucraniano (m)	우크라이나 사람	u-keu-ra-i-na sa-ram
ucraniana (f)	우크라이나 사람	u-keu-ra-i-na sa-ram
ucraniano (adj)	우크라이나의	u-keu-ra-i-na-ui

237. Asia

Asia (f)	아시아	a-si-a
asiático (adj)	아시아의	a-si-a-ui
Vietnam (m)	베트남	be-teu-nam
vietnamita (m)	베트남 사람	be-teu-nam sa-ram
vietnamita (f)	베트남 사람	be-teu-nam sa-ram
vietnamita (adj)	베트남의	be-teu-nam-ui
India (f)	인도	in-do
indio (m)	인도 사람	in-do sa-ram
india (f)	인도 사람	in-do sa-ram
indio (adj)	인도의	in-do-ui
Israel (m)	이스라엘	i-seu-ra-el
israelí (m)	이스라엘 사람	i-seu-ra-el sa-ram
israelí (f)	이스라엘 사람	i-seu-ra-el sa-ram
israelí (adj)	이스라엘의	i-seu-ra-e-rui
hebreo (m)	유대인	yu-dae-in
hebrea (f)	유대인 여자	yu-dae-in nyeo-ja
hebreo (adj)	유대인의	yu-dae-in-ui
China (f)	중국	jung-guk

chino (m)	중국 사람	jung-guk sa-ram
china (f)	중국 사람	jung-guk sa-ram
chino (adj)	중국의	jung-gu-gui
Corea (f) del Sur	한국	han-guk
Corea (f) del Norte	북한	buk-an
coreano (m)	한국 사람	han-guk sa-ram
coreana (f)	한국 사람	han-guk sa-ram
coreano (adj)	한국의	han-gu-gui
Líbano (m)	레바논	re-ba-non
libanés (m)	레바논 사람	re-ba-non sa-ram
libanesa (f)	레바논 사람	re-ba-non sa-ram
libanés (adj)	레바논의	re-ba-non-ui
Mongolia (f)	몽골	mong-gol
mongol (m)	몽골 사람	mong-gol sa-ram
mongola (f)	몽골 사람	mong-gol sa-ram
mongol (adj)	몽골의	mong-go-rui
Malasia (f)	말레이시아	mal-le-i-si-a
malayo (m)	말레이시아 사람	mal-le-i-si-a sa-ram
malaya (f)	말레이시아 사람	mal-le-i-si-a sa-ram
malayo (adj)	말레이시아의	mal-le-i-si-a-ui
Pakistán (m)	파키스탄	pa-ki-seu-tan
pakistaní (m)	파키스탄 사람	pa-ki-seu-tan sa-ram
pakistaní (f)	파키스탄 사람	pa-ki-seu-tan sa-ram
pakistaní (adj)	파키스탄의	pa-ki-seu-tan-ui
Arabia (f) Saudita	사우디아라비아	sa-u-di-a-ra-bi-a
árabe (m)	아랍 사람	a-rap sa-ram
árabe (f)	아랍 사람	a-rap sa-ram
árabe (adj)	아랍인의	sa-u-di-a-ra-bi-a-ui
Tailandia (f)	태국	tae-guk
tailandés (m)	태국 사람	tae-guk sa-ram
tailandesa (f)	태국 사람	tae-guk sa-ram
tailandés (adj)	태국의	tae-gu-gui
Taiwán (m)	대만	dae-man
taiwanés (m)	대만 사람	dae-man sa-ram
taiwanesa (f)	대만 사람	dae-man sa-ram
taiwanés (adj)	대만의	dae-man-ui
Turquía (f)	터키	teo-ki
turco (m)	터키 사람	teo-ki sa-ram
turca (f)	터키 사람	teo-ki sa-ram
turco (adj)	터키의	teo-ki-ui
Japón (m)	일본	il-bon
japonés (m)	일본 사람	il-bon sa-ram
japonesa (f)	일본 사람	il-bon sa-ram
japonés (adj)	일본의	il-bon-ui
Afganistán (m)	아프가니스탄	a-peu-ga-ni-seu-tan
Bangladesh (m)	방글라데시	bang-geul-la-de-si

| Indonesia (f) | 인도네시아 | in-do-ne-si-a |
| Jordania (f) | 요르단 | yo-reu-dan |

Irak (m)	이라크	i-ra-keu
Irán (m)	이란	i-ran
Camboya (f)	캄보디아	kam-bo-di-a
Kuwait (m)	쿠웨이트	ku-we-i-teu

Laos (m)	라오스	ra-o-seu
Myanmar (m)	미얀마	mi-yan-ma
Nepal (m)	네팔	ne-pal
Emiratos (m pl) Árabes Unidos	아랍에미리트	a-ra-be-mi-ri-teu

| Siria (f) | 시리아 | si-ri-a |
| Palestina (f) | 팔레스타인 | pal-le-seu-ta-in |

238. América del Norte

Estados Unidos de América (m pl)	미국	mi-guk
americano (m)	미국 사람	mi-guk sa-ram
americana (f)	미국 사람	mi-guk sa-ram
americano (adj)	미국의	mi-gu-gui

Canadá (f)	캐나다	kae-na-da
canadiense (m)	캐나다 사람	kae-na-da sa-ram
canadiense (f)	캐나다 사람	kae-na-da sa-ram
canadiense (adj)	캐나다의	kae-na-da-ui

Méjico (m)	멕시코	mek-si-ko
mejicano (m)	멕시코 사람	mek-si-ko sa-ram
mejicana (f)	멕시코 사람	mek-si-ko sa-ram
mejicano (adj)	멕시코의	mek-si-ko-ui

239. Centroamérica y Sudamérica

Argentina (f)	아르헨티나	a-reu-hen-ti-na
argentino (m)	아르헨티나 사람	a-reu-hen-ti-na sa-ram
argentina (f)	아르헨티나 사람	a-reu-hen-ti-na sa-ram
argentino (adj)	아르헨티나의	a-reu-hen-ti-na-ui

Brasil (m)	브라질	beu-ra-jil
brasileño (m)	브라질 사람	beu-ra-jil sa-ram
brasileña (f)	브라질 사람	beu-ra-jil sa-ram
brasileño (adj)	브라질의	beu-ra-ji-rui

Colombia (f)	콜롬비아	kol-lom-bi-a
colombiano (m)	콜롬비아 사람	kol-lom-bi-a sa-ram
colombiana (f)	콜롬비아 사람	kol-lom-bi-a sa-ram
colombiano (adj)	콜롬비아의	kol-lom-bi-a-ui
Cuba (f)	쿠바	ku-ba
cubano (m)	쿠바 사람	ku-ba sa-ram

| cubana (f) | 쿠바 사람 | ku-ba sa-ram |
| cubano (adj) | 쿠바의 | ku-ba-ui |

Chile (m)	칠레	chil-le
chileno (m)	칠레 사람	chil-le sa-ram
chilena (f)	칠레 사람	chil-le sa-ram
chileno (adj)	칠레의	chil-le-ui

Bolivia (f)	볼리비아	bol-li-bi-a
Venezuela (f)	베네수엘라	be-ne-su-el-la
Paraguay (m)	파라과이	pa-ra-gwa-i
Perú (m)	페루	pe-ru

Surinam (m)	수리남	su-ri-nam
Uruguay (m)	우루과이	u-ru-gwa-i
Ecuador (m)	에콰도르	e-kwa-do-reu

Islas (f pl) Bahamas	바하마	ba-ha-ma
Haití (m)	아이티	a-i-ti
República (f) Dominicana	도미니카 공화국	do-mi-ni-ka gong-hwa-guk
Panamá (f)	파나마	pa-na-ma
Jamaica (f)	자메이카	ja-me-i-ka

240. África

Egipto (m)	이집트	i-jip-teu
egipcio (m)	이집트 사람	i-jip-teu sa-ram
egipcia (f)	이집트 사람	i-jip-teu sa-ram
egipcio (adj)	이집트의	i-jip-teu-ui

Marruecos (m)	모로코	mo-ro-ko
marroquí (m)	모로코 사람	mo-ro-ko sa-ram
marroquí (f)	모로코 사람	mo-ro-ko sa-ram
marroquí (adj)	모로코의	mo-ro-ko-ui

Túnez (m)	튀니지	twi-ni-ji
tunecino (m)	튀니지 사람	twi-ni-ji sa-ram
tunecina (f)	튀니지 사람	twi-ni-ji sa-ram
tunecino (adj)	튀니지의	twi-ni-ji-ui

Ghana (f)	가나	ga-na
Zanzíbar (m)	잔지바르	jan-ji-ba-reu
Kenia (f)	케냐	ke-nya
Libia (f)	리비아	ri-bi-a
Madagascar (m)	마다가스카르	ma-da-ga-seu-ka-reu
Namibia (f)	나미비아	na-mi-bi-a
Senegal (m)	세네갈	se-ne-gal
Tanzania (f)	탄자니아	tan-ja-ni-a
República (f) Sudafricana	남아프리카 공화국	nam-a-peu-ri-ka gong-hwa-guk

africano (m)	아프리카 사람	a-peu-ri-ka sa-ram
africana (f)	아프리카 사람	a-peu-ri-ka sa-ram
africano (adj)	아프리카의	a-peu-ri-ka-ui

241. Australia. Oceanía

Australia (f)	호주	ho-ju
australiano (m)	호주 사람	ho-ju sa-ram
australiana (f)	호주 사람	ho-ju sa-ram
australiano (adj)	호주의	ho-ju-ui
Nueva Zelanda (f)	뉴질랜드	nyu-jil-laen-deu
neocelandés (m)	뉴질랜드 사람	nyu-jil-laen-deu sa-ram
neocelandesa (f)	뉴질랜드 사람	nyu-jil-laen-deu sa-ram
neocelandés (adj)	뉴질랜드의	nyu-jil-laen-deu-ui
Tasmania (f)	태즈메이니아	tae-jeu-me-i-ni-a
Polinesia (f) Francesa	폴리네시아	pol-li-ne-si-a

242. Las ciudades

Ámsterdam	암스테르담	am-seu-te-reu-dam
Ankara	앙카라	ang-ka-ra
Atenas	아테네	a-te-ne
Bagdad	바그다드	ba-geu-da-deu
Bangkok	방콕	bang-kok
Barcelona	바르셀로나	ba-reu-sel-lo-na
Beirut	베이루트	be-i-ru-teu
Berlín	베를린	be-reul-lin
Mumbai	봄베이, 뭄바이	bom-be-i, mum-ba-i
Bonn	본	bon
Bratislava	브라티슬라바	beu-ra-ti-seul-la-ba
Bruselas	브뤼셀	beu-rwi-sel
Bucarest	부쿠레슈티	bu-ku-re-syu-ti
Budapest	부다페스트	bu-da-pe-seu-teu
Burdeos	보르도	bo-reu-do
El Cairo	카이로	ka-i-ro
Calcuta	캘커타	kael-keo-ta
Chicago	시카고	si-ka-go
Copenhague	코펜하겐	ko-pen-ha-gen
Dar-es-Salam	다르에스살람	da-reu-e-seu-sal-lam
Delhi	델리	del-li
Dubai	두바이	du-ba-i
Dublín	더블린	deo-beul-lin
Dusseldorf	뒤셀도르프	dwi-sel-do-reu-peu
Estambul	이스탄불	i-seu-tan-bul
Estocolmo	스톡홀름	seu-tok-ol-leum
Florencia	플로렌스	peul-lo-ren-seu
Fráncfort del Meno	프랑크푸르트	peu-rang-keu-pu-reu-teu
Ginebra	제네바	je-ne-ba
La Habana	아바나	a-ba-na
Hamburgo	함부르크	ham-bu-reu-keu

Hanói	하노이	ha-no-i
La Haya	헤이그	he-i-geu
Helsinki	헬싱키	hel-sing-ki
Hiroshima	히로시마	hi-ro-si-ma
Hong Kong	홍콩	hong-kong
Jerusalén	예루살렘	ye-ru-sal-lem
Kiev	키예프	ki-ye-peu
Kuala Lumpur	콸라룸푸르	kwal-la-rum-pu-reu
Lisboa	리스본	ri-seu-bon
Londres	런던	reon-deon
Los Ángeles	로스앤젤레스	ro-seu-aen-jel-le-seu
Lyon	리옹	ri-ong
Madrid	마드리드	ma-deu-ri-deu
Marsella	마르세유	ma-reu-se-yu
Ciudad de México	멕시코시티	mek-si-ko-si-ti
Miami	마이애미	ma-i-ae-mi
Montreal	몬트리올	mon-teu-ri-ol
Moscú	모스크바	mo-seu-keu-ba
Múnich	뮌헨	mwin-hen
Nairobi	나이로비	na-i-ro-bi
Nápoles	나폴리	na-pol-li
Niza	니스	ni-seu
Nueva York	뉴욕	nyu-yok
Oslo	오슬로	o-seul-lo
Ottawa	오타와	o-ta-wa
París	파리	pa-ri
Pekin	베이징	be-i-jing
Praga	프라하	peu-ra-ha
Río de Janeiro	리우데자네이루	ri-u-de-ja-ne-i-ru
Roma	로마	ro-ma
San Petersburgo	상트페테르부르크	sang-teu-pe-te-reu-bu-reu-keu
Seúl	서울	seo-ul
Shanghái	상하이	sang-ha-i
Singapur	싱가포르	sing-ga-po-reu
Sydney	시드니	si-deu-ni
Taipei	타이베이	ta-i-be-i
Tokio	도쿄	do-kyo
Toronto	토론토	to-ron-to
Varsovia	바르샤바	ba-reu-sya-ba
Venecia	베니스	be-ni-seu
Viena	빈	bin
Washington	워싱턴	wo-sing-teon

243. La política. El gobierno. Unidad 1

política (f)	정치	jeong-chi
político (adj)	정치의	jeong-chi-ui

político (m)	정치가	jeong-chi-ga
estado (m)	국가	guk-ga
ciudadano (m)	시민	si-min
ciudadanía (f)	시민권	si-min-gwon
escudo (m) nacional	국장	guk-jang
himno (m) nacional	국가	guk-ga
gobierno (m)	정부	jeong-bu
jefe (m) de estado	국가 수장	guk-ga su-jang
parlamento (m)	의회	ui-hoe
partido (m)	정당	jeong-dang
capitalismo (m)	자본주의	ja-bon-ju-ui
capitalista (adj)	자본주의의	ja-bon-ju-ui-ui
socialismo (m)	사회주의	sa-hoe-ju-ui
socialista (adj)	사회주의의	sa-hoe-ju-ui-ui
comunismo (m)	공산주의	gong-san-ju-ui
comunista (adj)	공산주의의	gong-san-ju-ui-ui
comunista (m)	공산주의자	gong-san-ju-ui-ja
democracia (f)	민주주의	min-ju-ju-ui
demócrata (m)	민주주의자	min-ju-ju-ui-ja
democrático (adj)	민주주의의	min-ju-ju-ui-ui
Partido (m) Democrático	민주당	min-ju-dang
liberal (m)	자유주의자	ja-yu-ju-ui-ja
liberal (adj)	자유주의의	ja-yu-ju-ui-ui
conservador (m)	보수주의자	bo-su-ju-ui-ja
conservador (adj)	보수적인	bo-su-jeo-gin
república (f)	공화국	gong-hwa-guk
republicano (m)	공화당원	gong-hwa-dang-won
Partido (m) Republicano	공화당	gong-hwa-dang
elecciones (f pl)	선거	seon-geo
elegir (vi)	선거하다	seon-geo-ha-da
elector (m)	유권자	yu-gwon-ja
campaña (f) electoral	선거 운동	seon-geo un-dong
votación (f)	선거	seon-geo
votar (vi)	투표하다	tu-pyo-ha-da
derecho (m) a voto	투표권	tu-pyo-gwon
candidato (m)	후보자	hu-bo-ja
presentarse como candidato	입후보하다	i-pu-bo-ha-da
campaña (f)	캠페인	kaem-pe-in
de oposición (adj)	반대의	ban-dae-ui
oposición (f)	반대	ban-dae
visita (f)	방문	bang-mun
visita (f) oficial	공식 방문	gong-sik bang-mun
internacional (adj)	국제적인	guk-je-jeo-gin

| negociaciones (f pl) | 협상 | hyeop-sang |
| negociar (vi) | 협상하다 | hyeop-sang-ha-da |

244. La política. El gobierno. Unidad 2

sociedad (f)	사회	sa-hoe
constitución (f)	헌법	heon-beop
poder (m)	권력	gwol-lyeok
corrupción (f)	부패	bu-pae

| ley (f) | 법률 | beom-nyul |
| legal (adj) | 합법적인 | hap-beop-jeo-gin |

| justicia (f) | 정의 | jeong-ui |
| justo (adj) | 공정한 | gong-jeong-han |

comité (m)	위원회	wi-won-hoe
proyecto (m) de ley	법안	beo-ban
presupuesto (m)	예산	ye-san
política (f)	정책	jeong-chaek
reforma (f)	개혁	gae-hyeok
radical (adj)	급진적인	geup-jin-jeo-gin

potencia (f) (~ militar, etc.)	힘	him
poderoso (adj)	강력한	gang-nyeo-kan
partidario (m)	지지자	ji-ji-ja
influencia (f)	영향	yeong-hyang

régimen (m)	정권	jeong-gwon
conflicto (m)	갈등	gal-deung
complot (m)	음모	eum-mo
provocación (f)	도발	do-bal

derrocar (al régimen)	타도하다	ta-do-ha-da
derrocamiento (m)	전복	jeon-bok
revolución (f)	혁명	hyeong-myeong

| golpe (m) de estado | 쿠데타 | ku-de-ta |
| golpe (m) militar | 군사 쿠데타 | gun-sa ku-de-ta |

crisis (f)	위기	wi-gi
recesión (f) económica	경기침체	gyeong-gi-chim-che
manifestante (m)	시위자	si-wi-ja
manifestación (f)	데모	de-mo
ley (f) marcial	계엄령	gye-eom-nyeong
base (f) militar	군사 거점	gun-sa geo-jeom

| estabilidad (f) | 안정 | an-jeong |
| estable (adj) | 안정된 | an-jeong-doen |

explotación (f)	착취	chak-chwi
explotar (vt)	착취하다	chak-chwi-ha-da
racismo (m)	인종차별주의	in-jong-cha-byeol-ju-ui
racista (m)	인종차별주의자	in-jong-cha-byeol-ju-ui-ja

fascismo (m)	파시즘	pa-si-jeum
fascista (m)	파시스트	pa-si-seu-teu

245. Los países. Miscelánea

extranjero (m)	외국인	oe-gu-gin
extranjero (adj)	외국의	oe-gu-gui
en el extranjero	해외로	hae-oe-ro
emigrante (m)	이민자	i-min-ja
emigración (f)	이민	i-min
emigrar (vi)	이주하다	i-ju-ha-da
Oeste (m)	서양	seo-yang
Oriente (m)	동양	dong-yang
Extremo Oriente (m)	극동	geuk-dong
civilización (f)	문명	mun-myeong
humanidad (f)	인류	il-lyu
mundo (m)	세계	se-gye
paz (f)	평화	pyeong-hwa
mundial (adj)	세계의	se-gye-ui
patria (f)	고향	go-hyang
pueblo (m)	국민	gung-min
población (f)	인구	in-gu
gente (f)	사람들	sa-ram-deul
nación (f)	국가	guk-ga
generación (f)	세대	se-dae
territorio (m)	영토	yeong-to
región (f)	지방, 지역	ji-bang, ji-yeok
estado (m) (parte de un país)	주	ju
tradición (f)	전통	jeon-tong
costumbre (f)	풍습	pung-seup
ecología (f)	생태학	saeng-tae-hak
indio (m)	인디언	in-di-eon
gitano (m)	집시	jip-si
gitana (f)	집시	jip-si
gitano (adj)	집시의	jip-si-ui
imperio (m)	제국	je-guk
colonia (f)	식민지	sing-min-ji
esclavitud (f)	노예제도	no-ye-je-do
invasión (f)	침략	chim-nyak
hambruna (f)	기근	gi-geun

246. Grupos religiosos principales. Las confesiones

religión (f)	종교	jong-gyo
religioso (adj)	종교의	jong-gyo-ui

creencia (f)	믿음	mi-deum
creer (en Dios)	믿다	mit-da
creyente (m)	신자	sin-ja
ateísmo (m)	무신론	mu-sin-non
ateo (m)	무신론자	mu-sin-non-ja
cristianismo (m)	기독교	gi-dok-gyo
cristiano (m)	기독교도	gi-dok-gyo-do
cristiano (adj)	기독교의	gi-dok-gyo-ui
catolicismo (m)	가톨릭	ga-tol-lik
católico (m)	가톨릭 신자	ga-tol-lik sin-ja
católico (adj)	가톨릭의	ga-tol-li-gui
protestantismo (m)	개신교	gae-sin-gyo
Iglesia (f) protestante	개신교 교회	gae-sin-gyo gyo-hoe
protestante (m)	개신교도	gae-sin-gyo-do
ortodoxia (f)	동방정교	dong-bang-jeong-gyo
Iglesia (f) ortodoxa	동방정교회	dong-bang-jeong-gyo-hoe
ortodoxo (m)	동방정교 신자	dong-bang-jeong-gyo sin-ja
presbiterianismo (m)	장로교	jang-no-gyo
Iglesia (f) presbiteriana	장로교회	jang-no-gyo-hoe
presbiteriano (m)	장로교 교인	jang-no-gyo gyo-in
Iglesia (f) luterana	루터교회	ru-teo-gyo-hoe
luterano (m)	루터 교회 신자	ru-teo gyo-hoe sin-ja
Iglesia (f) bautista	침례교	chim-nye-gyo
bautista (m)	침례교도	chim-nye-gyo-do
Iglesia (f) anglicana	성공회	seong-gong-hoe
anglicano (m)	성공회 신자	seong-gong-hoe sin-ja
mormonismo (m)	모르몬교	mo-reu-mon-gyo
mormón (m)	모르몬 교도	mo-reu-mon gyo-do
judaísmo (m)	유대교	yu-dae-gyo
judío (m)	유대인	yu-dae-in
budismo (m)	불교	bul-gyo
budista (m)	불교도	bul-gyo-do
hinduismo (m)	힌두교	hin-du-gyo
hinduista (m)	힌두교도	hin-du-gyo-do
Islam (m)	이슬람교	i-seul-lam-gyo
musulmán (m)	이슬람교도	i-seul-lam-gyo-ui
musulmán (adj)	이슬람의	i-seul-la-mui
chiísmo (m)	시아파 이슬람	si-a-pa i-seul-lam
chiíta (m)	시아파 신도	si-a-pa sin-do
sunismo (m)	수니파 이슬람	su-ni-pa i-seul-lam
suní (m, f)	수니파 신도	su-ni-pa sin-do

247. Las religiones. Los sacerdotes

sacerdote (m)	사제	sa-je
Papa (m)	교황	gyo-hwang
monje (m)	수도사	su-do-sa
monja (f)	수녀	su-nyeo
abad (m)	수도원장	su-do-won-jang
vicario (m)	교구 목사	gyo-gu mok-sa
obispo (m)	주교	ju-gyo
cardenal (m)	추기경	chu-gi-gyeong
predicador (m)	전도사	jeon-do-sa
prédica (f)	설교	seol-gyo
parroquianos (pl)	교구민	gyo-gu-min
creyente (m)	신자	sin-ja
ateo (m)	무신론자	mu-sin-non-ja

248. La fe. El cristianismo. El islamismo

Adán	아담	a-dam
Eva	이브	i-beu
Dios (m)	신	sin
Señor (m)	하나님	ha-na-nim
el Todopoderoso	전능의 신	jeon-neung-ui sin
pecado (m)	죄	joe
pecar (vi)	죄를 범하다	joe-reul beom-ha-da
pecador (m)	죄인	joe-in
pecadora (f)	죄인	joe-in
infierno (m)	지옥	ji-ok
paraíso (m)	천국	cheon-guk
Jesús	예수	ye-su
Jesucristo (m)	예수 그리스도	ye-su geu-ri-seu-do
el Espíritu Santo	성령	seong-nyeong
el Salvador	구세주	gu-se-ju
la Virgen María	성모 마리아	seong-mo ma-ri-a
el Diablo	악마	ang-ma
diabólico (adj)	악마의	ang-ma-ui
Satán (m)	사탄	sa-tan
satánico (adj)	사탄의	sa-tan-ui
ángel (m)	천사	cheon-sa
ángel (m) custodio	수호천사	su-ho-cheon-sa
angelical (adj)	천사의	cheon-sa-ui
apóstol (m)	사도	sa-do

arcángel (m)	대천사	dae-cheon-sa
anticristo (m)	적그리스도	jeok-geu-ri-seu-do
Iglesia (f)	교회	gyo-hoe
Biblia (f)	성경	seong-gyeong
bíblico (adj)	성경의	seong-gyeong-ui
Antiguo Testamento (m)	구약성서	gu-yak-seong-seo
Nuevo Testamento (m)	신약성서	si-nyak-seong-seo
Evangelio (m)	복음	bo-geum
Sagrada Escritura (f)	성서	seong-seo
cielo (m)	하늘나라	ha-neul-la-ra
mandamiento (m)	율법	yul-beop
profeta (m)	예언자	ye-eon-ja
profecía (f)	예언	ye-eon
Alá	알라	al-la
Mahoma	마호메트	ma-ho-me-teu
Corán, Korán (m)	코란	ko-ran
mezquita (f)	모스크	mo-seu-keu
mulá (m), mullah (m)	물라	mul-la
oración (f)	기도	gi-do
orar, rezar (vi)	기도하다	gi-do-ha-da
peregrinación (f)	순례 여행	sul-lye yeo-haeng
peregrino (m)	순례자	sul-lye-ja
La Meca	메카	me-ka
iglesia (f)	교회	gyo-hoe
templo (m)	사원, 신전	sa-won, sin-jeon
catedral (f)	대성당	dae-seong-dang
gótico (adj)	고딕 양식의	go-dik gyang-si-gui
sinagoga (f)	유대교 회당	yu-dae-gyo hoe-dang
mezquita (f)	모스크	mo-seu-keu
capilla (f)	채플	chae-peul
abadía (f)	수도원	su-do-won
convento (m)	수녀원	su-nyeo-won
monasterio (m)	수도원	su-do-won
campana (f)	종	jong
campanario (m)	종루	jong-nu
sonar (vi)	울리다	ul-li-da
cruz (f)	십자가	sip-ja-ga
cúpula (f)	둥근 지붕	dung-geun ji-bung
icono (m)	성상	seong-sang
alma (f)	영혼	yeong-hon
destino (m)	운명	un-myeong
maldad (f)	악	ak
bien (m)	선	seon
vampiro (m)	흡혈귀	heu-pyeol-gwi
bruja (f)	마녀	ma-nyeo

demonio (m)	악령	ang-nyeong
espíritu (m)	정신, 영혼	jeong-sin, yeong-hon
redención (f)	구원	gu-won
redimir (vt)	상환하다	sang-hwan-ha-da
culto (m), misa (f)	예배, 미사	ye-bae, mi-sa
decir misa	미사를 올리다	mi-sa-reul rol-li-da
confesión (f)	고해	go-hae
confesarse (vr)	고해하다	go-hae-ha-da
santo (m)	성인	seong-in
sagrado (adj)	신성한	sin-seong-han
agua (f) santa	성수	seong-su
rito (m)	의식	ui-sik
ritual (adj)	의식의	ui-si-gui
sacrificio (m)	제물	je-mul
superstición (f)	미신	mi-sin
supersticioso (adj)	미신의	mi-sin-ui
vida (f) de ultratumba	내세	nae-se
vida (f) eterna	영생	yeong-saeng

MISCELÁNEA

alto (m) (parada temporal)	정지	jeong-ji
ayuda (f)	도움	do-um
balance (m)	균형	gyun-hyeong
barrera (f)	장벽	jang-byeok
base (f) (~ científica)	근거	geun-geo
categoría (f)	범주	beom-ju
causa (f)	이유	i-yu
coincidencia (f)	우연	u-yeon
comienzo (m) (principio)	시작	si-jak
comparación (f)	비교	bi-gyo
compensación (f)	배상	bae-sang
confortable (adj)	편안한	pyeon-an-han
cosa (f) (objeto)	물건	mul-geon
crecimiento (m)	성장	seong-jang
desarrollo (m)	개발	gae-bal
diferencia (f)	다름	da-reum
efecto (m)	효과	hyo-gwa
ejemplo (m)	예	ye
variedad (f) (selección)	선택	seon-taek
elemento (m)	요소	yo-so
error (m)	실수	sil-su
esfuerzo (m)	노력	no-ryeok
estándar (adj)	기준의	gi-jun-ui
estándar (m)	기준	gi-jun
estilo (m)	스타일	seu-ta-il
fin (m)	끝	kkeut
fondo (m) (color de ~)	배경	bae-gyeong
forma (f) (contorno)	모양	mo-yang
frecuente (adj)	빈번한	bin-beon-han
grado (m) (en mayor ~)	정도	jeong-do
hecho (m)	사실	sa-sil
ideal (m)	이상	i-sang
laberinto (m)	미궁	mi-gung
modo (m) (de otro ~)	방법	bang-beop
momento (m)	순간	sun-gan
objeto (m)	대상	dae-sang
obstáculo (m)	장애	jang-ae
original (m)	원본	won-bon
parte (f)	부분	bu-bun

partícula (f)	입자	ip-ja
pausa (f)	휴식	hyu-sik
posición (f)	위치	wi-chi
principio (m) (tener por ~)	원칙	won-chik
problema (m)	문제	mun-je
proceso (m)	과정	gwa-jeong
progreso (m)	진척	jin-cheok
propiedad (f) (cualidad)	특질	teuk-jil
reacción (f)	반응	ba-neung
riesgo (m)	위험	wi-heom
secreto (m)	비밀	bi-mil
serie (f)	일련	il-lyeon
sistema (m)	체계	che-gye
situación (f)	상황	sang-hwang
solución (f)	해결	hae-gyeol
tabla (f) (~ de multiplicar)	표	pyo
tempo (m) (ritmo)	완급	wan-geup
término (m)	용어	yong-eo
tipo (m) (p.ej. ~ de deportes)	종류	jong-nyu
tipo (m) (no es mi ~)	형태, 종류	hyeong-tae, jong-nyu
turno (m) (esperar su ~)	차례	cha-rye
urgente (adj)	긴급한	gin-geu-pan
urgentemente	급히	geu-pi
utilidad (f)	유용성	yu-yong-seong
variante (f)	변종	byeon-jong
verdad (f)	진리	jil-li
zona (f)	지대	ji-dae

250. Los adjetivos. Unidad 1

abierto (adj)	열린	yeol-lin
adicional (adj)	추가의	chu-ga-ui
agradable (~ voz)	좋은	jo-eun
agradecido (adj)	감사하는	gam-sa-ha-neun
agrio (sabor ~)	시큼한	si-keum-han
agudo (adj)	날카로운	nal-ka-ro-un
alegre (adj)	명랑한	myeong-nang-han
amargo (adj)	쓴	sseun
amplio (~a habitación)	넓은	neol-beun
ancho (camino ~)	넓은	neol-beun
antiguo (adj)	고대의	go-dae-ui
arriesgado (adj)	위험한	wi-heom-han
artificial (adj)	인공의	in-gong-ui
azucarado, dulce (adj)	단	dan
bajo (voz ~a)	낮은	na-jeun
barato (adj)	싼	ssan

bello (hermoso)	아름다운	a-reum-da-un
blando (adj)	부드러운	bu-deu-reo-un
bronceado (adj)	햇볕에 탄	haet-byeo-te tan
bueno (de buen corazón)	착한	cha-kan
bueno (un libro, etc.)	좋은	jo-eun
caliente (adj)	뜨거운	tteu-geo-un
calmo, tranquilo	고요한	go-yo-han
cansado (adj)	피곤한	pi-gon-han
cariñoso (un padre ~)	배려하는	bae-ryeo-ha-neun
caro (adj)	비싼	bi-ssan
central (adj)	중앙의	jung-ang-ui
cerrado (adj)	닫힌	da-chin
ciego (adj)	눈먼	nun-meon
civil (derecho ~)	시민의	si-min-ui
clandestino (adj)	은밀한	eun-mil-han
claro (color)	밝은	bal-geun
claro (explicación, etc.)	명쾌한	myeong-kwae-han
compatible (adj)	호환이 되는	ho-hwan-i doe-neun
congelado (pescado ~)	언	naeng-dong-doen
conjunto (decisión ~a)	공동의	gong-dong-ui
considerable (adj)	중요한	jung-yo-han
contento (adj)	만족한	man-jok-an
continuo (adj)	장기적인	jang-gi-jeo-gin
continuo (incesante)	연속적인	yeon-sok-jeo-gin
conveniente (apto)	적합한	jeo-ka-pan
correcto (adj)	맞는	man-neun
cortés (adj)	공손한	gong-son-han
corto (adj)	짧은	jjal-beun
crudo (huevos ~s)	날것의	nal-geos-ui
de atrás (adj)	뒤의	dwi-ui
de corta duración (adj)	단기의	dan-gi-ui
de segunda mano	중고의	jung-go-ui
delgado (adj)	야윈	ya-win
flaco, delgado (adj)	깡마른	kkang-ma-reun
denso (~a niebla)	밀집한	mil-ji-pan
derecho (adj)	오른쪽의	o-reun-jjo-gui
diferente (adj)	다른	da-reun
difícil (decisión)	어려운	eo-ryeo-un
difícil (problema ~)	어려운	eo-ryeo-un
distante (adj)	먼	meon
dulce (agua ~)	민물의	min-mu-rui
duro (material, etc.)	단단한	dan-dan-han
el más alto	가장 높은	ga-jang no-peun
el más importante	가장 중요한	ga-jang jung-yo-han
el más próximo	가장 가까운	ga-jang ga-kka-un
enfermo (adj)	병든	byeong-deun
enorme (adj)	거대한	geo-dae-han

entero (adj)	전체의	jeon-che-ui
especial (adj)	특별한	teuk-byeol-han
espeso (niebla ~a)	짙은	ji-teun
estrecho (calle, etc.)	좁은	jo-beun
exacto (adj)	정확한	jeong-hwak-an
excelente (adj)	우수한	u-su-han
excesivo (adj)	과도한	gwa-do-han
exterior (adj)	외부의	oe-bu-ui
extranjero (adj)	외국의	oe-gu-gui
fácil (adj)	쉬운	swi-un
fatigoso (adj)	지치는	ji-chi-neun
feliz (adj)	행복한	haeng-bok-an
fértil (la tierra ~)	비옥한	bi-ok-an
frágil (florero, etc.)	깨지기 쉬운	kkae-ji-gi swi-un
fresco (está ~ hoy)	서늘한	seo-neul-han
fresco (pan, etc.)	신선한	sin-seon-han
frío (bebida ~a, etc.)	차가운	cha-ga-un
fuerte (~ voz)	시끄러운	si-kkeu-reo-un
fuerte (adj)	강한	gang-han
grande (en dimensiones)	큰	keun
graso (alimento ~)	지방이 많은	ji-bang-i ma-neun
gratis (adj)	무료의	mu-ryo-ui
grueso (muro, etc.)	두툼한	du-tum-han
hambriento (adj)	배고픈	bae-go-peun
hermoso (~ palacio)	아름다운	a-reum-da-un
hostil (adj)	적대적인	jeok-dae-jeo-gin
húmedo (adj)	습한	seu-pan
igual, idéntico (adj)	같은	ga-teun
importante (adj)	중요한	jung-yo-han
imposible (adj)	불가능한	bul-ga-neung-han
imprescindible (adj)	필수적인	pil-su-jeo-gin
indescifrable (adj)	이해할 수 없는	i-hae-hal su eom-neun
infantil (adj)	어린이의	eo-ri-ni-ui
inmóvil (adj)	동요되지 않는	dong-yo-doe-ji an-neun
insignificante (adj)	중요하지 않은	jung-yo-ha-ji a-neun
inteligente (adj)	영리한	yeong-ni-han
interior (adj)	내부의	nae-bu-ui
izquierdo (adj)	왼쪽의	oen-jjo-gui
joven (adj)	젊은	jeol-meun

251. Los adjetivos. Unidad 2

largo (camino)	긴	gin
legal (adj)	합법적인	hap-beop-jeo-gin
lejano (adj)	먼	meon
libre (acceso ~)	한가한	han-ga-han

ligero (un metal ~)	가벼운	ga-byeo-un
limitado (adj)	한정된	han-jeong-doen
limpio (camisa ~)	깨끗한	kkae-kkeu-tan
líquido (adj)	액체의	aek-che-ui
liso (piel, pelo, etc.)	매끈한	mae-kkeun-han
lleno (adj)	가득 찬	ga-deuk chan

maduro (fruto, etc.)	익은	i-geun
malo (adj)	나쁜	na-ppeun
mas próximo	인근의	in-geu-nui
mate (sin brillo)	무광의	mu-gwang-ui
meticuloso (adj)	꼼꼼한	kkom-kkom-han

miope (adj)	근시의	geun-si-ui
misterioso (adj)	신비한	sin-bi-han
mojado (adj)	젖은	jeo-jeun
moreno (adj)	거무스레한	geo-mu-seu-re-han
muerto (adj)	죽은	ju-geun

natal (país ~)	태어난 곳의	tae-eo-nan gos-ui
necesario (adj)	필요한	pi-ryo-han
negativo (adj)	부정적인	bu-jeong-jeo-gin
negligente (adj)	부주의한	bu-ju-ui-han
nervioso (adj)	신경질의	sin-gyeong-ji-rui

no difícil (adj)	힘들지 않은	him-deul-ji a-neun
no muy grande (adj)	크지 않은	keu-ji a-neun
normal (adj)	평범한	pyeong-beom-han
nuevo (adj)	새로운	sae-ro-un
obligatorio (adj)	의무적인	ui-mu-jeo-gin

opuesto (adj)	반대의	ban-dae-ui
ordinario (adj)	보통의	bo-tong-ui
original (inusual)	독창적인	dok-chang-jeo-gin
oscuro (cuarto ~)	어두운	eo-du-un
pasado (tiempo ~)	지나간	ji-na-gan

peligroso (adj)	위험한	wi-heom-han
pequeño (adj)	작은	ja-geun
perfecto (adj)	우수한, 완벽한	u-su-han, wan-byeok-an
permanente (adj)	영구직인	yeong-gu-jeo-gin
personal (adj)	개인의	gae-in-ui

pesado (adj)	무거운	mu-geo-un
plano (pantalla ~a)	평평한	pyeong-pyeong-han
plano (superficie ~a)	고른	go-reun
pobre (adj)	가난한	ga-nan-han
indigente (adj)	극빈한	geuk-bin-han

poco claro (adj)	불분명한	bul-bun-myeong-han
poco profundo (adj)	얕은	ya-teun
posible (adj)	가능한	ga-neung-han
presente (momento ~)	현재의	hyeon-jae-ui

| principal (~ idea) | 주요한 | ju-yo-han |
| principal (la entrada ~) | 주요한 | ju-yo-han |

privado (avión ~)	사적인	sa-jeo-gin
probable (adj)	개연성 있는	gae-yeon-seong in-neun
próximo (cercano)	가까운	ga-kka-un
público (adj)	공공의	gong-gong-ui
puntual (adj)	시간을 지키는	si-ga-neul ji-ki-neun
rápido (adj)	빠른	ppa-reun
raro (adj)	드문	deu-mun
recto (línea ~a)	곧은	go-deun
sabroso (adj)	맛있는	man-nin-neun
salado (adj)	짠	jjan
satisfecho (cliente)	만족한	man-jok-an
seco (adj)	마른	ma-reun
seguro (no peligroso)	안전한	an-jeon-han
siguiente (avión, etc.)	다음의	da-eum-ui
similar (adj)	비슷한	bi-seu-tan
simpático, amable (adj)	친절한	chin-jeol-han
simple (adj)	단순한	dan-sun-han
sin experiencia (adj)	경험 없는	gyeong-heom eom-neun
sin nubes (adj)	구름 없는	gu-reum eom-neun
soleado (un día ~)	화창한	hwa-chang-han
sólido (~a pared)	튼튼한	teun-teun-han
sombrío (adj)	어둑어둑한	eo-du-geo-duk-an
sucio (no limpio)	더러운	deo-reo-un
templado (adj)	따뜻한	tta-tteu-tan
tenue (una ~ luz)	희미한	hui-mi-han
tierno (afectuoso)	자상한	ja-sang-han
tonto (adj)	미련한	mi-ryeon-han
tranquilo (adj)	조용한	jo-yong-han
transparente (adj)	투명한	tu-myeong-han
triste (adj)	슬픈	seul-peun
triste (mirada ~)	슬픈	seul-peun
último (~a oportunidad)	마지막의	ma-ji-ma-gui
último (~a vez)	지난	ji-nan
único (excepcional)	독특한	dok-teuk-an
vacío (vaso medio ~)	빈	bin
vario (adj)	다양한	da-yang-han
vecino (casa ~a)	이웃의	i-us-ui
viejo (casa ~a)	오래된	o-rae-doen

LOS 500 VERBOS PRINCIPALES

252. Los verbos A-C

abandonar (vt)	떠나다	tteo-na-da
abrazar (vt)	껴안다	kkyeo-an-da
abrir (vt)	열다	yeol-da
aburrirse (vr)	심심하다	sim-sim-ha-da
acariciar (~ el cabello)	쓰다듬다	sseu-da-deum-da
acercarse (vr)	가까이 가다	ga-kka-i ga-da
acompañar (vt)	동반하다	dong-ban-ha-da
aconsejar (vt)	조언하다	jo-eon-ha-da
actuar (vi)	행동하다	haeng-dong-ha-da
acusar (vt)	비난하다	bi-nan-ha-da
adiestrar (~ animales)	가르치다	ga-reu-chi-da
adivinar (vt)	추측하다	chu-cheuk-a-da
admirar (vt)	존경하다	jon-gyeong-ha-da
adular (vt)	아첨하다	a-cheom-ha-da
advertir (avisar)	경고하다	gyeong-go-ha-da
afeitarse (vr)	깎다	kkak-da
afirmar (vt)	확언하다	hwa-geon-ha-da
agitar la mano	손을 흔들다	so-neul heun-deul-da
agradecer (vt)	감사하다	gam-sa-ha-da
ahogarse (vr)	익사하다	ik-sa-ha-da
aislar (al enfermo, etc.)	고립시키다	go-rip-si-ki-da
alabarse (vr)	자랑하다	ja-rang-ha-da
alimentar (vt)	먹이다	meo-gi-da
almorzar (vi)	점심을 먹다	jeom-si-meul meok-da
alquilar (~ una casa)	임대하다	im-dae-ha-da
alquilar (barco, etc.)	임대하다	im-dae-ha-da
aludir (vi)	암시하다	am-si-ha-da
alumbrar (vt)	비추다	bi-chu-da
amarrar (vt)	정박시키다	jeong-bak-si-ki-da
amenazar (vt)	협박하다	hyeop-bak-a-da
amputar (vt)	절단하다	jeol-dan-ha-da
añadir (vt)	추가하다	chu-ga-ha-da
anotar (vt)	적다	jeok-da
anular (vt)	취소하다	chwi-so-ha-da
apagar (~ la luz)	끄다	kkeu-da
aparecer (vi)	나타나다	na-ta-na-da
aplastar (insecto, etc.)	눌러서 뭉개다	nul-leo-seo mung-gae-da
aplaudir (vi, vt)	박수를 치다	bak-su-reul chi-da

apoyar (la decisión)	지지하다	ji-ji-ha-da
apresurar (vt)	재촉하다	jae-chok-a-da
apuntar a ...	겨냥대다	gyeo-nyang-dae-da
arañar (vt)	할퀴다	hal-kwi-da
arrancar (vt)	찢다	jjit-da
arrepentirse (vr)	후회하다	hu-hoe-ha-da
arriesgar (vt)	위험을 무릅쓰다	wi-heo-meul mu-reup-sseu-da
asistir (vt)	원조하다	won-jo-ha-da
aspirar (~ a algo)	··· 를 열망하다	... reul ryeol-mang-ha-da
atacar (mil.)	공격하다	gong-gyeo-ka-da
atar (cautivo)	묶다	muk-da
atar a ...	··· 에 묶다	... e muk-da
aumentar (vt)	늘리다	neul-li-da
aumentarse (vr)	늘다	neul-da
autorizar (vt)	허락하다	heo-rak-a-da
avanzarse (vr)	나아가다	na-a-ga-da
avistar (vt)	잠깐 보다	jam-kkan bo-da
ayudar (vt)	도와주다	do-wa-ju-da
bajar (vt)	내리다	nae-ri-da
bañar (~ al bebé)	목욕시키다	mo-gyok-si-ki-da
bañarse (vr)	수영하다	su-yeong-ha-da
beber (vi, vt)	마시다	ma-si-da
borrar (vt)	지우다	ji-u-da
brillar (vi)	빛나다	bin-na-da
bromear (vi)	농담하다	nong-dam-ha-da
bucear (vi)	뛰어들다	ttwi-eo-deul-da
burlarse (vr)	조롱하다	jo-rong-ha-da
buscar (vt)	··· 를 찾다	... reul chat-da
calentar (vt)	데우다	de-u-da
callarse (no decir nada)	침묵을 지키다	chim-mu-geul ji-ki-da
calmar (vt)	진정시키다	jin-jeong-si-ki-da
cambiar (de opinión)	바꾸다	ba-kku-da
cambiar (vt)	교환하다	gyo-hwan-ha-da
cansar (vt)	피곤하게 하다	pi-gon-ha-ge ha-da
cargar (camión, etc.)	싣다	sit-da
cargar (pistola)	장탄하다	jang-tan-ha-da
casarse (con una mujer)	결혼하다	gyeol-hon-ha-da
castigar (vt)	벌주다, 처벌하다	beol-ju-da, cheo-beol-ha-da
cavar (fosa, etc.)	파다	pa-da
cazar (vi, vt)	사냥하다	sa-nyang-ha-da
ceder (vi, vt)	굴복하다	gul-bok-a-da
cegar (deslumbrar)	앞이 안 보이게 만들다	a-pi an bo-i-ge man-deul-da
cenar (vi)	저녁을 먹다	jeo-nyeo-geul meok-da
cerrar (vt)	닫다	dat-da
cesar (vt)	그만두다	geu-man-du-da
citar (vt)	인용하다	i-nyong-ha-da
coger (flores, etc.)	따다	tta-da

coger (pelota, etc.)	잡다	jap-da
colaborar (vi)	협동하다	hyeop-dong-ha-da
colgar (vt)	걸다	geol-da
colocar (poner)	배치하다	bae-chi-ha-da
combatir (vi)	전투하다	jeon-tu-ha-da
comenzar (vt)	시작하다	si-jak-a-da
comer (vi, vt)	먹다	meok-da
comparar (vt)	비교하다	bi-gyo-ha-da
compensar (vt)	보상하다	bo-sang-ha-da
competir (vi)	경쟁하다	gyeong-jaeng-ha-da
compilar (~ una lista)	작성하다	jak-seong-ha-da
complicar (vt)	복잡하게 하다	bok-ja-pa-ge ha-da
componer (música)	작곡하다	jak-gok-a-da
comportarse (vr)	행동하다	haeng-dong-ha-da
comprar (vt)	사다	sa-da
comprender (vt)	이해하다	i-hae-ha-da
comprometer (vt)	위태롭게 하다	wi-tae-rop-ge ha-da
informar (~ a la policía)	알리다	al-li-da
concentrarse (vr)	집중하다	jip-jung-ha-da
condecorar (vt)	훈장을 주다	hun-jang-eul ju-da
conducir el coche	자동차를 운전하다	ja-dong-cha-reul run-jeon-ha-da
confesar (un crimen)	고백하다	go-baek-a-da
confiar (vt)	신뢰하다	sil-loe-ha-da
confundir (vt)	혼동하다	hon-dong-ha-da
conocer (~ a alguien)	알다	al-da
consultar (a un médico)	상담하다	sang-dam-ha-da
contagiar (vt)	감염시키다	gam-nyeom-si-ki-da
contagiarse (de …)	옮다	om-da
contar (dinero, etc.)	세다	se-da
contar (una historia)	이야기하다	i-ya-gi-ha-da
contar con …	… 에 의지하다	… e ui-ji-ha-da
continuar (vt)	계속하다	gye-sok-a-da
contratar (~ a un abogado)	고용하다	go-yong-ha-da
controlar (vt)	제어하다	je-eo-ha-da
convencer (vt)	납득시키다	nap-deuk-si-ki-da
convencerse (vr)	확신하다	hwak-sin-ha-da
coordinar (vt)	조정하다	jo-jeong-ha-da
corregir (un error)	고치다	go-chi-da
correr (vi)	달리다	dal-li-da
cortar (un dedo, etc.)	자르다	ja-reu-da
costar (vt)	값이 … 이다	gap-si … i-da
crear (vt)	창조하다	chang-jo-ha-da
creer (vt)	믿다	mit-da
cultivar (plantas)	기르다	gi-reu-da
curar (vt)	치료하다	chi-ryo-ha-da

253. Los verbos D-E

darse prisa	서두르다	seo-du-reu-da
darse un baño	목욕하다	mo-gyok-a-da
datar de ...	··· 부터 시작되다	... bu-teo si-jak-doe-da
deber (v aux)	··· 해야 하다	... hae-ya ha-da
decidir (vt)	결심하다	gyeol-sim-ha-da
decir (vt)	말하다	mal-ha-da
decorar (para la fiesta)	장식하다	jang-sik-a-da
dedicar (vt)	헌정하다	heon-jeong-ha-da
defender (vt)	방어하다	bang-eo-ha-da
defenderse (vr)	자기 보호하다	ja-gi bo-ho-ha-da
dejar caer	떨어뜨리다	tteo-reo-tteu-ri-da
dejar de hablar	말하기를 멈추다	mal-ha-gi-reul meom-chu-da
denunciar (vt)	고발하다	go-bal-ha-da
depender de ...	··· 을 신뢰하다	... seul sil-loe-ha-da
derramar (líquido)	엎지르다	eop-ji-reu-da
desamarrar (vt)	출항하다	chul-hang-ha-da
desaparecer (vi)	사라지다	sa-ra-ji-da
desatar (vt)	풀다	pul-da
desayunar (vi)	아침을 먹다	a-chi-meul meok-da
descansar (vi)	쉬다	swi-da
descender (vi)	내려오다	nae-ryeo-o-da
descubrir (tierras nuevas)	발견하다	bal-gyeon-ha-da
desear (vt)	원하다	won-ha-da
emitir (~ un olor)	발산하다	bal-san-ha-da
despegar (el avión)	이륙하다	i-ryuk-a-da
despertar (vt)	깨우다	kkae-u-da
despreciar (vt)	경멸하다	gyeong-myeol-ha-da
destruir (~ las pruebas)	파괴하다	pa-goe-ha-da
devolver (paquete, etc.)	돌려보내다	dol-lyeo-bo-nae-da
diferenciarse (vr)	다르다	da-reu-da
distribuir (~ folletos)	배포하다	bae-po-ha-da
dirigir (administrar)	운영하다	u-nyeong-ha-da
dirigirse (~ al jurado)	말을 걸다	ma-reul geol-da
disculpar (vt)	용서하다	yong-seo-ha-da
disculparse (vr)	사과하다	sa-gwa-ha-da
discutir (vt)	의논하다	ui-non-ha-da
disminuir (vt)	줄이다	ju-ri-da
distribuir (comida, agua)	나누어 주다	na-nu-eo ju-da
divertirse (vr)	즐기다	jeul-gi-da
dividir (~ 7 entre 5)	나누다	na-nu-da
doblar (p.ej. capital)	두 배로 하다	du bae-ro ha-da
dudar (vt)	의심하다	ui-sim-ha-da
elevarse (alzarse)	우뚝 솟다	u-ttuk sot-da

eliminar (obstáculo)	제거하다	je-geo-ha-da
emerger (submarino)	떠오르다	tteo-o-reu-da
empaquetar (vt)	포장하다	po-jang-ha-da
emplear (utilizar)	사용하다	sa-yong-ha-da
emprender (~ acciones)	착수하다	chak-su-ha-da
empujar (vt)	밀다	mil-da
enamorarse (de ...)	… 와 사랑에 빠지다	… wa sa-rang-e ppa-ji-da
encabezar (vt)	이끌다	i-kkeul-da
encaminar (vt)	안내하다	an-nae-ha-da
encender (hoguera)	불을 붙이다	bu-reul bu-chi-da
encender (radio, etc.)	켜다	kyeo-da
encontrar (hallar)	찾다	chat-da
enfadar (vt)	화나게 하다	hwa-na-ge ha-da
enfadarse (con ...)	… 에게 화내다	… e-ge hwa-nae-da
engañar (vi, vt)	속이다	so-gi-da
enrojecer (vi)	붉히다	buk-hi-da
enseñar (vi, vt)	가르치다	ga-reu-chi-da
ensuciarse (vr)	더러워지다	deo-reo-wo-ji-da
entrar (vi)	들어가다	deu-reo-ga-da
entrenar (vt)	훈련하다	hul-lyeon-ha-da
entrenarse (vr)	훈련하다	hul-lyeon-ha-da
entretener (vt)	즐겁게 하다	jeul-geop-ge ha-da
enviar (carta, etc.)	보내다	bo-nae-da
envidiar (vt)	부러워하다	bu-reo-wo-ha-da
equipar (vt)	설비하다	seol-bi-ha-da
equivocarse (vr)	실수하다	sil-su-ha-da
escoger (vt)	선택하다	seon-taek-a-da
esconder (vt)	숨기다	sum-gi-da
escribir (vt)	쓰다	sseu-da
escuchar (vt)	듣다	deut-da
escuchar a hurtadillas	엿듣다	yeot-deut-da
escupir (vi)	뱉다	baet-da
esperar (aguardar)	기다리다	gi-da-ri-da
esperar (anticipar)	예상하다	ye-sang-ha-da
esperar (tener esperanza)	희망하다	hui-mang-ha-da
estar (~ sobre la mesa)	놓여 있다	no-yeo it-da
estar acostado	눕다	nup-da
estar basado (en ...)	… 에 근거하다	… e geun-geo-ha-da
estar cansado	피곤하다	pi-gon-ha-da
estar conservado	보존되다	bo-jon-doe-da
estar de acuerdo	동의하다	dong-ui-ha-da
estar en guerra	참전하다	cham-jeon-ha-da
estar perplejo	뻥뻥하다	ppeong-ppeong-ha-da
estar sentado	앉다	an-da
estremecerse (vr)	몸을 떨다	mo-meul tteol-da
estudiar (vt)	공부하다	gong-bu-ha-da

evitar (peligro, etc.)	피하다	pi-ha-da
examinar (propuesta)	조사하다	jo-sa-ha-da
excluir (vt)	제명하다	je-myeong-ha-da
exigir (vt)	요구하다	yo-gu-ha-da
existir (vi)	존재하다	jon-jae-ha-da
explicar (vt)	설명하다	seol-myeong-ha-da
expresar (vt)	표현하다	pyo-hyeon-ha-da
expulsar (ahuyentar)	몰아내다	mo-ra-nae-da

254. Los verbos F-M

facilitar (vt)	쉽게 하다	swip-ge ha-da
faltar (a las clases)	결석하다	gyeol-seok-a-da
fascinar (vt)	매료하다	mae-ryo-ha-da
felicitar (vt)	축하하다	chuk-a-ha-da
firmar (~ el contrato)	서명하다	seo-myeong-ha-da
formar (vt)	이루다	i-ru-da
fortalecer (vt)	강화하다	gang-hwa-ha-da
forzar (obligar)	강요하다	gang-yo-ha-da
fotografiar (vt)	사진을 찍다	sa-ji-neul jjik-da
garantizar (vt)	보증하다	bo-jeung-ha-da
girar (~ a la izquierda)	돌다	dol-da
golpear (la puerta)	두드리다	du-deu-ri-da
gritar (vi)	소리치다	so-ri-chi-da
guardar (cartas, etc.)	보관하다	bo-gwan-ha-da
gustar (el tenis, etc.)	좋아하다	jo-a-ha-da
gustar (vi)	좋아하다	jo-a-ha-da
habitar (vi, vt)	살다	sal-da
hablar con ...	··· 와 말하다	... wa mal-ha-da
hacer (vt)	하다	ha-da
hacer conocimiento	··· 와 아는 사이가 되다	... wa a-neun sa-i-ga doe-da
hacer copias	복사하다	bok-sa-ha-da
hacer la limpieza	청소하다	cheong-so-ha-da
hacer una conclusión	결론을 내다	gyeol-lo-neul lae-da
hacerse (vr)	되다	doe-da
hachear (vt)	잘라내다	jal-la-nae-da
heredar (vt)	상속하다	sang-sok-a-da
imaginarse (vr)	상상하다	sang-sang-ha-da
imitar (vt)	모방하다	mo-bang-ha-da
importar (vt)	수입하다	su-i-pa-da
indignarse (vr)	분개하다	bun-gae-ha-da
influir (vt)	영향을 미치다	yeong-hyang-eul mi-chi-da
informar (vt)	알리다	al-li-da
informarse (vr)	··· 에 관하여 묻다	... e gwan-ha-yeo mut-da
inquietar (vt)	걱정하게 만들다	geok-jeong-ha-ge man-deul-da

inquietarse (vr)	걱정하다	geok-jeong-ha-da
inscribir (en la lista)	적어 넣다	jeo-geo neo-ta
insertar (~ la llave)	넣다	neo-ta
insistir (vi)	주장하다	ju-jang-ha-da
inspirar (vt)	영감을 주다	yeong-ga-meul ju-da
instruir (enseñar)	교육하다	gyo-yuk-a-da
insultar (vt)	모욕하다	mo-yok-a-da
intentar (vt)	시도하다	si-do-ha-da
intercambiar (vt)	교환하다	gyo-hwan-ha-da
interesar (vt)	관심을 끌다	gwan-si-meul kkeul-da
interesarse (vr)	··· 에 관심을 가지다	... e gwan-si-meul ga-ji-da
interpretar (actuar)	연기하다	yeon-gi-ha-da
intervenir (vi)	간섭하다	gan-seo-pa-da
inventar (máquina, etc.)	발명하다	bal-myeong-ha-da
invitar (vt)	초대하다	cho-dae-ha-da
ir (~ en taxi)	가다	ga-da
ir (a pie)	가다	ga-da
irritar (vt)	짜증나게 하다	jja-jeung-na-ge ha-da
irritarse (vr)	짜증을 부리다	jja-jeung-eul bu-ri-da
irse a la cama	잠자리에 들다	jam-ja-ri-e deul-da
jugar (divertirse)	놀다	nol-da
lanzar (comenzar)	착수하다	chak-su-ha-da
lavar (vt)	씻다	ssit-da
lavar la ropa	빨래하다	ppal-lae-ha-da
leer (vi, vt)	읽다	ik-da
levantarse (de la cama)	일어나다	i-reo-na-da
liberar (ciudad, etc.)	해방하다	hae-bang-ha-da
librarse de ...	··· 를 제거하다	... reul je-geo-ha-da
limitar (vt)	제한하다	je-han-ha-da
limpiar (~ el horno)	닦다	dak-da
limpiar (zapatos, etc.)	닦다	dak-da
llamar (le llamamos ...)	부르다	bu-reu-da
llamar (por ayuda)	부르다, 요청하다	bu-reu-da, yo-cheong-ha-da
llamar (vt)	부르다	bu-reu-da
llegar (~ al Polo Norte)	이르다	i-reu-da
llegar (tren)	도착하다	do-chak-a-da
llenar (p.ej. botella)	채우다	chae-u-da
retirar (~ los platos)	가져가다	ga-jyeo-ga-da
llorar (vi)	울다	ul-da
lograr (un objetivo)	달성하다	dal-seong-ha-da
luchar (combatir)	싸우다	ssa-u-da
luchar (sport)	레슬링하다	re-seul-ling-ha-da
mantener (la paz)	보호하다	bo-ho-ha-da
marcar (en el mapa, etc.)	표시하다	pyo-si-ha-da
matar (vt)	죽이다	ju-gi-da
memorizar (vt)	외우다	oe-u-da
mencionar (vt)	언급하다	eon-geu-pa-da

mentir (vi)	거짓말하다	geo-jin-mal-ha-da
merecer (vt)	받을 만하다	ba-deul man-ha-da
mezclar (vt)	섞다	seok-da
mirar (vi, vt)	보다	bo-da
mirar a hurtadillas	엿보다	yeot-bo-da
molestar (vt)	방해하다	bang-hae-ha-da
mostrar (~ el camino)	가리키다	ga-ri-ki-da
mostrar (demostrar)	보여주다	bo-yeo-ju-da
mover (el sofá, etc.)	옮기다	om-gi-da
multiplicar (mat)	곱하다	go-pa-da

255. Los verbos N-R

nadar (vi)	수영하다	su-yeong-ha-da
negar (rechazar)	거부하다	geo-bu-ha-da
negar (vt)	거부하다	geo-bu-ha-da
negociar (vi)	협상하다	hyeop-sang-ha-da
nombrar (designar)	지명하다	ji-myeong-ha-da
notar (divisar)	알아차리다	a-ra-cha-ri-da
obedecer (vi, vt)	복종하다	bok-jong-ha-da
objetar (vt)	반대하다	ban-dae-ha-da
observar (vt)	지켜보다	ji-kyeo-bo-da
ofender (vt)	모욕하다	mo-yok-a-da
oír (vt)	듣다	deut-da
oler (despedir olores)	냄새가 나다	naem-sae-ga na-da
oler (percibir olores)	냄새를 맡다	naem-sae-reul mat-da
olvidar (dejar)	두고 오다	du-go o-da
olvidar (vt)	잊다	it-da
omitir (vt)	생략하다	saeng-nyak-a-da
orar (vi)	기도하다	gi-do-ha-da
ordenar (mil.)	명령하다	myeong-nyeong-ha-da
organizar (concierto, etc.)	조직하다	jo-jik-a-da
osar (vi)	감히 … 하다	gam-hi … ha-da
pagar (vi, vt)	지불하다	ji-bul-ha-da
pararse (vr)	정지하다	jeong-ji-ha-da
parecerse (vr)	닮다	dam-da
participar (vi)	참가하다	cham-ga-ha-da
partir (~ a Londres)	떠나다	tteo-na-da
pasar (~ el pueblo)	지나다	ji-na-da
pecar (vi)	죄를 범하다	joe-reul beom-ha-da
pedir (ayuda, etc.)	부탁하다	bu-tak-a-da
pedir (restaurante)	주문하다	ju-mun-ha-da
pegar (golpear)	때리다	ttae-ri-da
peinarse (vr)	빗질하다	bit-jil-ha-da
pelear (vi)	싸우다	ssa-u-da
penetrar (vt)	꿰뚫다	kkwe-ttul-ta

pensar (creer)	믿다	mit-da
pensar (vi, vt)	생각하다	saeng-gak-a-da
perder (paraguas, etc.)	잃어버리다	i-reo-beo-ri-da
perdonar (vt)	용서하다	yong-seo-ha-da
permitir (vt)	허락하다	heo-rak-a-da
pertenecer a …	… 에 속하다	… e sok-a-da
pesar (tener peso)	무게를 달다	mu-ge-reul dal-da
pescar (vi)	낚시질하다	nak-si-jil-ha-da
planchar (vi, vt)	다림질하다	da-rim-jil-ha-da
planear (vt)	계획하다	gye-hoek-a-da
poder (v aux)	할 수 있다	hal su it-da
poner (colocar)	놓다	no-ta
poner en orden	정리하다	jeong-ni-ha-da
poseer (vt)	소유하다	so-yu-ha-da
preferir (vt)	선호하다	seon-ho-ha-da
preocuparse (vr)	걱정하다	geok-jeong-ha-da
preparar (la cena)	요리하다	yo-ri-ha-da
preparar (vt)	준비하다	jun-bi-ha-da
presentar (~ a sus padres)	소개하다	so-gae-ha-da
presentar (vt) (persona)	소개하다	so-gae-ha-da
presentar un informe	보고하다	bo-go-ha-da
prestar (vt)	빌리다	bil-li-da
prever (vt)	예상하다	ye-sang-ha-da
privar (vt)	박탈하다	bak-tal-ha-da
probar (una teoría, etc.)	증명하다	jeung-myeong-ha-da
prohibir (vt)	금지하다	geum-ji-ha-da
prometer (vt)	약속하다	yak-sok-a-da
pronunciar (vt)	발음하다	ba-reum-ha-da
proponer (vt)	제안하다	je-an-ha-da
proteger (la naturaleza)	보호하다	bo-ho-ha-da
protestar (vi, vt)	항의하다	hang-ui-ha-da
provocar (vt)	도발하다	do-bal-ha-da
proyectar (~ un edificio)	설계하다	seol-gye-ha-da
publicitar (vt)	광고하다	gwang-go-ha-da
quedar (una ropa, etc.)	어울리다	eo-ul-li-da
quejarse (vr)	불평하다	bul-pyeong-ha-da
quemar (vt)	태우다	tae-u-da
querer (amar)	사랑하다	sa-rang-ha-da
querer (desear)	원하다	won-ha-da
quitar (~ una mancha)	없애다	eop-sae-da
quitar (cuadro de la pared)	떼다	tte-da
guardar (~ en su sitio)	치우다	chi-u-da
rajarse (vr)	갈라지다	gal-la-ji-da
realizar (vt)	현실로 만들다	hyeon-sil-lo man-deul-da
recomendar (vt)	추천하다	chu-cheon-ha-da
reconocer (una voz, etc.)	알아보다	a-ra-bo-da

recordar (tener en mente)	기억하다	gi-eok-a-da
recordar algo a algn	··· 을 생각나게 하다	... eul saeng-gang-na-ge ha-da
recordarse (vr)	기억하다	gi-eok-a-da
recuperarse (vr)	회복하다	hoe-bok-a-da
reflexionar (vi)	생각에 잠기다	saeng-ga-ge jam-gi-da
regañar (vt)	꾸짖다	kku-jit-da
regar (plantas)	물을 주다	mu-reul ju-da
regresar (~ a la ciudad)	되돌아가다	doe-do-ra-ga-da
rehacer (vt)	다시 하다	da-si ha-da
reírse (vr)	웃다	ut-da
reparar (arreglar)	보수하다	bo-su-ha-da
repetir (vt)	반복하다	ban-bok-a-da
reprochar (vt)	책망하다	chaeng-mang-ha-da
reservar (~ una mesa)	예약하다	ye-yak-a-da
resolver (~ el problema)	해결하다	hae-gyeol-ha-da
resolver (~ la discusión)	해결하다	hae-gyeol-ha-da
respirar (vi)	호흡하다	ho-heu-pa-da
responder (vi, vt)	대답하다	dae-da-pa-da
retener (impedir)	억누르다	eong-nu-reu-da
robar (vt)	훔치다	hum-chi-da
romper (mueble, etc.)	깨뜨리다	kkae-tteu-ri-da
romperse (la cuerda)	부러뜨리다	bu-reo-tteu-ri-da

256. Los verbos S-V

saber (~ algo mas)	알다	al-da
sacudir (agitar)	흔들다	heun-deul-da
salir (libro)	출간되다	chul-gan-doe-da
salir (vi)	나가다	na-ga-da
saludar (vt)	인사하다	in-sa-ha-da
salvar (vt)	구조하다	gu-jo-ha-da
satisfacer (vt)	만족시키다	man-jok-si-ki-da
secar (ropa, pelo)	말리다	mal-li-da
seguir ...	··· 를 따라가다	... reul tta-ra-ga-da
seleccionar (vt)	고르다	go-reu-da
sembrar (semillas)	뿌리다	ppu-ri-da
sentarse (vr)	앉다	an-da
sentenciar (vt)	선고하다	seon-go-ha-da
sentir (peligro, etc.)	감지하다	gam-ji-ha-da
ser causa de ...	··· 의 이유가 되다	... ui i-yu-ga doe-da
ser indispensable	필요하다	pi-ryo-ha-da
ser necesario	필요하다	pi-ryo-ha-da
ser suficiente	충분하다	chung-bun-ha-da
ser, estar (vi)	있다	it-da
servir (~ a los clientes)	서빙을 하다	seo-bing-eul ha-da

significar (querer decir)	의미하다	ui-mi-ha-da
significar (vt)	의미하다	ui-mi-ha-da
simplificar (vt)	단순화하다	dan-sun-hwa-ha-da

sobreestimar (vt)	과대평가하다	gwa-dae-pyeong-ga-ha-da
sofocar (un incendio)	끄다	kkeu-da
soñar (durmiendo)	꿈을 꾸다	kku-meul kku-da
soñar (fantasear)	꿈꾸다	kkum-kku-da

sonreír (vi)	미소를 짓다	mi-so-reul jit-da
soplar (viento)	불다	bul-da
soportar (~ el dolor)	참다	cham-da
sorprender (vt)	놀라게 하다	nol-la-ge ha-da

sorprenderse (vr)	놀라다	nol-la-da
sospechar (vt)	수상히 여기다	su-sang-hi yeo-gi-da
subestimar (vt)	과소평가하다	gwa-so-pyeong-ga-ha-da
subrayar (vt)	밑줄을 긋다	mit-ju-reul geut-da
sufrir (dolores, etc.)	고통을 겪다	go-tong-eul gyeok-da
suplicar (vt)	애걸하다	ae-geol-ha-da
suponer (vt)	추측하다	chu-cheuk-a-da
suspirar (vi)	한숨을 쉬다	han-su-meul swi-da

temblar (de frío)	추워서 떨다	chu-wo-seo tteol-da
tener (vt)	가지다	ga-ji-da
tener miedo	무서워하다	mu-seo-wo-ha-da
terminar (vt)	끝내다	kkeun-nae-da

tirar (cuerda)	잡아당기다	ja-ba-dang-gi-da
tirar (disparar)	쏘다	sso-da
tirar (piedras, etc.)	던지다	deon-ji-da

tocar (con la mano)	만지다	man-ji-da
tomar (vt)	잡다	jap-da
tomar nota	적다	jeok-da
trabajar (vi)	일하다	il-ha-da

traducir (vt)	번역하다	beo-nyeok-a-da
traer (un recuerdo, etc.)	가져오다	ga-jyeo-o-da
transformar (vt)	변형시키다	byeon-hyeong-si-ki-da
tratar (de hacer algo)	해보다	hae-bo-da

unir (vt)	연합하다	yeon-ha-pa-da
unirse (~ al grupo)	가입하다	ga-i-pa-da
usar (la cuchara, etc.)	… 를 사용하다	… reul sa-yong-ha-da
vacunar (vt)	접종하다	jeop-jong-ha-da

vender (vt)	팔다	pal-da
vengar (vt)	복수하다	bok-su-ha-da
verter (agua, vino)	따르다	tta-reu-da
vivir (vi)	살다	sal-da

volar (pájaro, avión)	날다	nal-da
volver (~ fondo arriba)	뒤집다	dwi-jip-da
volverse de espaldas	돌아서다	do-ra-seo-da
votar (vi)	투표하다	tu-pyo-ha-da

Made in United States
Orlando, FL
09 January 2025

57103262R10134